Wolfgang Schuchhardt
Schicksal in wiederholten Erdenleben

Schicksal in wiederholten Erdenleben

Biographien zu den Karmavorträgen
Rudolf Steiners

Band 3

Wolfgang Schuchhardt
unter Mitwirkung von Ernst Dauscher,
M. J. Krück von Poturzyn †, Heinz Lange †,
Heinrich O. Proskauer, Rudolf Treichler

Philosophisch-Anthroposophischer Verlag
Goetheanum Dornach/Schweiz

Einbandgestaltung Walther Roggenkamp

Gesamtherstellung: Zobrist & Hof AG, CH-4410 Liestal
ISBN 3-7235-0351-9

Inhalt

Vorwort

Dem ersten Bande dieser Schriftenreihe «Schicksal in wiederholten Erdenleben» folgt hier ein weiterer. Die erste Schrift dieser Karma-Biographien war Persönlichkeiten gewidmet, die zur *arabischen* Geistesströmung gehören und von Westeuropa aus die neuzeitliche Kulturentwicklung der Menschheit entscheidend beeinflußt haben. Der hier vorliegende Band bringt nun Biographien von Menschen, wiederum auf den Karmavorträgen Rudolf Steiners aufbauend, die ausgesprochene Repräsentanten *Mitteleuropas* sind. Herman Grimm ist hier an erster Stelle zu nennen; aber nicht minder gilt das für Hölderlin, Hamerling und Conrad Ferdinand Meyer. Und auch Ibsen, Wedekind und Kronprinz Rudolf von Österreich sind diesem mitteleuropäischen Geistesleben in ihrem Wirken und Streben tief verbunden; ja selbst Emerson als Amerikaner verdankt diesem Kulturraum Entscheidendes für seine Geistes- und Gemütsbildung, wie Rudolf Steiner immer wieder betont. Diese Gruppe von Individualitäten, überwiegend Dichter und Schriftsteller, kamen – bis auf Hölderlin – alle im 19. Jahrhundert zur Welt. In diesen Zeitraum wurde Rudolf Steiner schicksalhaft hineingeboren; in ihm empfing er seine reiche, vielseitige Bildung, und mit allen Geistesströmungen dieser Jahrzehnte setzte er sich intensiv auseinander, gerade im deutsch-österreichischen Raume. Einzelne, repräsentative Persönlichkeiten lernen wir in diesen Karma-Biographien kennen, welche auf literarisch-künstlerischem Gebiete in diesen Jahrzehnten tätig waren.

Die Reihenfolge unserer Beiträge ist nach Möglichkeit die gleiche wie die Reihenfolge der Karmavorträge. Allerdings war es nicht möglich, den zweiten Band dieser Schriftenreihe wie vorgesehen in diesem Jahre herauszubringen. Es gibt Themen, deren Bewältigung besonders viel Zeit in Anspruch nimmt. Aus diesem Grunde bringen wir jetzt die zum dritten Band gehörende Biographienreihe der bereits genannten Persönlichkeiten. Für Kronprinz Rudolf konnte eine bereits vorliegende Arbeit von M.J.

Krück von Poturzyn benutzt werden, da sie ebenfalls vom karmischen Gesichtspunkt geschrieben ist. Heinz Lange verdanken wir einen Beitrag über Robert Hamerling, den er noch auf dem Krankenlager fertigstellen konnte. Weitere Beiträge übernahmen dankenswerterweise Ernst Dauscher, Heinrich O. Proskauer und Dr. Rudolf Treichler.

Herausgeber und Verlag hoffen, daß auch dieser Band auf das gleiche, rege Interesse stößt, das dem ersten Buche in so ermutigender Weise entgegengebracht wurde.

Wolfgang Schuchhardt

Conrad Ferdinand Meyer

Heinrich O. Proskauer

I

In drei Karma-Vorträgen[1] spricht Rudolf Steiner über den Schweizer Dichter Conrad Ferdinand Meyer. Durch seine geisteswissenschaftlichen Forschungen vermag Rudolf Steiner zwei vorangehende Inkarnationen dieser Individualität zu enthüllen. Es handelt sich um eine männliche Verkörperung im Italien des 6. nachchristlichen Jahrhunderts und um eine folgende als Frau zur Zeit des Dreißigjährigen Krieges, die zunächst in Deutschland, später in Graubünden lebte.

Erst wenn man diese Hintergründe miteinbezieht, können die Eigenarten von Leben und Werk dieses Dichters verständlich werden.[1a] Denn wer sich mit den Dichtungen und dem Werdegang Conrad Ferdinand Meyers näher beschäftigt, wird Rudolf Steiner zustimmen, wenn er sagt: «Und so hat man, wenn man nun diesen Conrad Ferdinand Meyer in seiner Conrad Ferdinand Meyer-Inkarnation ansieht, keine Erklärung für seine Eigentümlichkeit, wenn man nicht auf sein Karma eingehen kann. Denn eigentlich muß ich sagen – das ist cum grano salis gesprochen selbstverständlich, denn das Wort paßt nicht recht –, eigentlich beneide ich die Leute, die Conrad Ferdinand Meyer so leichten Herzens verstehen. Als ich seine frühere Verkörperung noch nicht gekannt habe, habe ich nur verstanden, daß ich ihn eigentlich nicht verstehe.»[2]

Der Dichter ahnte selbst, welche Rätsel er seinen Zeitgenossen aufgab. So äußerte er sich einmal zu seiner Schwester: «Mein Lebenslauf ist im Grunde unglaublich merkwürdig. Wie werden sie einst daran herumrätseln. Nur Du könntest ihn erzählen, und Du tust es nicht.»[3]

Einige Jahre nach dem Tode des Dichters fühlte sich die Schwester doch veranlaßt – um verzerrenden Darstellungen von Conrad Ferdinand Meyers Lebenslauf entgegenzutreten –, ihre Erinnerungen an ihren Bruder, dessen «Sekretärin» sie auch durch viele

Jahre war, niederzuschreiben.[3] Wie lebendig ihre Biographie des Dichters auch ist – es ist wohl die beste, die wir über ihn haben –, so vermag sie zwar, als eine hochkünstlerische Persönlichkeit, die auch sie war, mit feinem Einfühlungsvermögen in die komplizierte Seelenkonfiguration ihres Bruders diese Rätsel aufzuzeigen; deren Lösungen aber kann auch sie nicht geben. Für denjenigen, der die karmischen Hintergründe aus der Forschung Rudolf Steiners kennt, enthält ihr Buch allerdings vieles, was sich wie eine Bestätigung dieser Forschungsergebnisse darstellt.

Conrad Meyer wurde am 11. Oktober 1825 in Zürich geboren, als erstes Kind des höheren Regierungsbeamten Ferdinand Meyer. Sechs Jahre später kommt die Schwester Betsy zur Welt, ein fröhliches, seelisch wie körperlich gesundes Wesen, ohne deren spätere geschwisterliche Liebe und Hilfe der seelisch labile und zarte Conrad sein dichterisches Werk in der vorliegenden Form kaum hätte gestalten können. Um eine Verwechslung mit einem anderen Schriftsteller zu vermeiden, wurde der Vorname des Vaters später zum Vornamen Conrad des Sohnes hinzugenommen.

Der Knabe ist 14jährig, als der Vater nach kurzer Krankheit stirbt. Zur Erziehung der Kinder bleibt eine sehr fromme, aber zur Melancholie neigende Mutter zurück, mit einem «traurigen Herzen, aber mit heiterem Geist», wie sie von sich selber sagt.

Und nun wird aus dem bisher frohgemuten, intelligenten Knaben immer mehr ein Sorgenkind. Zunehmende Menschenscheu, plötzliche Tränenausbrüche, heftiges Herausfahren gegenüber seiner Umgebung, dann immer mehr ein sich Zurückziehen und Abschließen – er verläßt die Wohnung nur noch nachts – zeigen eine sich steigernde Disharmonie seines Seelengefüges. Das Gymnasium wird zwar noch absolviert, die Maturitätsprüfung bestanden, aber die Vorlesungen auf der Universität, wo er Jura studieren soll, um wie sein Vater die Beamtenlaufbahn einzuschlagen, besucht er nicht mehr. Er verbirgt sich immer mehr vor allen Menschen und verschwindet schließlich derart aus dem Gesichtskreis seiner Umgebung, daß diese annehmen muß, er sei gestorben. In jenen Jahren – und der Zustand dauert bis zu seinem 27. Lebensjahr – liest er viel, ohne seinem Geiste eine bestimmte Richtung zu geben. Mutter und Schwester haben es schwer mit dem zwar intelligenten, aber gemütskranken jungen

Mann. Während das Verhältnis zur Mutter, die ihn mit religiösen Vorhaltungen beeinflußen will, immer schwieriger wird, behält er zur Schwester eine stetige, vertrauensvolle Verbindung. Sein seelischer Zustand wird jedoch immer krankhafter und bedrükkender.

Schließlich kann ihn die Schwester dazu bewegen, einen Arzt aufzusuchen. Er fährt mit seiner Mutter nach Préfargier in der französischen Schweiz, um sich in der dortigen Nervenheilanstalt behandeln zu lassen. Die Ärzte finden ihn indessen nicht wirklich krank, und ein freundliches Eingehen auf seine Schwierigkeiten bessert seinen Zustand rasch, so daß er die Anstalt bald wieder verlassen kann. Er kehrt aber jetzt nicht zu Mutter und Schwester nach Zürich zurück, sondern findet bei Freunden der Familie in Neuenburg und später in Lausanne eine liebevolle Aufnahme. Hier wird er zu Übersetzungsarbeiten aus dem Französischen, das er fließend beherrscht, ins Deutsche und umgekehrt, angehalten sowie zu historischen Studien. So übersetzt er unter anderem Thierrys «Récits des temps Mérovingiens» und lernt auch dessen «Conquête de l'Angleterre» kennen, einen Stoff, den er zehn Jahre später in seiner großartigen Novelle «Der Heilige» frei verarbeitet.

Conrad Ferdinand Meyer ist, 31jährig, inzwischen wieder nach Zürich zu Mutter und Schwester zurückgekehrt, ohne jeden Beruf, von den Verwandten als lebensuntauglich kaum beachtet, als er die Mutter verliert. Sie hatte sich bei der Pflege eines im Hause und in der Familie lebenden alten und schwachsinnigen Herrn, der schwer erkrankt und dann 70jährig gestorben war, übernommen. Die Folgen waren schwere Depressionen und Wahnvorstellungen, so daß sie in die gleiche Heilanstalt gebracht werden mußte, in welcher der Sohn vier Jahre zuvor auch war. Dort stürzt sie sich in einem unbewachten Moment in die Wasser der Zihl. In dem Gedicht «Schwüle» heißt es: «Eine liebe, liebe Stimme ruft/Mich beständig aus der Wassergruft», und die Schwester schreibt in ihrem Erinnerungsbuch: «Es ist, wie wenn aus einzelnen Gedichten jener ersten Zeit nach ihrem Tode etwas von ihrer Seele mitspräche, etwas von ihrer Stimme nachtönte.»[3] Das kommt – außer in dem genannten – noch besonders in den Gedichten «Hesperos» und «Dämmergang» zum Ausdruck, in denen der Dichter mit der Verstorbenen Zwiesprache hält.

Durch eine bedeutende Erbschaft, die den Geschwistern durch den Tod jenes in ihrem Hause lebenden alten Herrn zugefallen war, sind diese nunmehr wohlhabende, für alle künftigen Jahre finanziell völlig unabhängige Bürger geworden. Meyer kann es sich nun leisten, Kunstreisen nach Paris und München zu unternehmen. Die nächsten Jahre verlebt er mit seiner Schwester, ganz zurückgezogen und nur in engstem Freundeskreis verkehrend, am Ufer des schönen Zürichsees, nur unterbrochen von Ferienreisen nach Italien und immer wieder in seine geliebten Schweizer Berge. Er beschäftigt sich mit historischen Studien, nimmt aber auch an den literarischen Werken seiner Zeitgenossen regen Anteil. In diesen Jahren entstehen seine ersten Gedichte, die er unter einem Pseudonym selbst verlegen lassen muß. «Bilder und Balladen» von *Ulrich Meister* (1860) und vier Jahre später «Zwanzig Balladen eines Schweizers.» Diese sowie die einige Jahre später erstmals mit Nennung seines Namens erscheinenden «Romanzen und Bilder» finden indessen keinerlei Beachtung beim Publikum. Erst mit dem Epos «Huttens letzte Tage» (1871) – er ist bereits 46jährig – gelingt ihm der große Wurf; er nennt das Gedicht später seinen «Erstling». Diese Dichtung erregt Aufsehen, und die besten Stimmen der Zeit heben sie hervor. Und nun erscheint fast von Jahr zu Jahr eine neue Dichtung und innerhalb von 21 Jahren sein ganzes Werk: ein weiteres, größeres Epos, elf formvollendete Novellen und seine immer wieder neu überarbeiteten und vermehrten stimmungsreichen und kunstvoll geformten Gedichte.

Der zunächst völlig unbekannte Zürcher Bürger, von seinen Verwandten nur «das verruckte Conrädli» genannt, wird immer mehr zum gefeierten und 1880 mit dem Ehrendoktor der Zürcher Hochschule ausgezeichneten (neben Gotthelf und Keller bedeutendsten) Dichter der Schweiz.

Mit fünfzig Jahren heiratet er eine wohlhabende Zürcherin aus der besten Gesellschaft der Stadt, die ihm noch ein Töchterlein schenkt. Fortan lebt er «mit Weib und Kind am eignen Herd», wie es im letzten Gedicht seiner Sammlung «Ein Pilgrim, Epilog» heißt, in Ruhe und Gemächlichkeit in seinem schönen Haus in Kilchberg über dem Zürichsee, von vielen Berühmtheiten seiner Zeit aufgesucht und geehrt, bis sich ihm, noch bevor er seine letzte Novelle, «Angela Borgia», ganz durcharbeiten kann,

Conrad Ferdinand Meyer

schwere Schatten über seine Seele legen. Mit 66 Jahren muß er, von fürchterlichen Wahnvorstellungen bedrängt, wieder in eine Irrenanstalt gebracht werden.

Nach etwa 15 Monaten kann er entlassen werden. Doch die Geisteskrankheit hat einen müden Greis zurückgelassen; die alte Formkraft steht ihm nicht mehr zu Gebote. Die wohlmeinende Frau, in der Hoffnung, ihn durch Ablenkungen aufzumuntern und zu beleben, plagt ihn mit Verwandtenbesuchen, deren nichtige Gespräche ihm zur Pein werden, wie die Schwester bemerkt. Nur einmal noch, so berichtet seine Frau in einem Brief, während einer Unterhaltung, die er mit einem katholischen Priester an einer Hotel-Tafel führte, sei er lebendig und wach wie vor der Krankheit gewesen. Sie schreibt: «... verlebte ich eine sehr glückliche Stunde, in welcher er mit wahrhafter Gewandtheit vor unserem ganzen Tisch einem pfiffigen kathol. Priester Red und Antwort gab während einer Stunde, daß Alles staunte und die betreffenden Stellen so sehr bei der Hand hatte zu (zum Beispiel Bibel und Pascal etc.), daß der Pfarrer den Kürzeren zog mit langem Gesicht.» (11. Dezember 1897)[4]. Bei der Lektüre eines Aufsatzes über *Goethe*, dem er sich geistig immer nahe fühlte, ereilt ihn der Tod am 28. November 1898.

II

Was ist nun das Merkwürdig-Rätselvolle, das Unverständliche an dieser Persönlichkeit? Es ist die große Frage, wie aus diesem einerseits mit einer schweren Gemütskrankheit belasteten, andererseits völlig ereignislosen Leben die Erlebnisgrundlagen für seine zum Teil so erschütternden, kunstvoll-hintergründigen Dichtungen zu verstehen sind. So muß auch *Robert Faesi* in seinem interessanten Buch über Conrad Ferdinand Meyer sagen: «So einleuchtend es ist, daß sich die Dichtung irgendwie aus der menschlichen Beschaffenheit des Dichters erklären muß, ebenso dunkel und verwickelt ist diese Bedingtheit.»[5] Und die Schwester deutet indirekt auf die Tatsache, daß sich im Leben und Werdegang Conrad Ferdinand Meyers der Quell für seine Dichtungen nicht finden lasse, indem sie schreibt: «... daß sich in seinen späteren Jahren (die gerade die fruchtbarsten seines Schaffens waren, d.V.) um ihn eine Zone angenehmen und vielseitigen Verkehrs bildete, in der man die Dinge dieser Welt mit Interesse, aber, um seinen Ausdruck zu gebrauchen, in ‹läßlicher Weise› besprach. – Die tief liegenden Quellen seines Lebens blieben zugedeckt. Nur im Heiligtum seiner Poesie und nur schwer und schmerzlich drängte sich diese heiße Flut ans Tageslicht hervor. Wer des Dichters innerstes Wesen kennen will, findet es allein in seinen Werken.»[3]

In der Tat hat man es bei Conrad Ferdinand Meyer, worauf Rudolf Steiner auch hindeutet, mit einer ganz auffallenden *Doppelnatur* zu tun. Es ist, als wenn ein mit unerhörter Formkraft und höchster Erlebnisfähigkeit begabter Wesenskern in einer alltäglich-bürgerlichen Schale oder Maskierung verborgen wäre und sich nur in seinen Dichtungen offenbaren könne. Und so stark lebt er in diesen, daß er nachts schreiend auffahren kann, da er mit den Gestalten seiner Novellen im Traume Erschütterndes erlebte. Von seiner Lyrik, namentlich der Liebeslyrik, der ja Erlebnisse *dieses* Lebens zugrunde liegen, schreibt er einmal, daß er sie verachte, sie sei ihm nicht wahr genug. Dagegen: «*Wahr* kann man (oder wenigstens ich) nur unter der dramatischen Maske al fresco sein. Im Jenatsch und im Heiligen (beide ursprünglich dramatisch concipiert) ist in den verschiedensten Verkleidungen weit mehr von mir, meinen *wahren Leiden und Leidenschaften*, als in dieser Lyrik, die kaum mehr als Spiel oder höchstens die Äußerung einer untergeordneten Seite meines Wesens ist»[6]

Hier spricht Conrad Ferdinand Meyer etwas von seinen tiefsten Erlebnissen aus, die wie Erinnerungen an vergangene Inkarnationen aus sonst unterbewußten Seelenschächten heraufsteigen und nur verständlich werden, wenn die Karmaforschung der Geisteswissenschaft Rudolf Steiners herangezogen wird. Denn diese beiden stärksten Novellen, «*Der Heilige*» und «*Jürg Jenatsch*», sind mit ihrer teilweise fast bedrückenden Realitätsnähe und Eindrücklichkeit niemals – weder aus seinen historischen Studien noch aus seinen Erlebniskreisen – zu erklären. Erst wenn man weiß, daß gerade in diese Dichtungen die beiden genannten Inkarnationen aus dem 6. und 17. Jahrhundert besonders stark hereinzuwirken vermögen, lösen sich die Rätsel. Ohne dieses Wissen kommt man leicht zu Fehlurteilen über diesen Dichter.

15

Blicken wir auf einzelnes dieser Forschungsergebnisse Rudolf Steiners. Es ergab sich ihm, daß die Individualität Conrad Ferdinand Meyers zunächst im 6. Jahrhundert, so in Italien und später in England, gelebt hat, daß sie, wie innerlich zerrissen, zu einer Art *Doppelnatur* kommen mußte. Er schildert, daß jene Persönlichkeit «... in einer Art Doppelnatur gelebt hat, auf der einen Seite mit außerordentlicher Begeisterung hingegeben an das, was für uns Spätere in der äußeren Welt ziemlich verlorengegangen ist, was aber vorhanden war in großartiger Kunstentfaltung und was wir nur noch aus der Mosaiken-Kunstentfaltung sehen. In dieser Kunstentfaltung Italiens, Ende des 5., Anfang des 6. Jahrhunderts hat nun diese Individualität ... gelebt.»[7]

Wir übergehen die Darstellung der Schwierigkeiten, die sich dem Geistesforscher gerade bei der Erforschung des Karmas von Conrad Ferdinand Meyer ergaben, und führen nur einige weitere Sätze aus den genannten Vorträgen an. Daß nämlich jene Persönlichkeit «... als Mitglied einer katholischen Mission, die von dem Papst Gregor von Italien nach England geschickt worden war, auch von Italien nach England gegangen ist. Da ist die zweite Wesenheit der Doppelnatur Conrad Ferdinand Meyers ... Auf der einen Seite war er in der vorigen Inkarnation im 6. Jahrhundert begeisterter Verehrer alles dessen, was in solcher Kunst lag, was dann ins Mosaikenwesen übergegangen ist – daher sein ganz umfassendes Formentalent. Auf der anderen Seite aber war er eben ein begeisterter Vertreter des Katholizismus, der aus diesem Grunde bei dieser Mission mitgegangen ist. Die Mitglieder dieser Mission haben Canterbury begründet, den Ort, wo dann das Bistum Canterbury entstanden ist. Die Invidualität, die dann als Conrad Ferdinand Meyer im 19. Jahrhundert gelebt hat, die wurde damals von einem angelsächsischen Häuptling ermordet, unter Umständen, die außerordentlich interessant sind. Es lag etwas Juristisch-Verleumderisches und Spitzfindiges, allerdings in grober Art, in dem, was dazumal bei der Ermordung dieser Individualität sich abgespielt hat».[7]

Gregor I., der «Große» genannt, war Papst von 596 bis 604 und schickte gleich zu Beginn seiner Regierung Benediktiner zur Missionierung nach England, wo sie eine Klosterniederlassung in Canterbury begründeten. Wir müssen uns also wohl die in

Rede stehende Persönlichkeit als dem Benediktinerorden angehörend denken.

Schon vorher hatte Rudolf Steiner ausgeführt: «Aber es war in der Seele des Conrad Ferdinand Meyer, während er in England verweilte, etwas, was sie ihres Lebens nicht froh werden ließ. Diese Seele wurzelte eigentlich in der damaligen italienischen Kunst ... in dem italienischen Geistesleben. Sie wurde nicht froh bei der Ausübung der Missionstätigkeit in England, widmete sich aber dieser Missionstätigkeit dennoch in einer intensiven Weise, so daß eben dann die Ermordung sogar die Reaktion darauf war».[2]

Das, was Conrad Ferdinand Meyer in jener Verkörperung erlebt hatte, kam nun wie eine verschleierte, traumhafte Erinnerung herauf, als er das Schicksal des Kanzlers Heinrichs des II. von England, *Thomas Becket*, der dann Erzbischof von Canterbury war und auch dort ermordet wurde, bei seinen historischen Studien kennenlernte Und so verwob sich Selbsterlebtes, was allerdings Jahrhunderte früher lag, mit einem ähnlichen Schicksal in Canterbury und erscheint in der Novelle «*Der Heilige*» in großartiger künstlerischer Gestaltung. So stellt es Rudolf Steiner im Folgenden dar.

Diese Doppelnatur Meyers äußert sich aber auch noch darin, daß sein Geistig-Seelisches leicht sich loslöst von dem Physisch-Leiblichen. «Wenn wir außer auf seine Dichtungen noch auf die Persönlichkeit Conrad Ferdinand Meyers blicken, so kann er schon ein großes Interesse erwecken ... Es ist eigentlich bei ihm immer so gewesen: Wenn er seine in wunderbaren Rhythmen einherschreitenden Dichtungen komponierte, sieht man, wenn man diese Dinge beobachten kann, wie seine Seele in jedem Augenblick etwas Neigung dazu hatte, aus dem Körper herauszutreten ... Er hat auch wiederholt in seinem Leben unter dem Schicksal zu leiden gehabt daß, wenn diese Trennung vom Geistig-Seelischen und Physisch-Leiblichen zu stark wurde, eine Trübung in seinem Erdenleben eintrat.»[8] Etwas «wie ein Entfliehenwollen des Ich und des astralischen Leibes heraus aus dem physischen Leib und dem Ätherleib. ... Und in diesen Zuständen, wo das Geistig-Seelische mit leisem Bande das Physisch-Ätherische hält, entstehen bei Conrad Ferdinand Meyer die schönsten seiner Leistungen, sowohl die schönsten seiner größeren Dichtungen wie auch die schönsten seiner kleineren Gedichte».[2]

Es möge hier als Beispiel für diesen nur losen Zusammenhang das kleine Gedicht «Das Seelchen» stehen, wo bis in den Inhalt des Gedichtes dieses «Entfliehenwollen» mit einer flüchtigen, ins Schöne verwandelten Erinnerung an eine von vergossenem Blut entstellte Vergangenheit zum Ausdruck kommt:

Ich lag im Gras auf einer Alp,
In sel'ge Bläuen starrt' ich auf –
Mir war, als ob auf meiner Brust
Mich etwas sacht betastete.
Ich blickte schräg. Ein Falter saß
Auf meinem grauen Wanderrock.
Mein Seelchen war's, das flugbereit,
Die Schwingen öffnend, zitterte.
Wie sind die Schwingen ihm gefärbt?
Sie leuchten blank, betupft mit Blut.

Während der Geisteskrankheit des 67jährigen Dichters machte der behandelnde Arzt Aufzeichnungen über die Wahnvorstellungen des Patienten. Sie kreisten immer um die Furcht, hingerichtet zu werden, so, als ob auch da etwas aus schreckensvollen Erlebnissen abgelebter Zeiten gerade in ein solches, vom klaren Lichte des Tages verlassenes Bewußtsein heraufdringen würde. Sagt doch Rudolf Steiner: « ... solch ein Geist wie Conrad Ferdinand Meyer tritt auf und fühlt die früheren Erdenleben wie einen Grundton in seinem Wesen darinnen, wie Untertöne, die da herübertönen. Man versteht erst das, was da ist, wenn man ein Verständnis für diese Grundtöne entwickelt.»[2]

Was bedeutet es für einen Menschen, unschuldig hingerichtet, das heißt, ermordet zu werden? Doch wohl, wie wir aus anderen Ausführungen Rudolf Steiners wissen können, einen Zuwachs an Seelenkräften, vor allem an moralischer Substanz für seine folgenden Inkarnationen. In den Problemstellungen seiner Dichtungen kommt das bei Conrad Ferdinand Meyer deutlich zum Ausdruck, sowohl in seinen Gedichten als auch in den Novellen. Es sei hier nur auf die beiden Novellen «*Die Richterin*», die Meyer eine «Gewissensgeschichte» nennt, und «*Die Versuchung des Pes-*

cara» hingewiesen. Zu der letzteren bemerkte der Dichter: «Ich fühle immer mehr, was für eine ungeheure Macht das Ethische ist; es soll in meinem neuen Buch mit Posaunen- und Tubenstößen verkündet werden.»[3]

Aber noch über eine folgende Verkörperung dieser Individualität erfahren wir Aufschlußreiches aus der Karmaforschung Rudolf Steiners: «... nun wird diese Individualität später, und zwar in der Zeit des Dreißigjährigen Krieges, wiedergeboren, jetzt als Frau.» Sie lebt zunächst in Deutschland, zieht aber dann mit ihrem Mann in die Schweiz und zwar nach Graubünden. Sie hatte dort «Gelegenheit, viel, viel zu beobachten; sowohl weiter historisch Ausgreifendes, wie die merkwürdigen Graubündner Verhältnisse, wirkten auf die Seele ein ... Wir haben es mit einer auf die im 6. Jahrhundert folgenden Inkarnation desjenigen, der später Conrad Ferdinand Meyer wurde, in der Zeit des Dreißigjährigen Krieges als Frau zu tun. Diese Individualität lebte in Conrad Ferdinand Meyer wieder auf. Und was damals von der Frau erlebt worden ist, das wird in phantasievoller Weise umgestaltet in der Erzählung «Jürg Jenatsch» ... »[7]

III

Wir sahen, wie zutreffend die Bemerkung Rudolf Steiners ist, daß aus der äußeren Biographie, dem diesmaligen Lebenslauf Conrad Ferdinand Meyers, diese Persönlichkeit mit ihrem erstaunlichen dichterischen Werk nicht zu begreifen ist, daß man aber zu einem tieferen Verständnis kommt, wenn die Ergebnisse der Karmaforschung hinzugenommen werden. Conrad Ferdinand Meyer selbst hielt nichts davon, daß seine Biographie geschrieben würde. «Er pflegte zu sagen, die Biographen knusperten gewöhnlich an der äußeren Form und Schale herum, der geheimnisvolle lebendige Kern der Individualität bleibe ihnen zumeist verborgen», berichtet die Schwester.[3]

Das starke Hereinwirken vergangener Inkarnationen hatte aber auch jene Lockerung in seinem Wesensgefüge zur Folge, von der Rudolf Steiner spricht: «Diese Individualität, die in der Conrad Ferdinand Meyer-Inkarnation nur lose in dem physischen Leibe drinnen lebt, die muß – so sagt man sich zunächst – in früheren

Erdenleben ganz Besonderes durchgemacht haben.»[8] Und näher auf seine Besonderheiten in diesem Leben eingehend: «Es war ein ganz eigentümliches Gefüge zwischen den vier Gliedern der Menschennatur bei diesem Conrad Ferdinand Meyer vorhanden. Es ist wirklich ein Unterschied zwischen einer solchen Persönlichkeit und einem Durchschnittsmenschen der Gegenwart. Bei einem Durchschnittsmenschen des materialistischen Zeitalters, da hat man es gewöhnlich mit einer sehr robusten Verbindung des Geistig-Seelischen mit dem Physisch-Ätherischen zu tun. Da steckt das Geistig-Seelische tief im Physisch-Ätherischen drinnen, setzt sich ganz hinein. Bei Conrad Ferdinand Meyer war das nicht vorhanden. Da war ein zartes Verhältnis des Geistig-Seelischen mit dem Physisch-Ätherischen».[2] Und an anderer Stelle, ganz allgemein über diesen Zusammenhang, wie er heute die Regel ist, bemerkt Rudolf Steiner: «Der normale Bürger, der sitzt nun fest in seinem physischen Leib drinnen, heute viel fester als irgendwie zum Heile der Menscheit wünschenswert ist; er sitzt furchtbar drinnen».[9]

Nun sagt uns die Geisteswissenschaft, daß das nicht immer so war, daß es eine für die Ich-Entwicklung des Menschen notwendige Durchgangsstufe ist und daß sich diese Verbindung in der Zukunft wieder lockern wird.

Unter diesem Aspekt kann Conrad Ferdinand Meyer als eine Art Vorläufer betrachtet werden. Das gilt auch schon für seine Kunst. Denn Meyer ist Spätkünstler. Und das wird die Zukunftsentwicklung auf diesem Gebiete auch bringen, wie Rudolf Steiner einmal darlegt: «Die Kunst der Zukunft wird eine Kunst der Reife sein, und man wird in einem verhältnismäßig späten Lebensalter erst die innere Reife fühlen, die zur künstlerischen Betätigung führt».[10] Conrad Ferdinand Meyer hat die Gedichte seiner ersten Veröffentlichungen später völlig umgearbeitet oder nie wieder drucken lassen.

Über sein künstlerisches Ringen durch Jahre hindurch erfahren wir Bedeutsames aus dem Buch der Schwester, aber auch über seine dichterischen Vorwürfe, wie sie sich mit Notwendigkeit aus seiner Wesensbeschaffenheit ergeben mußten. Sie schreibt: «Was war denn im Grunde ... die Seele seiner Poesie? War nicht das rätselhafte Woher und Wohin seiner Persönlichkeit, wie sich wohl ahnen läßt, eine Qual auch seiner Jugend? Daneben stand aber ebenso aktuell die Frage nach dem Woher und Wohin der Menschheit, nach dem Berufe und der Entwicklung der Völker ... Er bestrebte sich, der Lösung des großen Rätsels näherzukommen im Gleichnisse schöpferischer treuer Kunstvollendung.»[3]

Und so sehen wir, wie er diese Fragen nach dem Woher und Wohin des Menschen in seinen Werken immer tiefer zu ergründen sucht, indem er – gerade durch die nur lose Verbindung seines Seelisch-Geistigen mit dem Leiblich-Physischen – wie ständig an der Todesschwelle rätselt oder an derjenigen der Geburt. Nicht ganz zu Unrecht hat man Conrad Ferdinand Meyer auch den «Dichter des Todes und der Maske»[11] genannt, wenn auch vielfach mit gründlicher Verkennung dieser Zusammenhänge.

So führt uns sein «Erstling», «*Huttens letzte Tage*», in wunderbarer Weise in einer Art Lebensrückschau an das Todesreich heran. In seinem zweiten Epos, «*Engelberg*», sucht er das Woher, nämlich das Engelreich vor der Geburt des Menschen, einzubeziehen. In seiner ersten Novelle, «*Das Amulett*», setzt er sich mit dem Begriff der Vorsehung, wie er dem Calvinismus als Prädestinationslehre zugrunde liegt, auseinander, und im darauf folgenden «*Jürg Jenatsch*» ringt er – sein eigenes rätselhaftes Schicksal fühlend – mit der Bestimmung des Schicksals als Verhängnis und der Frage nach der menschlichen Freiheit in den Gestalten des Jürg Jenatsch und des Herzogs Rohan, seines Gegenspielers in der Novelle. In den folgenden Erzählungen und in vielen Gedichten kommt immer mehr seine tiefe Überzeugung zum Ausdruck, daß der Urquell aller Wahrheit und Moralität in einer geistigen Welt liegt, in einer Welt jenseits von Geburt und Tod. Das leuchtet auf in den erschütternden Zeilen, die er während seiner letzten Geisteskrankheit seinem Krankenwärter diktiert, wobei er so weit aus sich heraus ist, daß er sich für jenen hält:

Ich bin der Krankenwärter
Des geisteskranken Poeten.
Er hat verloren seine Schwerter
Und wird zum Spott einem Jeden,
Doch unter allem und allem
Erweckt seine Seele Wohlgefallen,

Und selbst in Stücken des zerbrochenen Spiegels
Sieht man das Flattern eines Flügels ...
Er hat die dunkelsten Träume
Hinter seinen Gittern,
Und die düsteren Räume
Lassen seine Seele erzittern.
Zeit und Raum sind ihm verwirrt,
Und es wird ihm schreckliche Schuld gegeben,
Doch das ist nicht die Wahrheit,
Und das Leben ist mit ihm zum Traum verwirrt.
Alles erscheint ihm doppelt und dreifach,
Und verloren ging ihm die Wahrheit, doch weiß er,
Daß im Tode die Wahrheit ein Reich besitzt,
Daß sie ihm wiederbringt

Aus dem Dargestellten wird verständlich, wenn Rudolf Steiner, noch bevor er die Ergebnisse seiner Karmaforschung mitteilte, schon im Jahre 1918 von den Dichtungen Conrad Ferdinand Meyers sagt, daß man in ihnen «ein Element der Zukunft hat, ein Element, welches tatsächlich wahres spirituelles Leben für die Zukunft in sich enthält ...»[12]

Ganz folgerichtig ist es nun auch, daß Conrad Ferdinand Meyer selbst zu dem Gedanken der wiederholten Erdenleben, der Reinkarnationslehre, als Schlüssel zum tieferen Verständnis der Schicksale und Lebenswege der Menschen kommt. Ja, diese Gedanken werden ihm zur inneren Stütze und zum seelischen Halt in schweren inneren Bedrängnissen und Nöten. Schreibt er doch am 7. August 1889 einem Freund zur Zeit, da er an seiner letzten Novelle arbeitet: « ... Durchgemacht in den letzten Jahren habe ich mehr als ich je eingestehen werde. Was mich hielt, war eigentlich ein Seelenwanderungsgedanke; ich sagte mir, du hast offenbar in einem früheren Dasein irgend etwas Frevles unternommen. Da sprach das Schicksal: dafür soll mir der Kerl auf die Erde und ein Meyer werden. Beides muß nun redlich durchgelitten werden, um wieder in eine bessere Lage zu gelangen.»[13] Hinter der etwas humorvollen Form ist der Ernst diesem Gedanken gegenüber doch deutlich zu spüren.

Diese Skizze soll mit einem Wort Rudolf Steiners abschließen, das allerdings nicht bei der Schicksalsbetrachtung Conrad Ferdinand

Meyers, sondern im Anschluß an einen Vortrag über eine andere Persönlichkeit gesprochen wurde, das aber für alle Menschen unserer Zeit und immer mehr der Zukunft in bezug auf das Heraufdringenwollen von Erlebnissen früherer Erdenleben aus dem Unterbewußten gilt, wie das bei Conrad Ferdinand Meyer in ganz besonderer Art der Fall war: «... es kommen Zeiten, in denen die gegenwärtig lebenden Menschen wieder inkarniert sein werden. Da werden sich diese Menschen in ein anderes Verhältnis zu den vorhergehenden Inkarnationen stellen müssen. Sie werden zurückschauen müssen auf die vorhergehenden Inkarnationen, anders als jetzt, wo jeder nur von seiner gegenwärtigen Inkarnation ein Bewußtsein hat. Das bereitet sich vor, und da kommen Unregelmäßigkeiten hinein.» Das Wissen aber davon, daß der Mensch durch wiederholte Erdenleben geht, kann, wie für Conrad Ferdinand Meyer, inneren Halt und Stütze geben: «Denn hier ist es so, wo Geisteswissenschaft praktisch wird, weil wir in der Zeit leben, in der das Leben immer schwieriger wird, in der die Menschen immer mehr und mehr mit sich zu tun haben, in der Selbsterkenntnis immer schwerer sein wird, und immer bedrückender jenes Heraufdringen dessen, was da unten wogt und lebt und was uns selbst oftmals so unverständlich und mit Depressionen behaftet erscheinen läßt. Aus den Erkenntnissen der Geisteswissenschaft müssen wir uns ein Verständnis des Menschlichen erwerben».[14]

Ralph Waldo Emerson

Wolfgang Schuchhardt

I

In den letzten Jahren hat eine Emerson-Renaissance eingesetzt, die in verschiedenen Veröffentlichungen und dem Wiedererscheinen seiner Essays zum Ausdruck kommt.[1] Diese Tatsache zeigt, daß die Schriften einer zu unrecht vergessenen großen Persönlichkeit des 19. Jahrhunderts auch noch heute oder heute erst recht ihre Bedeutung haben. Namentlich in ihren Aufsätzen spürt man den Gedankenflug einer wahren spirituellen Individualität, von der Rudolf Steiner sagt, sie stellte das eigentlich Menschliche den Doppelgängerkräften entgegen.[2] Woher stammt bei ihm dieses «eigentlich Menschliche»? Emerson hatte sich durch sein Goethe- und Novalis-Studium und seine intensive Beschäftigung mit dem Geistesleben Mitteleuropas ein Bildungsgut erworben, das ihn vor diesen Gegenkräften schützte; sie konnten ihm nichts anhaben. Im Gegenteil: wer Emerson gegenübertrat, so berichten seine Freunde, erlebte etwas Sieghaft-Strahlendes, gleichsam eine sonnenhafte Heiterkeit. Sandkühler sagt: «Emersons Persönlichkeit hat etwas aus der Tiefe Leuchtendes, wie ein Licht, das aus den Regionen des Willens geboren, in eine neue Zeit hineinscheint.»[1] Man kann von ihm sagen: er ist so recht ein geistiger Vertreter des amerikanischen Volkes. Rudolf Steiner hat einmal darauf hingewiesen, daß aus europäischem und amerikanischem Geiste zusammen ein Geistiges in der Weltanschauung erzeugt werden müsse: erst dann könne geistgemäß auch zum Orient die Brücke geschlagen werden.[3]

Eine Begegnung zwischen Emerson, als dem guten Geist Amerikas, und dem «einzigartigen Repräsentanten Mitteleuropas» (so Rudolf Steiner), nämlich Herman Grimm, fand in Florenz statt, und zwar im Jahre 1873, wenige Jahre vor Beginn des Michaelzeitalters. Emerson war damals 70, Grimm 45 Jahre alt. Grimm berichtet darüber folgendes:

«Vor einigen Jahren lernte ich Emerson selbst kennen. In Florenz stand er eines Morgens an unserer Türe und nannte seinen Namen. Nur einen Tag konnten wir zusammen sein. Emersons Erscheinen machte mir einen außerordentlichen Eindruck. Eine hohe, etwas schmale Gestalt, mit dem unschuldigen Lächeln um den Mund, das Kindern und Männern höchsten Ranges eigen ist. Er hatte eine anspruchslose Würde im Benehmen. Ich glaubte ihn von Jugend auf gekannt zu haben.» Fast zehn Jahre darauf stirbt Emerson, und Grimm schreibt sein zweites Essay über ihn als Nachruf. Darin heißt es: «Als das Telegramm kam mit der Todesnachricht, nahm ich die Ausgabe seiner Werke herab, schlug auf und las. Der Reichtum und die Harmonie dieser Sprache umfingen und überwältigten mich aufs neue. Ich wüßte heute nicht zu sagen, worin das Geheimnis seines Einflusses liegt. Es ist ganz persönlicher Art.»[4]

Kann man besser die rätselhafte Beziehung beider Männer charakterisieren, als Grimm es mit diesen, ganz vom Gefühl, von der Empfindung getragenen Worten tut, Worten, die aus den Tiefen der Seele wie ahnungsvoll aufsteigen. Rudolf Steiner hat uns in dem Karmavortrag vom 23. April 1924[5] enthüllt, wie in der Begegnung zwischen Herman Grimm und Ralph Waldo Emerson ein altes, gemeinsam durchlebtes Schicksal wieder auflebt, ähnlich wie es bei Carl Ludwig Schleich und August Strindberg zum Durchbruch kommt. Beide Persönlichkeiten waren in der römischen Kaiserzeit nah befreundet, um dann im 11. Jahrhundert in der Toscana als Beatrix und Mathilde von Tuscien, das heißt als Mutter und Tochter wiedergeboren zu werden.

Ralph Waldo Emerson wurde am 25. Mai 1803 in Boston geboren. Seine Vorfahren waren angesehene Geistliche puritanischer Gesinnung, die alle einen Ruf als gute Redner genossen. Schon in den ersten Kinderjahren war Ralph von schwacher Gesundheit, die auch im späteren Leben immer eine zarte blieb. Aber man wird annehmen dürfen, daß gerade diese wenig vitale Konstitution seine Durchlässigkeit für alles Geistig-Spirituelle begünstigte. Sein Vater war eine strenge, pedantische Natur. Dem empfindsamen Knaben bereitete er manchen Kummer; so, wenn der Siebenjährige zu Bädern im Salzwasser gezwungen wurde, ein Schrecken, an den sich Emerson noch 40 Jahre später erinnert.

Als Ralph acht Jahre alt war, starb der Vater. Die Familie lebte nun in recht bescheidenen Verhältnissen. Weitere Todesfälle – ein älterer Bruder und die einzige Schwester starben in dieser

Zeit – weckten frühzeitig in dem Knaben einen großen Lebensernst. Damals erwachte auch schon seine Liebe zur Poesie. So schrieb er der geliebten Tante Mary, einer vielseitig gebildeten, religiösen Frau, Briefe in Versen und mit elf Jahren verfaßte er eine Elegie auf den Tod seines Großvaters und bewies damit, daß er das übliche Versmaß sicher beherrschte.

In der Lateinschule bekam der Zwölfjährige einen begabten Lehrer, der Wert auf gutes Sprechen legte, an den sich der später so gewandte Redner Emerson immer mit Dankbarkeit und Freude erinnerte. In seinen Mußestunden bearbeitete er einmal eine Episode aus Xenophon und schmückte sie mit lateinischen Sätzen von Cicero aus. Diese Tatsachen gewinnen besondere Bedeutung, wenn man durch Rudolf Steiner erfährt, daß Emerson in römischer Zeit einer der angesehensten Redner und Schriftsteller war, nämlich: Publius Cornelius Tacitus.[6] In englischen Vorträgen hat Rudolf Steiner darauf hingewiesen, wie in Griechenland die Gymnastik und in Rom die Rhetorik in hohen Ehren stand.[7]

Nach einer sehr gut verlaufenen Aufnahmeprüfung konnte Ralph, nun 14 Jahre alt, für die nächsten vier Jahre das angesehene Harvard College besuchen, in welchem schon Generationen seiner Vorfahren studiert hatten. Dort wurde er Mitglied einer literarischen Gesellschaft und seine hohe Begabung in der freien Rede durch einen Preis anerkannt. Ferner erhielt er Auszeichnungen für zwei Essays, Werke des etwa 17jährigen, welche den Titel tragen: «The Character of Socrates» und «The Present State of Ethical Philosophy». Damit war ihm der erste Wurf in einer Literaturgattung gelungen, die er durch Montaigne kennengelernt hatte. In Amerika kannte man sie damals noch nicht. Emerson hat sie sein Leben lang gepflegt und im Laufe der Jahre Essays geschrieben, die seinen Weltruhm als Schriftsteller begründet haben. Bedeutsam ist zugleich das Thema dieser ersten beiden Aufsätze. Schon jetzt zeigt sich Emersons Interesse an ethisch-philosophischen Problemen, also an Fragen, die sein ganzes Werk bestimmen, die ihn bis an sein Lebensende beschäftigen. Aber diese mehr gedankliche Tätigkeit füllt den jungen Studenten nicht aus. Er bleibt den Musen treu, wenn auch nicht gerade der Musik, für die er wenig Begabung zeigt. Um so mehr liebt er weiterhin das poetische Gebiet und das Abfassen von Gedichten.

Noch ein drittes, wieder ganz anderes Gebiet literarischer Äußerung beschäftigt ihn in dieser Zeit. Er beginnt regelmäßig ein Tagebuch zu führen, eine Tätigkeit, welche er sein ganzes Leben über weitergeführt hat.[8] Diese täglichen Eintragungen, die wir heute in vielen Bänden besitzen, sind für jeden Emerson-Verehrer und insbesondere für jeden Biographen von unschätzbarem Wert. Denn wir können hier den Entwicklungsgang dieser so vielseitig veranlagten Persönlichkeit genau verfolgen.

Interessant ist die Tatsache, daß alle drei Begabungen: das Tagebuch-Schreiben, die Freude des jungen Schriftstellers am Essay und das Talent zur freien Rede bereits im dritten Jahrsiebent bei Emerson elementar hervortreten, um dann in seinem späteren Leben die schönsten Früchte zu zeigen. Sein äußeres und inneres Wesen wird in diesen Jahren so beschrieben: blondes Haar, ein bleiches Gesicht, blaue Augen, nie aufgeregt und aus der Ruhe zu bringen.

Nach Beendigung des Studiums übernahm der 18jährige, um Geld zu verdienen und der Mutter beim Unterhalt zu helfen, vorübergehend eine Stelle als Lehrer an der privaten Mädchenschule seines Bruders William. Seine Autorität bei den Schülerinnen war eine natürlich-selbstverständliche. Ein Wink mit dem Bleistift genügte, um Stille und Aufmerksamkeit zu erreichen. In seiner freien Zeit lag er oft stundenlang im Grase – denn seine Liebe zur Natur war groß – um in Bacons Essays oder Miltons Dichtungen zu lesen.

Es lebte aber in Emerson der Wunsch, Geistlicher zu werden, um predigen zu können, auch wenn er frei von jedem Glaubensbekenntnis sein wollte. So besucht der 22jährige für anderthalb Jahre die Theologische Hochschule in Cambridge, von der er im Oktober 1826 die Approbation als Prediger bekommt. Eine Lungenkrankheit zwingt ihn, den Winter im Süden zu verbringen. Dort hält er in vielen Städten Predigten. Die erste dieser religiösen Ansprachen enthält Gedanken, die Emerson so wichtig und so ans Herz gewachsen waren, daß er sie elfmal wiederholte. Hier spricht der 23jährige religiöse Anschauungen und ethische Weltauffassungen aus, die dann Emersons ganzes Leben bestimmt haben. So den Gedanken, daß es zu den besten Vorstellungen der christlichen Religion gehöre, daß die Geisteswelt sicherer und beständiger sei als die materielle. Ferner lenkt er den Blick auf die

27

höheren Mächte, die unser Leben führen. «Der Mensch denkt nicht für sich allein, wenn er sich von der Welt zurückzieht. Engel und Erzengel, der Sohn Gottes und Gottvater schauen mit ihren Augen auf diese Gedanken und überdenken unsere geheimen Überlegungen.»

1829 folgte er einer Berufung zum Pfarrer an die zweite Kirche der Unitarier in Boston. Im Herbst dieses Jahres heiratete er Ellen Tucker, ein junges Mädchen, das er über alles liebte. Aber nach einer glücklichen Gemeinsamkeit von 18 Monaten starb sie an Tuberkulose. Dieser Schlag des Schicksals traf Emerson im 28. Lebensjahr.

Inzwischen hatte er einen Ruf als Prediger nach Concord bekommen, dem geliebten Ort seiner Väter und Vorväter. Nun begann er seine Predigten niederzuschreiben; bald waren es 100 an der Zahl. Und in ihnen brachte er immer deutlicher, immer offenherziger seine eigensten Gedanken über Kirche und Kultus zum Ausdruck. Gerade als Geistlicher wollte er nichts tun, was er nicht voll vor seinem Gewissen verantworten konnte. Fast 29-jährig schreibt er am 10. Januar 1832 in sein Tagebuch die denkwürdigen Sätze:

«Es ist eines Mannes bester Teil, so denke ich mir zuweilen, der sich am stärksten dagegen auflehnt, Geistlicher zu sein ... Mag er nun gut oder schlecht sein, aber wieviel Kraft vergeudet er damit, sich in seinem Reden und Tun dem Stil anderer Leute anzupassen, statt seinem eigenen! Die Schwierigkeit liegt darin, daß wir keine eigene Welt schaffen können, sondern in bereits fertige Einrichtungen eintreten und uns diesen anzupassen haben, um überhaupt ein brauchbarer Mensch zu werden. Und diese Anpassung ist ein Verlust an soviel eigener Ganzheit und selbstverständlich an viel Kraft.»[9]

Im gleichen Jahre gibt er sein Priesteramt auf, nach langen Überlegungen, wie Briefe und Tagebuchnotizen uns bezeugen. Später schreibt er darüber: «Manchmal denke ich, es ist notwendig, das Priesteramt aufzugeben, um ein guter Priester zu werden».

Selten erlebt man in einer Biographie so elementar, so entschieden den Durchbruch einer eigenständigen Persönlichkeit zur inneren Freiheit des Ich wie in dieser Lebenssituation Emersons, und zugleich hat man den Eindruck: amerikanische Gei-

Ralph Waldo Emerson 1854

stesart spiegelt sich in diesem Freiheitsdrang wider. Emerson drängt aus der Tiefe seiner Persönlichkeit heraus, die Luft des freien Geisteslebens zu atmen. Und sogleich, nachdem dieser Entschluß gefaßt ist, brechen neue Kräfte in ihm durch: er weiß genau, was er will, wo seine geistigen Aufgaben und Ziele liegen. Einerseits packt ihn «eine unbändige Lust zum Schreiben»; der Schriftsteller, der Essayist und Dichter erwachen in ihm, und bald darauf erscheint sein erstes Buch «Nature». Die nun frei sprudelnde Quelle schöpferischer Kraft macht sich aber nicht nur im Schreiben und Dichten Luft. Er beginnt Vorträge und Kurse zu halten, und sogleich zeigt sich seine große rednerische Begabung. Auch predigte er noch hier und da, jedenfalls in den ersten Jahren seiner neuen Tätigkeit, gelegentlich auch auf Reisen; so auf seiner ersten Englandfahrt in der Kapelle der Unitarier in Edinburgh. Ein Hörer rühmt die Originalität der Gedanken, die vollendete Schönheit der Sprache, in die sie gekleidet waren, die ruhige Würde seiner Haltung, der Verzicht auf oratorische Kunstgriffe, die einzigartige Gradheit und Schlichtheit des Auftretens.

Jetzt, dreißigjährig, entwickelt Emerson eine spirituelle Anschauung der Welt. Die Idee der wiederholten Erdenleben war ihm schon in jungen Jahren vertraut. So schreibt der 22jährige in sein Tagebuch: «Im Jahre 1825 las ich Cottons Übersetzung des Montaigne. Mir schien, als hätte ich in einem früheren Leben das Buch selbst geschrieben; so wahr spricht es meine Gedanken und Erfahrungen aus. Kein Buch, weder früher noch später, gab mir soviel wie dieses.»[10]

Auf der einen Seite war Emerson auf einsamen Spaziergängen bei Tag, aber auch vielfach mitten in der Nacht, die er von seinem Landhause in Concord fast täglich machte, wie uns sein Tagebuch berichtet, ein großer Verehrer der Natur – aller Pflanzen und Tiere und der wechselnden Vorgänge am Himmel. Auf der andern Seite hatte er eine große, wie selbstverständlich anmutende Empfänglichkeit für alles Geschichtliche. «Der Mensch sollte einsehen», meint er, «daß er die ganze Geschichte in seiner eigenen Person erleben kann». Wer so spricht, hat zur Geschichte ein Verhältnis, das nicht in e i n e m Erdenleben erworben sein kann. Hier liegt ein Bewußtsein vor, das sich sagt, ich habe einmal eine ägyptische, griechische oder römische Kulturepoche miterlebt, und davon hat sich ein Niederschlag meinem Wesen eingeprägt.

In die Zeit dieser Lebenswende fiel auch die erste Europareise Emersons. Er war ausgezogen, um Persönlichkeiten zu suchen, von denen er noch etwas lernen könnte. In Frankreich war er zu Gast bei La Fayette, in England besuchte er William Wordsworth, John Stuart Mill und Thomas Carlyle, der sein Freund wurde.

Nach seiner Rückkehr in die Heimat entschied er sich, fortan in Concord zu leben, einem kleinen Orte unweit von Boston, den seine Vorfahren gegründet hatten. 1833 ließ er sich dort nieder. Nun wird dieses Concord für ein halbes Jahrhundert zum kulturellen Mittelpunkt Amerikas. Berühmte Literaten versammeln sich dort, Philosophen gründen ihre Schulen, Dichter verfassen weltbekannte Werke. Erwähnt seien aus diesem Kreise zwei Persönlichkeiten: Henry David Thoreau, der berühmte Reformpädagoge, der Mann des gewaltfreien Widerstandes und bürgerlichen Ungehorsams und Margaret Fuller, die große Goethe-Verehrerin, welche Eckermanns Gespräche mit Goethe übersetzt hatte. Sie gründet 1840 eine Zeitschrift, welche zum Sprecher des Menschenkreises um Emerson wird. In dieser Zeit unternimmt Emerson ausgedehnte Vortragsreisen durch Nord-Amerika. Er übersetzt Dantes «Vita Nuova» und gibt Schriften von Thomas Carlyle heraus. Nach England zu Vorträgen eingeladen, lernt er Alfred Tennyson und Charles Dickens kennen. Die Freundschaft mit Carlyle vertieft sich. Nach seiner Rückkehr nahm er auf umfangreichen Vortragsreisen Partei für die Sache der Sklavenbefreiung, so wie er schon früher für die Rechte der Indianer eingetreten war. In Washington gehörte Abraham Lincoln 1862 zu seinen Zuhörern; anschließend trafen sich beide im Weißen Haus.

Nun stand der 60jährige auf der Höhe seines Schaffens. Er hatte Weltruhm erlangt. Der Brand seines Hauses 1872, welcher die Familie überrascht hatte, versetzte seiner zarten Gesundheit einen schweren Schlag. Dennoch ließ er sich überreden, in Begleitung seiner Tochter Ellen eine letzte Europareise zu wagen. Man reiste über England, Frankreich und Italien nach Ägypten. Auf der Rückreise trafen beide in Florenz mit Herman Grimm und seiner Gattin Gisela von Arnim, der jüngsten Tochter Bettinas, zusammen; eine denkwürdige Schicksalsbegegnung, über welche Grimm den oben erwähnten Bericht in seinem Nachrufe auf Emerson gab. In England war er Gast bei William Gladstone, Thomas Huxley und Max Müller. In seiner Abwesenheit war für ihn in Concord ein neues Haus erstanden worden, ein Geschenk seiner dankbaren Freunde. Eine begeisterte Menge empfing ihn in der Heimat. Als er am 27. April 1882 starb, war sein Name in Amerika, aber auch weit über Amerika hinaus bekannt.

Wir schließen diesen ersten Teil unserer Betrachtung, die zunächst dem Erdenleben von Emerson galt, mit einer Würdigung Emersons ab, welche Egon Friedell in seiner Kulturgeschichte der Neuzeit gibt:

«Es ist zwecklos, ja unmöglich, Emersons Philosophie zu reproduzieren oder zu erläutern; denn wie ein Kristall oder eine Landschaft beschreibt und kommentiert er sich selbst. Seine Sätze sind da, unvorbereitet, undiskutierbar, gleich Matrosensignalen aus einer nebelhaften Tiefe. Er trat zu einer Zeit auf, wo Amerika vor der Gefahr stand, völlig amerikanisiert zu werden, und setzte gegen die Realität der Maschine die Realität des Herzens. Aber ein Mann, der alle mühsam errungenen Wirklichkeiten vor das Forum des Gedankens, des Glaubens ruft, wird keineswegs ein Träumer sein dürfen, der als Ersatz für Fernsprecher und Setzmaschine ein paar armselige Luftschlösser anbietet, sondern wird mitten aus dem Realismus des wirklichen Lebens heraus seine höheren und reicheren Weltansichten entwickeln müssen. Dies gibt Emersons Physiognomie ihren besonderen Charakter. Er ist Amerikaner und schreibt für ein Volk von Selfmademen, er ist Philosoph der neuen Welt. Er sieht den Dingen mit dem gesunden, kerzengraden Blick eines Menschen ins Gesicht, der nicht durch gelehrte Überlieferungen eingeschüchtert ist und für junge Köpfe denkt. Er wird niemals abstrakt, sondern nimmt seine Beispiele und Gleichnisse aus dem Reichtum des täglichen Lebens, das er von Grund auf kennt. Seine Sprache hat die Bilderkraft eines Menschen, der nicht nach Bildern sucht.»[11]

II

Durch den erwähnten Karmavortrag Rudolf Steiners wissen wir, daß die Individualität Emersons im ersten christlichen Jahrhundert verkörpert war und zwar als der große Schriftsteller Publius Cornelius Tacitus, einer der bedeutendsten Historiker und zugleich einer der großen Römer überhaupt. Als Goethe in Italien war, überkam ihn «die größte Sehnsucht, den Tacitus in Rom zu lesen», und in den Aphorismen von Lichtenberg finden wir den Satz: «Tacitus – einer der ersten Schriftsteller, die je gelebt haben».

Schon 1913 hat Rudolf Steiner ausführlicher über Tacitus gesprochen und zwar in dem berühmten Haager «Hüllen-Zyklus», als er das cholerische Temperament vom Gesichtspunkt des Schulungsweges schildert. Da erwähnt er, daß der Choleriker einen leise melancholischen Klang in seinem Temperament haben kann. Gerade diese Nuance befähigt ihn, seine cholerische Note so zur Entfaltung zu bringen, daß er mit aller Kraft an dem Widerstand leistenden Ätherleib arbeitet. Das bewirkt eine besondere Eigenschaft: er wird fähiger, als andere Menschen, äußere Tatsachen sachgemäß und tief in ihrem geschichtlichen Zusammenhang darstellen zu können. Weiter heißt es:

« ... wer gute Geschichtschreibung, die wirklich die Tatsachen sprechen läßt, empfinden kann, der wird ... den instinktiven Anfang finden von dem, was der Esoteriker, der Cholerisches in sich hat, gerade als Geschichtsschreiber oder als Erzähler und Schilderer leisten könnte. Menschen wie zum Beispiel *Tacitus* waren am Anfang einer solchen instinktiven esoterischen Entwicklung. Daher diese wunderbare, unvergleichliche Darstellung des Tacitus. Und derjenige, der als Esoteriker den Tacitus liest, weiß, daß diese eigentümliche Art von Geschichtsschreibung herrührt von einer ganz besonderen Hineinarbeitung eines cholerischen Temperamentes in den Ätherleib.»[12]

Fachwissenschaftler wie Friedrich Klingler haben von Tacitus als « ... dem großen Einzelnen ...»[13] gesprochen, nicht vergleichbar mit anderen Schriftstellern seiner Zeit. Rudolf Steiner spricht nicht nur von dem «leise melancholischen Klang» beim Choleriker, sondern auch von dem Ernst des Lebens, der, wenn er an ihn herantritt, eine große Bedeutung für seine innere Entwicklung hat. Tacitus hat diese Lebenssituation gründlich kennengelernt. Als Knabe erlebt er Neros Schreckensregiment. Dann folgen unter Vespasian und Titus ruhigere Zeiten, in denen er die ersten Staatsämter bekleidet. Als er 26 Jahre zählt, beginnt über 15 Jahre hin die grausame Tyrannenherrschaft des Domitian. Blutgier, Unterdrückung und Bespitzelung feiern Triumphe. Nur durch maßvolle Zurückhaltung entging Tacitus, der in diesen Jahren als

Praetor und Mitglied des Priesterkollegiums hohe Verantwortungen trug, der tödlichen Gefahr, auch wenn sein Leben immer bedroht war; er dienerte nicht, er lästerte nicht, er schwieg. Nach Domitians Ermordung erlebt der 41jährige noch durch volle zwei Jahrzehnte die glückliche, segensreiche Regierung Trajans. Nun beginnt die Arbeit des Schriftstellers und Historikers. Wohl herrscht der Schmerz über die eigene Zeit in all seinen Werken, wohl ist eine Wunde geschlagen, die nicht mehr verheilen will. Dennoch wird er nicht müde, die altrömischen Sitten, die mannhafte Haltung, die «virtus» und damit das höchste Ideal des besten Römertums zu preisen. Das ist der Tenor, der Grundton, der alle seine Schriften erfüllt.

Emersons Geschichtsverständnis, seine Nähe zu allem Geschichtlichen, hat in karmischer Hinsicht seine tieferen Wurzeln in dem Tacitus-Leben. Schon damals war, wie wir oben angedeutet haben, die Herman-Grimm-Individualität in Gestalt seines Freundes Plinius – es ist der jüngere – nah mit ihm verbunden, verehrte seinen Stil und wechselte Briefe mit ihm.[14] Das alles finden wir in Grimms Beziehung zu Emerson wieder. Wir sehen, daß er Tacitus in höchstem Maße schätzt, ihn immer wieder als geborenen Historiker preist.

Das tiefe Geschichtsverständnis Emersons hat aber seine karmische Verursachung nicht nur in seinem Erdenleben als Tacitus, sondern in gleich starkem Maße, wie wir durch Rudolf Steiner wissen, in einer weiblichen Inkarnation des XI. Jahrhunderts, und zwar in Italien im Raume der Toscana, also in der gleichen Landschaft, in welcher Grimm und Emerson sich trafen. Da finden wir die beiden Freunde, Plinius den Jüngeren und Tacitus, nach den Angaben Rudolf Steiners als Frauen verkörpert, und zwar, wie es in dem Karmavortrage heißt, als «zwei außerordentlich regsame Persönlichkeiten, interessiert für all die Verhältnisse, die sich da abspielen». Es handelt sich bei der Plinius-Persönlichkeit um die Markgräfin *Beatrix* von Tuscien, bei Tacitus um ihre nicht weniger bedeutende Tochter, die Markgräfin *Mathilde*, welche durch Jahrzehnte mit dem mächtigen Papste Gregor VII. nah befreundet und als Burgherrin von Canossa unmittelbar zugegen war, als dort im Januar 1077 Heinrich IV. als Büßer erschien.[15] Von beiden Persönlichkeiten bemerkt Rudolf Steiner: «Es sind zwei außerordentlich sympathische Frauen, die gerade durch alles das, was sich da abgespielt hat unter Heinrich III. und Heinrich IV., tief historisch interessiert worden sind.»

Für unseren Zusammenhang ist zunächst die Mutter Beatrix von Bedeutung, da sie im nächsten Erdenleben als Herman Grimm wiedergeboren wird. Von ihr sagt Rudolf Steiner, daß sie eine stark repräsentative Persönlichkeit der damaligen Zeit gewesen sei, «eine scharf beobachtende, außerordentlich regsame, energische Frau, die aber zugleich etwas durchaus Weitherziges, weit Ausschauendes hatte.»

Beatrix, eine deutsche Prinzessin aus Oberlothringen, hatte in jungen Jahren den italienischen Markgrafen Bonifaz von Canossa, der auch ganz Tuscien beherrschte, geheiratet. Aus dieser Ehe stammte die Tochter Mathilde (1046–1115). Als Bonifaz 1052 ermordet wurde, fiel Beatrix als Witwe die Regentschaft über ein großes Erbe an Besitzungen in Mittelitalien zu. Zwei Jahre später heiratete sie wieder, und zwar einen deutschen Fürsten, den Herzog Gottfried von Lothringen, einen der stärksten Gegner des Kaisers, also Heinrichs III. Der hatte Gottfried aus seinem Herzogtum Oberlothringen vertrieben, so daß dieser nach Italien auswich, und dort wider den Willen des Kaisers, der überall seine Hände im Spiel hatte, die Ehe mit Beatrix einging. Ein Jahr später, 1055, erschien der Kaiser auf längere Zeit in Italien, um die große Macht des Hauses Canossa zu beschneiden. Gottfried mußte fliehen, und seine Gattin, die Markgräfin Beatrix, nahm der Kaiser nebst ihrer etwa neunjährigen Tochter gefangen nach Deutschland mit. Wahrhaftig, Heinrich war ein höchst energischer Mann, einer der großen Herren des Mittelalters, wie Rudolf Steiner sich ausdrückt. Aber im folgenden Jahre 1056 trat durch den Tod des Kaisers eine neue Situation ein: Beatrix kehrte mit Mathilde nach Italien zurück, während Gottfried vorwiegend in Deutschland blieb und im südlichen Lothringen herrschte, aber nicht lange; denn 1059 ereilte auch ihn der Tod. Von neuem fiel Beatrix, zum zweiten Male Witwe geworden, jetzt 44jährig, die Aufgabe des Regierens zu. Man darf annehmen, daß sie dieses Amt mit Umsicht und Tatkraft durchführte, allmählich unterstützt von ihrer Tochter, die sehr gut mit ihrer Mutter stand, wie Rudolf Steiner ausdrücklich bemerkt. «Sie hatte eigentlich alle die Eigenschaften der Mutter, war eigentlich eine noch vorzüglichere Frau.» Wir sehen also, wie das Freundschaftsverhältnis: Plinius –

Tacitus in der innigen Beziehung: Mutter – Tochter wiederauf- lebt, wobei jetzt die jüngere, zum älteren Freunde bewundernd aufblickende Pliniusgestalt zur älteren wird und nun als Mutter der etwa dreißig Jahre jüngeren Tochter in dieser Rolle manches zu geben vermag, nicht zuletzt ihre Erfahrungen auf dem Gebiete des politischen Lebens, auf welchem Mathilde noch viele Jahre mit größter Selbständigkeit tätig ist, zunächst unterstützt von ihrem päpstlichen Freunde Gregor VII., wie wir aus zahlreichen historischen Nachrichten wissen. Von Beatrix bemerkt Rudolf Steiner abschließend, es habe sich, da der Frau, wenn sie groß ist, das Betrachten so eigen ist, in ihrem Kopfe eine feinsinnige Betrachtung der italienischen Verhältnisse in Verbindung mit den deutschen herausgegliedert. Von beiden Frauen heißt es im gleichen Zusammenhange, daß ihre alte Schriftstellerei sie in ihrem Unbewußten befähigte, die historischen Ereignisse in aller Intensität aufzufassen.

Wir dürfen annehmen, daß die Residenz von Beatrix und Mathilde von einem bestimmten Zeitpunkte an Florenz war. Beide Frauen waren, wie schon erwähnt, nach dem Tode von Kaiser Heinrich III. (1056) wieder von Deutschland auf ihre Besitzungen in der Toscana zurückgekehrt. Zwei Jahre später scheint Beatrix endgültig ihren Regierungssitz nach Florenz gelegt zu haben.

Als im X. Jahrhundert die Toscana durch die Raubzüge der Araber heimgesucht wurde, errichteten die Markgrafen in Flo- renz eine neue Umwallung. Diese wurde von der Markgräfin Mathilde nochmals erweitert, nach dem sie 1076 nach dem Tode ihrer Mutter im 30. Lebensjahr mit sicherer Hand die Regierungs- geschäfte übernommen hatte. Von ihr sagt Andreas Grote in seiner Stadtgeschichte von Florenz: «Eine der bedeutendsten Frauengestalten des Mittelalters, die ihren Namen mit dem Schicksal unserer Stadt unauflöslich verbunden hat.»[16]

Von dem Leben und Tun der großen Mathilde wissen wir aus Berichten der Zeitgenossen mancherlei, jedenfalls bedeutend mehr als von ihrer Mutter. Dreißig Jahre ihres Lebens hat sie im Kriege zugebracht und mitunter ihre Scharen selbst angeführt. Bücher zu besitzen, war ihr eine Freude, mit guten Werken aller Art waren ihre Schränke angefüllt. Sie verstand es auch, Feste in großem Stile zu feiern, so zum Beispiel in ihrer schönen Residenz zu Pisa. Als Heinrich IV. in Canossa Buße tat, suchte sie gegenüber dem Papst, der vor einem vermeintlichen Heer des jungen Kaisers in ihre Burg geflohen war, zu vermitteln; zweifellos mit Erfolg. Später aber stand sie bis zum Tode des Papstes mit allen ihr zu Gebote stehenden Mitteln – und diese waren nicht geringe – treu auf seiner Seite.

Nun kann man fragen: Mutter und Tochter verbindet ein altes römisches Karma, das im 19. Jahrhundert in der bedeutsamen Begegnung von Grimm und Emerson wieder zum Durchbruch kommt und auch, wie noch zu zeigen sein wird, wichtige, in die Zukunft weisende Aufgaben in sich trägt. Was aber, kann man weiter fragen, verbindet nun Gregor mit beiden Persönlichkeiten, besonders auch mit Mathilde? Zweifellos das gemeinsame Drinnenstehen in den Ideen der cluniazensischen Reformbewegung, die Hildebrandt als junger Mönch aufgenommen und den beiden Frauen als neuen, zeitgemäßen Impuls nahegebracht hatte. Dann wurde er Papst, einer der mächtigsten, die je gelebt haben, und als Herrscher auf Petri Stuhl verweltlichte er diese Ideen. Denn nun begann in ihm ein unerbittlich auftretendes, römisch-petrinisches Machtstreben, von dem Rudolf Steiner sagt: «In dieser Zeit war es, daß die Päpste, das Prinzip der christlichen Demut mit Füßen tretend, sich erhoben in äußerer Macht, daß Kaiser Heinrich sich in Canossa erniedrigen mußte vor dem Papste, als die ganze äußere Kirche zu Gebräuchen kam, die ein Hohngelächter der ahrimanischen Geister erweckten».[17] Zum Unterschied von diesem selbstherrlichen Machtimpuls in Gregor VII. lebte in Beatrix und Mathilde ein echtes, inneres Christentum, erstmalig in dieser Inkarnation. Denn Tacitus, der hochgebildete römische Weltmann, der eigentlich alles wußte, was damals für wissenswert gehalten wurde, erwähnt den Christus und seine Kreuzigung nur nebenbei, ohne dieser Tatsache weitere Bedeutung beizumessen.

Auch wenn Gregors Persönlichkeit auf beide Frauen, ganz besonders aber auf Mathilde, großen Einfluß hatte, so finden wir doch im nächsten Erdenleben dieses Mannes, wo er als Haeckel wiedergeboren wird, keine Spuren, die auf Kontakte mit Grimm oder Emerson weisen. Zeugnisse dafür haben wir nicht. Daraus kann man den Schluß ziehen: beide Frauen tauchten damals tief in die christliche Strömung ein; Gregor war ein Mittler für dieses

Geschehen. Aber seine Gestalt ist im nächsten Erdenleben, was den Fortgang des Karmas der so eng verbundenen Freunde betrifft, von keiner Bedeutung. Von Haeckels Leben führen keine Fäden zu den Leben von Grimm und Emerson herüber. Das ist eine karmische Feststellung, die nicht ohne Bedeutung ist.

Zusammenfassend läßt sich sagen: das Tacitus-Leben ist, von innen her betrachtet, durch die bedeutsame Umwandlung eines Temperamentes und damit durch den Beginn einer esoterischen Entwicklung bestimmt. Die nun ganz besonders geprägten Seelen- und Geisteskräfte offenbaren sich in dem einzigartigen Stil des großen Schriftstellers und Historikers. Im Mittelalter ist diese Individualität als Frau inkarniert; aber nicht in einem stillen, weltabgeschiedenen Erdenwinkel, wie das in der Vergangenheit bei weiblichen Verkörperungen so oft der Fall ist, was ihre Auffindung erschwert, wie Rudolf Steiner bemerkt. Mathilde von Tuscien verbindet sich intensiv in ihrem Seeleninnern mit dem Impuls des Christentums. Andererseits nimmt ihr männlicher Geist den tätigsten Anteil auf der Seite Gregors an seinen weltgeschichtlichen Auseinandersetzungen mit Heinrich IV. Verfolgen wir diese Entelechie nun weiter in ihrem Emerson-Leben, so stellen wir fest: diese alte, von platonischer Weisheit erfüllte Individualität verkörpert sich nicht mehr im alt gewordenen Europa, sondern im jungen Westen, das heißt in Amerika, um dort mutig ein kulturelles Pionierdasein zu beginnen und mit ihrem ganz auf das Spirituelle gerichteten Weltbilde zum guten Geist Amerikas zu werden.

Gerade in der ersten Hälfte von Emersons Leben und am deutlichsten zwischen dem 10. und 30. Lebensjahr können wir Seelenbegabungen sich entfalten sehen, die offensichtlich ihre Wurzeln in dem Tacitus-Dasein der Römerzeit haben. Ist es nicht auffallend, wenn ein Schüler ein Xenophon-Kapitel mit Sätzen von Cicero ausschmückt? Rudolf Steiner weist uns darauf hin, daß in der griechischen Zeit die Erziehung zum Gymnasten, in der römischen die Erziehung zum Rhetor das Kulturleben bestimmte. Nun wählte sich die Entelechie, welche in Tacitus verkörpert war, im Emerson-Leben eine Generationenfolge, bei welcher die rednerische Begabung wie ein Naturtalent vorhanden war. Aber auch andere, stark hervorstechende Eigenschaften dieser Persönlichkeit dürften im römischen Erdenleben bereits veranlagt worden sein: der Trieb, die Gedanken und Ideen, mit denen Emerson als schöpferischer Mensch so reich gesegnet war, niederzuschreiben. Wer eine rednerische Begabung besitzt, braucht noch kein Talent zum Schriftsteller zu haben. Bei Emerson wie bei Tacitus ging beides Hand in Hand.[18] Stets fühlte Emerson den Drang, die als freie Rede entworfenen Predigten niederzuschreiben und zwar in einem glänzenden Stil. Dazu bemerkt Rudolf Steiner: «Wie arbeitet *Emerson*? Diejenigen Menschen, die Emerson besuchten, fanden es ja heraus, wie er arbeitet. Da war er in einem Zimmer, da waren viele Stühle, da waren mehrere Tische. Überall lagen aufgeschlagene Bücher, zwischen diesen ging Emerson spazieren. Er las manchmal einen Satz, nahm ihn auf: daraus bildete er dann seine, möchte man sagen, so großen, ausgreifenden, epigrammatischen Sätze, daraus bildete er dann seine Bücher. Und man hat genau das im Bild, was Tacitus im Leben hatte: Was Tacitus im Leben hatte, wie er überall hinkam, das betrachtete Emerson wiederum in Büchern. Es lebt alles wiederum auf.»

Selbstbeobachtung und Selbstkontrolle zu üben, wie es sein konsequentes Tagebuchführen deutlich zeigt, steht zweifellos mit seiner instinktiven esoterischen Entwicklung im Tacitus-Leben in engem Zusammenhang. Dort wurde der Keim gelegt, der später zu dieser auf Verinnerlichung bedachten Veranlagung führte.

Faßt man die reichen, intensiven Erdenerfahrungen dieser Individualität in drei für die Kulturwelt so bedeutsamen Verkörperungen ins Auge, so kann man nach Rudolf Steiners Angaben mit Sicherheit sagen: diese Persönlichkeit wird noch, gemeinsam mit anderen, ihr karmisch verbundenen Geistern, zu wichtigen Aufgaben im spirituellen Fortgang der Menschheit berufen sein.

Glückliche Umstände haben es bewirkt, daß uns eine kurze Notiz Rudolf Steiners erhalten ist, die Wichtiges über das gemeinsame geistige Weiterwirken von Emerson und Herman Grimm sowie anderer, ihnen nah verbundener Freunde berichtet. Sie lautet: «Es gehören jetzt folgende Geister einer geschlossenen Gesellschaft mit einer höheren Mission an: *Emerson – Tennyson – Hallam – Gladstone – Herman Grimm – Joseph Joachim – Bettina von Arnim.*» Diese Bemerkung fand sich im Tagebuch von Herman Joachim, einem der Söhne von Joseph Joachim, der eng mit

Herman Grimm befreundet war. Dieser Sohn war ein frühes Mitglied der Anthroposophischen Bewegung, das Rudolf Steiner sehr geschätzt hat, wie wir aus einem Nachruf auf diese Persönlichkeit wissen. Margarete Reuschle hat bereits früher auf diese Zusammenhänge hingewiesen.[19] Bedenkt man, daß die ersten vier Persönlichkeiten dem englisch-amerikanischen Völkerbereich, die letzten drei dem mitteleuropäischen angehören, dann dürfen wir ihre gemeinsame Geistmission in dem Lichte betrachten, auf das wir eingangs hinwiesen: europäischer und amerikanischer Geist müssen zusammenwirken, um geistgemäß zum Orient die Brücke zu schlagen.

Herman Grimm

Wolfgang Schuchhardt

Bedenkt man, wie oft Rudolf Steiner über Herman Grimm gesprochen und geschrieben hat, so kann man sagen: wenige Persönlichkeiten des 19. Jahrhunderts haben ihn so beschäftigt, wenige hat er so deutlich als Vorläufer der Geisteswissenschaft bezeichnet und dies immer wieder ausgesprochen wie gerade bei Herman Grimm. Noch in seinem letzten Lebensjahre wird Rudolf Steiner zu einer so wesenhaften Darstellung veranlaßt, wie dem Karmavortrag vom 23. April 1924.[1] Da wird uns das Schicksal dieser Individualität mit allen Einzelheiten über zwei zurückliegende Erdenleben hinweg enthüllt. Der erste Teil unserer Betrachtung folgt der Darstellung des genannten Vortrages, die zunächst in die römische Kaiserzeit zurückführt.

Die zurückliegenden Erdenleben

Rudolf Steiner beginnt seine Darstellung mit dem Hinweis auf ein gleichzeitiges Erdenleben von Ralph Waldo Emerson und Hermann Grimm in römischer Zeit, und zwar im ersten nachchristlichen Jahrhundert, in dem Emerson als Tacitus (*50 n. Chr.), Grimm als der jüngere Plinius (*61 n. Chr.) erscheinen; beide freundschaftlich näher verbunden, aber so, daß Plinius, der elf Jahre jüngere, ein großer Bewunderer des taciteischen Stiles ist, ja geradezu aufgeht in der Bewunderung des älteren Freundes, wie wir noch an einem Briefe sehen werden. Dieses Verhältnis beider Freunde hebt Rudolf Steiner in seiner Erwähnung des Plinius, die sich auf einen Satz beschränkt, hervor.

Dieser jüngere Plinius durchlief, wie damals üblich, die Ämterlaufbahn und brachte es unter Trajan zum Konsul. Als ein reichbegüterter Mann lebte er bald in Rom, bald auf dem Lande. Seine ganze Vorliebe, ja Leidenschaft war die Schriftstellerei, während er beim Verwalten und Regieren keine besonderen Talente bewies. Zahlreiche Kunstbriefe besitzen wir von ihm, für ein

41

breiteres Publikum geschrieben, in Buch I–IX gegliedert, und jeder einzelne mit Liebe und Sorgfalt stilisiert. Schon Theodor Mommsen lobte die Klarheit und Anmut seiner Sprache. Zugleich bekommen wir in diesen leicht und locker hingeworfenen Brieffeuilletons ein lebhaftes Bild seines täglichen Lebens. Dafür ein Beispiel: «Du fragst, wie ich auf meinem Landgut im Toscanischen den Tag einteile. Ich wache auf, wann ich mag, meist um sechs Uhr, oft früher, selten später. Die Fensterläden bleiben vorläufig geschlossen. Es ist nämlich ganz erstaunlich, wie Stille und Dunkelheit die Seele vor zerstreuenden Eindrücken bewahren. (...) Ich überdenke, was ich etwa gerade in Arbeit habe, und zwar denke ich darüber nach wie einer, der Wort für Wort niederschreibt und daran verbessert; bald weniger, bald mehr, je nachdem der Gegenstand schwer oder leicht zu behandeln ist und die Worte sich im Gedächtnis festhalten lassen. Dann rufe ich meinen Schnellschreiber, das Tageslicht erhält Einlaß, und nun spreche ich ihm vor, was ich entworfen habe.»[2]

Immer wieder finden wir in den Briefen, die Plinius für die Öffentlichkeit gestaltete, Angaben über seine Art zu arbeiten. So erzählt er einmal seinem verehrten Freunde Tacitus, wie er in der Muße des Landlebens bei den Jagdnetzen sitzt, aber die Zeit nutzt, um alle Einfälle und Gedanken schnell zu Papier zu bringen. «Ich hing allerlei Gedanken nach und formte sie um, wenn schon mit leerer Hand, so doch mit gefüllten Notizblättern heimzukommen.»

Vergleicht man nun den Stil eines solchen Kunstbriefes, den Plinius als literarische Gattung begründet hat, mit der Kunstform des modernen Essays, wie sie Herman Grimm gern benutzte, so kann man von einer Verwandtschaft beider Literaturgattungen sprechen. Wohl sind sie nicht dasselbe, aber sie ähneln einander.

Herman Grimm hat in reifen Jahren in dem seinerzeit berühmten Essay «Suleika» seine Jugenderinnerungen an Marianne von Willemer beschrieben, die er als Student in Frankfurt des öfteren besuchte. Da heißt es: «Wir gingen eines Abends und hatten über Goethe gesprochen. Ich erinnere mich deutlich, wie über den Himmel von Westen her allerlei Gewölk zog ... Ich weiß nicht, wie mir Goethes Verse da in den Sinn kamen: ‹Ach, um deine feuchten Schwingen, West, wie sehr ich dich beneide.› Ich sprach sie halblaut vor mich hin im Weiterschreiten. Marianne machte halt, sah mich eine Weile mit ihren graublauen, glänzenden Augen an und sagte: ‹Höre, wie kommst du dazu, dies Gedicht zu sagen?› – ‹O, es fiel mir gerade so lebhaft ein›, antwortete ich, ‹es ist eines von Goethes schönsten.› Marianne sah mich immer an, als wolle sie etwas sagen, besänne sich aber, ob sie es tun solle. ‹Ich will dir etwas sagen›, rief ich plötzlich aus und weiß selbst nicht, wie ich darauf kam: ‹Das Gedicht ist von dir, du hast es gemacht.› – ‹Du darfst es niemand wiedersagen›, begann sie nach einer Weile und streckte mir die Hand hin: ‹Ja, ich habe die Verse gemacht.›»[3]

Wie lebendig, wie unmittelbar ist hier die Sprache! Wir sehen also: dieselbe Individualität entwickelt in der nachchristlichen Zeit im ersten wie im 19. Jahrhundert, also immerhin über 1800 Jahre hinweg, die gleiche Vorliebe für das Element der Sprache und in diesem Medium wieder eine sehr verwandte Neigung, sich so auszudrücken, daß dem persönlichen Gefühl und dem persönlichen Geschmack genügend Spielraum bleibt. So kommt es, daß der jüngere Plinius die Kunstform des Briefes und Grimm die sehr verwandte Gattung des Essays wählt und beider Stil eine gewisse Natürlichkeit, Leichtigkeit und Anmut aufweist.

Greifen wir nun den Hinweis Rudolf Steiners auf, der jüngere Plinius sei ein Bewunderer des taciteischen Stiles und überhaupt des Tacitus gewesen, so finden wir in einem der Briefe des Plinius an Tacitus folgende Sätze, welche diese Behauptung bestätigen: «Schon als blutjunger Mensch, als Du bereits in der Blüte Deines Ruhmes standest, hatte ich den lebhaften Wunsch, Dir zu folgen und, wenn auch nur in weiter Entfernung, der Nächste nach Dir zu sein. Es gab damals zwar viele ausgezeichnete Köpfe, aber – die Verwandtschaft unserer Wesensart brachte es so mit sich – ich glaubte, Dir vor allem nachstreben zu sollen.»[4]

Plinius, der an Jahren jüngere, blickt hier voll Bewunderung zu Tacitus auf; das ist historisch bekannt. Nun aber lernen wir durch die Karmaforschung Rudolf Steiners, daß dieses Freundschaftsverhältnis in Form der Verehrung eines Jüngeren gegenüber dem Älteren wiederauflebt in der intensiven Begeisterung eines Herman Grimm für Emersons Stil und Sprache und im weiteren für seine Lebensauffassung und Weltanschauung. Mit Recht nennt Friedrich Hiebel in einem seiner Beiträge zu diesem Thema die Entdeckung Emersons durch Herman Grimm eine Einzigartigkeit des modernen Geisteslebens.[5] Als der siebenundzwanzigjährige Grimm bei Freunden in Berlin in einem Buche Emersons blättert und den Essaystil des Amerikaners erstmalig kennenlernt, bekennt er: «Einige Sätze sprangen mir leuchtend in die Seele ... Es waren wirkliche Gedanken, war eine wirkliche Sprache ... Ich habe seitdem nicht aufgehört, in Emersons Werken zu lesen ... Alles erschien mir alt und bekannt, als hätte ich es tausendmal gedacht oder geahnt, alles neu, als lernte ich es zum erstenmal.»[6]

Selten ist das Wiederauftauchen einer alten karmischen Beziehung so elementar zum Durchbruch gekommen wie hier bei Herman Grimm, obwohl er seinem Freunde nicht einmal persönlich Auge in Auge gegenüberstand. Nur das gedruckte Wort war der Mittler und noch dazu Sätze in einer fremden Sprache, nämlich der englischen. Woran liegt das? Grimm besaß ein ungemein feines, spirituelles Ahnungsvermögen, das sein Berliner Freund und Kollege, der angesehene Philosoph Wilhelm Dilthey, eine «divinatorische Gabe» genannt hat. In einer großangelegten Abhandlung hat er 1878 die eben erschienen Goethe-Vorlesungen von Grimm gewürdigt und dabei diesem Begriffe des «Divinatorischen» für seine Art, geistig empfänglich zu sein, besondere Bedeutung beigemessen. «Was Grimm vor anderen voraus hat, ist seine dichterische Begabung und daraus fließend etwas Divinatorisches im Blick, das in Tiefen dringt, über welche kein Brief und keine Äußerung direkten Aufschluß gewähren.» Dilthey nimmt hier Grimm in Schutz gegen manches oberflächliche Urteil damaliger Wissenschaftler, die meinten, Grimm sei kein ernster wissenschaftlicher Arbeiter, sei ein «geistiger Spaziergänger».[7]

Beide Situationen, die wir schilderten, Grimms Spaziergang mit Marianne und sein Blättern in einem Buche Emersons, zeigen die ungewöhnliche intuitive Begabung seiner Natur. Sie führt uns in einem dritten Beispiel in die mittelalterliche Zeit des XI. Jahrhunderts und der großen Machtkämpfe zwischen Kaiser und Papst, also in die Zeit von Heinrich IV. und Gregor VII.[8]

Da finden wir Tacitus und Plinius den Jüngeren nach den Angaben Rudolf Steiners als Frauen verkörpert, als «zwei außerordentlich regsame Persönlichkeiten, interessiert für all die Verhältnisse, die sich da abspielten.» Bei der Plinius-Individualität handelt es sich um die Markgräfin Beatrix von Tuscien, bei Tacitus um ihre Tochter, die Markgräfin Mathilde, eine der grosen Frauen des Mittelalters. Von beiden Gestalten ist in unserer Betrachtung über Emerson schon ausführlicher die Rede gewesen. Beide Persönlichkeiten waren innerlich religiöse Naturen und gehörten wie Gregor VII. der neuen, auf Reinerhaltung des Christentums bedachten cluniazensischen Reformbewegung an. Immer wieder wechseln sie Briefe mit dem Papst und treffen mit ihm zusammen. So nimmt Beatrix im Juni 1073 in Rom an der Erhebung Gregors zum Papste teil. Wir dürfen nun annehmen – Rudolf Steiner berührt diese Frage nicht –, daß Beatrix nach ihrem Tode 1076 von der geistigen Welt her intensiv weiter Anteil nahm an den Ereignissen auf dem physischen Plane, insofern ihre Tochter in sie verwickelt war; denn nun beginnt die erbitterte Fehde zwischen Gregor und Heinrich IV. Das Canossa-Ereignis, die Absetzung des Papstes durch Heinrich, Gregors Gefangenschaft in der Engelsburg und sein baldiger Tod in Salerno folgen in den nächsten fünf Jahren.

Man darf vermuten, daß *Beatrix* dies alles nachtodlich mit größter Anteilnahme verfolgte. Hat man diese Tatsache vor Augen, dann wundert man sich nicht, wenn die Beatrix-Seele in ihrer nächsten Verkörperung sich dieser Zusammenhänge wie in einer dämmerhaften Ahnung aufs neue bewußt wird. Im folgenden Erdenleben ist diese bedeutende Frau ja wieder als Mann verkörpert, nämlich als Herman Grimm, und von ihm besitzen wir ein Essay, gegen Ende seines Lebens verfaßt, das den Titel trägt: «Heinrich und Heinrichs Geschlecht». Was war der Anstoß für Grimm, sich mit diesem XI. Jahrhundert zu beschäftigen, auf das er nie sonst, somit uns bekannt, in seinen Schriften zu sprechen kommt? Der Grund war nicht etwa ein Buch, das er über diese Zeit las, sondern eine Theateraufführung; sicher etwas viel Lebendigeres, um aus tieferen Schichten des Unbewußten Erinnerungen heraufzuholen. Er sah im Berliner Schauspielhaus ein Drama von Wildenbruch, das die Zeit Heinrichs IV. behandelt und den gleichen Titel wie Grimms Essay trägt. Wir greifen einige Sätze aus dieser Darstellung heraus: «Frage sich jeder Leser in der Stille selbst: Welche Nummer trug jener Heinrich, der vor Conossa im Hemde fror, und warum eigentlich stand er dort? Besonderes Interesse an König Heinrich IV., Kaiser Heinrichs III. Sohn, trieb mich an jenem Abend gewiß nicht ins Theater ... Aber ich empfing trotzdem einen unvergeßlichen Eindruck damals, hörte, ohne mich zu rühren, Akt für Akt an ... Wie Tacitus uns beschreibt, sind wir noch. Als ich damals die vier Akte König Heinrichs mit Auge und Ohr erlebte, war ich wie versenkt in unsere Vergangenheit ...»[9]

Ohne Zweifel taucht hier dämmerhaft in der Seele auf, was mit dem früheren von Beatrix geführten Erdenleben im Raume der Toscana zusammenhängt, gemeinsame Erlebnisse an der Seite des Papstes und in Gemeinschaft mit der Tochter Mathilde. Zugleich sehen wir Herman Grimms Sinn für alles Geschichtliche. Als junger Mensch schrieb er seine große Michelangelo-Biographie, die nicht nur diesen Künstler würdigt, sondern zugleich breite Überblicke kulturgeschichtlicher Art bietet, sei es die Stadtgeschichte von Florenz, sei es die Kunst der Renaissance. Wenn Rudolf Steiner bemerkt, der Sinn für das Betrachten geschichtlicher Zusammenhänge sei gerade in dem Beatrix-Leben geweckt worden, so sehen wir hier in Grimms Darstellungskunst die Früchte: Geschichtlicher Sinn, das Vermögen der Fraueninkarnation, und die Schriftstellerbegabung, das reife Erbe schon seit der Plinius-Verkörperung. Zugleich sehen wir bei Grimm als Nachwirkung des mittelalterlichen Lebens sein Interesse für den Kulturraum der Toscana, wo er sich für seine Studien immer wieder, vor allem in Florenz, über Monate hin aufhält, und uns in seinem «Michelangelo» eine breit angelegte Geschichte von Florenz gibt.[10]

Persönlichkeit und Werk

Eine ausführliche Biographie von Herman Grimm besitzen wir nicht. Aber wir haben feinsinnig abgefaßte Nachrufe von zweien seiner bedeutenden Schüler: dem Schweizer Germanisten Andreas Heusler und dem später so berühmten Kunsthistoriker Heinrich Wölfflin; beide sind gleich nach dem Tode Grimms 1901 erschienen.[11] Dennoch mußte Herman Grimms künstlerisch-intuitive Wissenschaftsmethode bei vielen Fachgenossen Ärgernis erregen. Waren doch gerade die Philologen und Historiker in diesen Jahrzehnten, also in der zweiten Hälfte des 19. Jahrhunderts, ganz besonders stolz auf ihre exakte Methode und streng bemüht, sie konsequent durchzuführen; so zum Beispiel die Vertreter der Scherer- und Mommsenschule. Als der Verfasser im Jahre 1933 einmal Konrad Burdach, den angesehenen Berliner Literarhistoriker, aufsuchte und ihm von seinen Studien über Herman Grimm erzählte, meinte dieser freundlich lächelnd: «Ja, er war ein genialer Einspänner.» Die gleiche Situation schildert uns Rudolf Steiner in seinem Buche «Mein Lebensgang», wenn er von seiner Tätigkeit in den Neunziger Jahren in Weimar erzählt. «Wenn Herman Grimm in Weimar und im Archiv erschien, dann fühlte man die Nachlaßstätte wie durch geheime geistige Fäden mit Goethe verbunden. Nicht so, wenn Erich Schmidt kam. Er war nicht durch Ideen, sondern durch die historisch-philologische Methode mit den Papieren verbunden, die im Archiv aufbewahrt waren ... Und so ging denn an mir ziemlich interesselos vorbei, was sich an großer Verehrung für diesen in den Kreisen aller derer auslebte, die als Scherer-Philologen im Archiv arbeiteten.»[12] Trotzdem gab es groß angelegte Naturen wie Wilhelm Dilthey, welcher während seiner Berliner Lehrtätigkeit mit Grimm befreundet war und sich nicht scheute, in seinem großen Essay über Grimms Goethe-Buch die Sätze zu schreiben: «Was bloße Technik der Behandlung von Quellen, seien es Schriftsteller oder Archive, herausklaubt, wirft der divinatorische Blick des von der Sache Erfüllten in sein Nichts zurück. Herman Grimm war von Anfang an auf das in gewissem Sinne Höchste in der Geschichte gerichtet – den menschlichen Gehalt der Personen, die wahre Natur ihrer Verbindungen, die geselligen Zustände und die Art, wie sich die Menschen in ihnen fühlen ... Vor und neben Grimm hat David Strauß eine ähnliche Richtung eingeschlagen; aber das Übergewicht Grimms wurde ganz sichtbar, als er seine Aufsätze über Voltaire neben das Buch von Strauß stellte. Was Grimm vor diesem und anderen voraus hat, ist seine dichterische Begabung, und daraus fließend etwas Divinatorisches im Blick, das in Tiefen dringt, über welche kein Brief und keine Äußerung direkten Aufschluß gewähren. Hier, gegenüber einem Dichter, wird diese Begabung und Übung zu einem unschätzbaren Vorteil in bezug auf das intimere Verständnis der Gegenstände selber.»[13]

Diese großartige Würdigung Grimms legt höchste Maßstäbe an. Sie nimmt ihren Ausgang von seinen dichterischen Arbeiten, aber sie betont, daß Grimm von Anfang an auf das «in gewissem Sinne Höchste in der Geschichte» gerichtet ist. Und was ist das nach Dilthey? Hier meint er etwas Geistig-Wesenhaftes in den Individualitäten, welche die Geschichte bestimmen, etwa das Gleiche, was einen Carlyle, einen Emerson so tief beschäftigte, auch wenn er dafür nur die schlichte Wendung findet: der menschliche Gehalt der Personen.

Genau den gleichen bedeutsamen Gesichtspunkt im Geistesschaffen eines Herman Grimm, den Dilthey hier im Auge hat, finden wir bei Rudolf Steiner. Am 16. Januar 1913 hielt er in Berlin einen Vortrag, in welchem Grimms Werk und Persönlichkeit, auch sein Lebensweg und sein Drinnenstehen in der Zeit, mit den Mitteln der Geisteswissenschaft umfassend gedeutet wird, eine Betrachtung, welche jeder Grimm-Kenner und Grimm-Verehrer immer wieder zu Rate ziehen muß.[14] Da heißt es bei der Würdigung seines Raphael-Buches[15], daß Grimm hier zu dem Horizont der ganzen Menschheit heraufwächst: «Wunderbar ist es, wenn er in seiner kühnen Art, wie die Seele aus sich selbst herausreißend und neben Raphaels Seele einherschreitend als in einem Strome der Gesamtentwicklung, in Worte ausbricht, die wahrhaftig mehr besagen können als irgend etwas in einer bloßen Darstellung der Weltgeschichte: «Raphael ist ein Bürger der Weltgeschichte. Wie einer von den vier Flüssen ist er, die dem Glauben der alten Welt nach aus dem Paradiese kamen.»[14] Und weiter sagt Rudolf Steiner: «So fließen für Herman Grimm zusammen die Persönlichkeiten mit dem Gesamtstrom des Geisteslebens. Man könnte auch sagen, er bringt die höchste Geistessphäre herunter zu dem persönlichsten Element.»[14]

Noch ein weiterer Gesichtspunkt Wilhelm Diltheys deckt sich mit den geisteswissenschaftlichen Hinweisen Steiners in dem erwähnten Vortrage. Da geht es um die dichterische Begabung Grimms, welche nach Dilthey Hand in Hand geht mit seinem divinatorischen Vermögen. Rudolf Steiner würdigt das Homer-Buch Herman Grimms, das ja sein letztes geschlossenes Werk ist, und bemerkt dazu: Es «scheint mir das Größte das zu sein, was einem gerade als Geistesforscher so ungeheuer wohl tut: die Vertiefung in das Seelenleben der homerischen Helden. Überall sehen wir die seelenvolle Art Herman Grimms auch auf das Seelenleben der Helden Homers ausgegossen. Überall sehen wir erfaßt, aber mit welthistorischem Hintergrunde, die Achill-Seele, die Agamemnon-Seele, die Odysseus-Seele und so weiter. Ein Buch, das als Seelenschilderung überwältigend wirkt trotz der Intimität der stilistischen Darstellung! Überall werden wir nicht nur auf die Höhen der Geschichtsbetrachtung hinaufgeführt, sondern wir werden auch tief, tief in die Seelen der einzelnen homerischen Helden hineingeführt.»[14] Und dann stellt Rudolf Steiner die Frage nach den Vorstufen dieses Spätwerkes. «Wer sich auf das Geistesleben Herman Grimms einläßt, wird die Vorstudien finden, nur sehen sie anders aus, als die Vorstudien der gewöhnlichen Gelehrten. Die Vorstudien Herman Grimms lagen in Seelenstudien, in Vertiefung in die Menschenseele und ihre Geheimnisse ... diese Vorstudien wird der Geistesforscher suchen in den Werken aus der ersten Periode Herman Grimms.»[14] – Und dann erzählt Rudolf Steiner in diesem Vortrage den Inhalt einer Novelle, «Die Sängerin» betitelt. Da liebt ein Mann eine Frau leidenschaftlich, ohne daß diese Liebe erwidert wird, und schließlich nimmt er sich das Leben. Und nun berichtet Herman Grimm in «geistesforscherischer Art» – so Rudolf Steiner – die Folgen. «Jetzt wird kurz und prägnant geschildert, wie in der Imagination der Sängerin der Verstorbene lebt. Unvergeßlich wird die Szene sein, wo sie, die ihre ganze Schuld an dem Tode dieses Mannes fühlt, Nacht für Nacht diesen Menschen, aus dem Totenreiche heraus wirkend, herankommen sieht, wie dieses Herankommen des Verstorbenen nun in der Frau zu ihrem Seeleninhalte wird. Nicht wie ein bloßes Phantasiegebilde wird das geschildert, sondern wie von einem Manne, der da weiß, daß es Geheimnisse gibt, die über den Tod eines Menschen herausreichen. Wunderbar ist die Schilderung, wo der Freund sich selber hinstellt vor die Frau, und wo sie sagt, der Tote komme zu ihr – bis zu dem letzten Briefe der Frau an den Freund, worin sie ausdrückt, daß sie sich nun selber vor dem Tode fühlt, daß der Verstorbene, mit dem sie so verbunden war, sie aus seinem Totenreiche hingezogen hat in sein Reich. – Vielleicht hat kein moderner Darsteller mit solcher Innigkeit die Töne gefunden, um an die geistige Welt zu rühren.»[14] Soweit Rudolf Steiner in dem erwähnten Vortrage und zu einem Thema, das ihm so am Herzen lag, daß er es noch zweimal in späteren Vorträgen wieder ausführlich behandelt hat.

In der Mitte seines Lebens, fast 40 Jahre alt, schrieb Herman Grimm noch einmal ein dichterisches Werk, nämlich einen breit angelegten Roman (1867), betitelt: «Unüberwindliche Mächte».[16] In dem gleichen Zusammenhang würdigt Rudolf Steiner auch dieses Werk; da heißt es: «Man kann vielleicht niemals Gelegenheit finden, das Wort «Unüberwindliche Mächte» ... für berechtigter zu halten, als gerade dann, wenn man sieht, wie Herman Grimm, ohne es zu wollen, die Karma-Idee, die Idee der ursächlichen Verknüpfung der Schicksale, die im Menschenleben zum Ausdruck kommen, Knoten über Knoten schürzen läßt und zu einer Entwicklung bringt, und wie er in der Tat in diesem Wirken Kräfte darstellt, die nur wirken können, wenn sie aus früheren Verkörperungen, aus früheren Erdenleben herüberwirken. Nicht indem er von theoretischen «Kräften» oder vom «Karma» spricht, schildert er das, sondern indem er einfach die Tatsachen sprechen läßt und wie er diesen Mächten einen Ausdruck gibt, so daß sie uns überall wie die Ideen der Geistesforschung anmuten».[14]

So finden wir gerade in den Kriegsjahren 1914 bis 1918 viele Hinweise und Andeutungen Rudolf Steiners, daß in Herman Grimms Art einer künstlerisch-spirituellen Menschenbetrachtung und Geschichtsauffassung «die werdende Geisteswissenschaft liegt». Und weiter heißt es an dieser Stelle: «Er ist zwar nicht in der Lage, die Geisteswissenschaft als solche auszusprechen, aber künstlerisch stellt er die Dinge so dar, daß man wahrnimmt: die Geisteswissenschaft will aus der tragenden Kraft des deutschen Geistes ihren Einzug halten in die geistige Kultur der Menschheit ... Die tragende Kraft des deutschen Geistes – die war sein Inspirator.»[17]

Damit schließen wir diesen Teil unserer Betrachtungen ab. Er sollte zeigen, mit welch kraftvoller Geistesart sich Grimm in den wissenschaftlichen Zeitströmungen, insofern sie gerade die Literatur- und Geschichtswissenschaft sehr einseitig beherrschten, zu behaupten verstand. Sicher und souverän wußte er das geistige Reich, in dem er lebte, zu verteidigen. Das beweist ein Ausspruch zur Geschichtsmethode seiner Zeit. «Die Wahrheit sei das Dauernde, sagt die forschende Historie; aber es gibt eine höhere Wahrheit: die der Atmosphäre, die über den Epochen schwebt».[18] –

Es wurde schon betont: wir haben keine ausführliche Lebensbeschreibung von Herman Grimm, wie wir sie etwa von Emerson besitzen. Dennoch kennen wir die Hauptetappen dieses Lebens, das in seinen äußeren Verhältnissen und Umständen ruhig verlief, ohne dramatische Momente, wie sie das stille Gelehrtenleben eines Jacob und Wilhelm Grimm so jäh erschütterten, als sie, zu den «Göttinger Sieben» gehörig, aus politischen Gründen diese Stadt plötzlich verlassen mußten.

Der Geburtstag Herman Grimms ist der 6. Januar des Jahres 1828, also der Dreikönigstag und zugleich der letzte in der Reihe der heiligen Nächte. In diesem Zeitraum geboren werden, bedeutet etwas Besonderes. Wer an diesem Tage der Tiefwinterszeit zur Geburt schreitet, wie zum Beispiel die Jungfrau von Orleans, aber auch Jacob Grimm (geb. 4.1.1785), der ist fortan in hohem Grade empfänglich für alles Geistige in der Welt.[19] Das läßt sich, wie schon gezeigt wurde, auch gerade von Herman Grimm sagen.

Etwas Sonnenhaftes liegt über seiner ersten Kinderzeit in Kassel, auch wenn diese nur etwas mehr als zwei Jahre währte. Die Wohnung, welche in diesen Jahren Hermans Eltern Wilhelm und Dortchen Grimm und der Bruder Jacob gemeinsam bewohnten, war die schönste in ihrer Kasseler Zeit.[20] Denn sie bot eine herrliche Aussicht, von der in Wilhelms Briefen immer wieder die Rede ist. Da schreibt er zum Beispiel an Jenny von Droste-Hülshoff, der Schwester der berühmten Dichterin, welche den Grimms viele Märchen aus dem Westfälischen zu ihrer Sammlung beisteuerte. «Sie erinnern sich unserer Aussicht. Eben jetzt steht sie in der höchsten Pracht, und nichts ist herrlicher als der Lindenwald, den die Aue bildet, und das zarte Grün, das in allen Mischungen und Abstufungen sich zeigt.» – Von den Gebrüdern Grimm sagt Rudolf Steiner: «Durch höhere Führung waren die Gebrüder Grimm da und haben die deutschen Märchen gesammelt.»[21]

Aber sonnenhaft waren nicht nur Licht und Luft der Behausung, in welcher der kleine Herman aufwuchs. Etwas Sonnenhaftes lag auch im Charakter beider Eltern, welche er sich bei seinem Erdenabstieg erwählt hatte. Seine Mutter, mit Mädchennamen Dortchen Wild, stammte aus einem alten Berner Geschlecht. Ihr Vater besaß in der Marktgasse die Sonnenapotheke. Ihre Räumlichkeiten hatte der kleine Herman gut kennengelernt, da beide Familien schon seit Jugendzeiten befreundet waren. Später hat

Herman Grimm dieses Hauswesen und darinnen seine Mutter so geschildert: «Über der Wildschen Kinderstube in der Sonnenapotheke mit ihren vielen Gängen, Treppen, Stockwerken und Hinterbaulichkeiten, die ich selbst alle noch als Kind durchstöbert habe, waltete die «Alte Marie», deren Mann im Kriege gefallen war und die jeden Abend ihr Abendgebet las. Von ihr hat der erste Band der Märchen seine schönsten Märchen erhalten.»[22] Zwölf dieser klassischen Volkserzählungen, die Dortchen sich von der alten Marie hatte erzählen lassen, zu denen der «Froschkönig», «Der Wolf und die sieben Geißlein», «Brüderchen und Schwesterchen» und «Hänsel und Gretel» gehören, nahmen die Brüder gleich in ihre erste Sammlung von 1812 auf. So gehörte Dortchen, von Jugend auf mit den Grimms, auch gerade mit der Schwester Lotte, eng verbunden, zu den eifrigsten Märchensammlerinnen, die in Kassel den Brüdern zur Verfügung standen. Noch im Oktober 1851, als sie längst Wilhelms Frau geworden war und zum Besuch ihres Schwagers auf der Friedrichshütte bei Bebra weilte, zeichnete sie dort aus dem Munde des Volkes das Märchen «Die klugen Leute» auf. Wir erwähnen diese Zusammenhänge so genau, weil Rudolf Steiner unter den Märchensammlern und -erzählern der Brüder einen einzigen Namen heraushebt: den von Dortchen Wild, von welcher er sagt, wie in ein Elementarwesen hineinlauschend, habe sie die Märchen aufnehmen können.

Vom Wesen und Charakter dieser Frau, die Herman Grimm sich zur Mutter erwählte und deren Erzählgabe zweifellos die volkstümliche Note seines später so kunstvollen Sprachstiles mitgeprägt hat, gewinnen wir ein lebhaftes Bild, wenn wir Wilhelms Briefe an seinen Freundeskreis zu Rate ziehen. Da schreibt er, nachdem die so überaus glückliche Ehe im Mai 1825 geschlossen war, bald darauf an einen Freund in Marburg. «Ich kenne meine Frau seit ihrer Kindheit, und wir alle haben sie immer wie zu uns gehörig betrachtet. Ich glaube nicht, daß ich, wie man sagt, in Flitterwochen lebe; aber ich habe das Vorgefühl, daß ich mein Lebtag glücklich sein werde, wie ich es seit acht Tagen bin. Sie ist herzlich, natürlich, verständig und heiter, hat Freude an der Welt und ist doch jeden Augenblick bereit, sie für etwas Höheres und Besseres herzugeben, wonach wir alle streben und was die Welt nicht gewährt.» –

Fragen wir nun nach Wilhelm Grimms Eigenart, so darf man getrost sagen: im Umgang mit den Menschen war er ohne Zweifel liebenswürdiger und kontaktfreudiger, im Urteil über sie milder und abgeklärter als Jacob. Dieser Unterschied ihrer Charaktere spiegelt sich wider in der Art, wissenschaftlich zu arbeiten. In der berühmten Gedächtnisrede Jacobs auf seinen Bruder, in der Berliner Akademie der Wissenschaften gehalten, heißt es: «Seine Arbeiten waren von Silberblicken durchzogen, die mir nicht zustanden. ... Ihm gewährte Freude und Beruhigung, sich in der Arbeit gehen, sich umschauend von ihr erheitern zu lassen. Wie manchen Abend bis in die späte Nacht hinein habe ich in seliger Einsamkeit über den Büchern zugebracht, die ihm in froher Gesellschaft, wo ihn jedermann gern sah und seiner anmutigen Erzählergabe lauschte, vergingen.»[23]

Manche Eigenschaften des Vaters finden wir in Herman Grimms Geistesart und Schaffensweise wieder, wenn auch anders schattiert; so die Weichheit und Anschmiegbarkeit des Stiles, welche den Sohn dazu befähigt, in die geistigen Erscheinungen der verschiedensten Jahrhunderte sich zu vertiefen. Im ganzen läßt sich für die ersten Lebensjahre des Knaben sagen: wunderbar harmonische Atmosphäre umgab dieses Kind, aufwachsend in einer sonnenhellen Wohnung, gehegt und gepflegt von liebevollen Eltern, welche das Glück übereinstimmender Gemüter tief in ihrem Herzen verband.

Dann folgen die Göttinger Jahre (1830-37), über welche Rudolf Steiner, anknüpfend an die Weichheit in Herman Grimms Stil, eine wichtige Bemerkung macht, die überraschen kann, aber um so aufschlußreicher für die Kenntnis der kindlichen Entwicklung ist. «Diese Weichheit (des Stiles) bekommt aber wieder in Herman Grimm ihr Skelett, ihre Härte durch ein anderes, das in seine Erziehung eingeflossen ist: gehörten ja doch sein Vater und sein Oheim zu jenen «Göttinger Sieben», welche im Jahr 1837 gegen die Aufhebung der Verfassung ihres Landes Protest eingereicht haben und deshalb von der Universität Göttingen entfernt worden sind. So erlebte Herman Grimm schon als Knabe eine Tat seltener Art mit mancherlei Folgen. Denn gar mancherlei Folgen gab es für Vater und Oheim ..., daß sie nicht nur Stellung sondern auch Brot damals verloren hatten. Und Herman Grimm hat es oft hervorgehoben, wie er mit den Impulsen des geschichtlichen Werdens schon damals als neunjähriger Knabe in Beziehung getreten ist, nicht durch das ‹Buch›, sondern durch eine bedeutsame, historische Tat.»[14]

Nach einer kurzen Zwischenzeit in Kassel (1838–1841) erhielten die Brüder einen Ruf nach Berlin, wo sie nun bis an ihr Lebensende blieben. Bettina von Arnim[24], die dem neuen preußischen Könige Friedrich Wilhelm IV., dem «Romantiker auf dem Throne», nahe stand, hatte ihn vermittelt. Das haben ihr die Brüder immer gedankt. Für Jacob wie für Wilhelm war dieser Wechsel nicht leicht. Aber sie gewöhnten sich an das neue Leben, hatten großzügige Arbeits- und Forschungsmöglichkeiten und in der Universität und der Preußischen Akademie trafen sie mit Männern wie Schelling, Alexander v. Humboldt und Ranke zusammen.

Für den jungen Herman und seine seelische Entwicklung – er war nun fast 14 Jahre alt – bedeutete diese große Veränderung etwas Besonderes. Die Weite dieser Stadt und die freie, lebensfrohe Geselligkeit im Hause der Bettina, wo viele junge Leute aus- und eingingen und er rasch Freundschaft mit ihren drei lebhaften Töchtern schloß, waren eine neue Welt für ihn. Das geistige Berlin dieser Jahre und Jahrzehnte war ein überaus günstiger Boden, um die reichen, vielseitigen Begabungen dieser jungen Persönlichkeit zu freier, ungehemmter Entfaltung zu bringen. So ist es kein Wunder, daß Herman Grimm sechs Jahrzehnte seines Lebens, das heißt bis zu seinem Tode im Sommer 1901 in dieser Stadt lebte und arbeitete: zunächst als Schüler und Student, dann als freier Schriftsteller und Privatdozent und schließlich durch vier Jahrzehnte als Professor der Kunstgeschichte; immer in regem Austausch mit seinen Schülern und Studenten und mit vielen Persönlichkeiten des geistigen Berlin dieser zweiten Jahrhunderthälfte, von denen noch zu sprechen sein wird.

Als Herman mit seinen Eltern 1841 nach Berlin kam, entstand, wie schon erwähnt, eine herzliche Freundschaft mit den Töchtern der Bettina, nachdem bereits die Väter dieser Kinder nah befreundet waren. Literarische Nachmittage, bei denen man sich an den Kunstmärchen der Romantiker und an Mörikes Dichtungen begeisterte, auch selber in diesem «Kaffeterkreis» wetteiferte, Märchen zu erfinden, fanden in diesen Jahren in Bettinas weitläufiger Wohnung statt. Die jüngste ihrer Töchter, Gisela von Arnim, schloß sich schon damals enger an Herman Grimm an. Viele geistige Interessen teilten beide, so die Liebe zur Musik und die Neigung zur Dichtkunst. Einige Jahre darauf nahm Bettina die beiden nach Weimar mit – ein Ort, den sie von ihren Goethe-Besuchen kannte und liebte –, um den bei Franz Liszt tätigen, hochbegabten jungen Geiger Joseph Joachim kennenzulernen.[25] Diese spontane Begegnung dreier junger Menschen begründete eine lebenslange Freundschaft, über welche wir durch Briefe im Bilde sind. In einem dieser von Grimm an Joachim geschriebenen Berichte heißt es: «Verehren sollst Du mich nicht; dabei kommt nichts heraus. Aber es ist uns erlaubt, Familien geistig zu gründen. Und da mag der eine dem andern wohl näher stehen als sonst im Leben». Nachdem eine leidenschaftliche Liebe Giselas zu Joachim abgeklungen war, heiratete Herman noch zu Lebzeiten seiner Eltern – Bettina war gerade gestorben – seine Jugendgefährtin 1859 in Berlin.[26]

Zehn Jahre vorher hatte er im Herbst 1849 als Student mit 21 Jahren Marianne von Willemer in Frankfurt und damit nach Bettina eine weitere, nah mit Goethe verbundene Persönlichkeit kennengelernt. So konnte er mit Recht im Alter, sieben Jahre vor seinem Tode, sagen: «Ich lebte in einer Umgebung, von denen fast alle, die mir am nächsten standen, persönlich mit Goethe verkehrt hatten, und rechnete mich selbst dazu, als sei mir das Vorrecht durch eine Art von Erbschaft zu Teil geworden.»[27] Auf diesen Zusammenhang Herman Grimms mit Goethe hat Rudolf Steiner in bedeutsamer Art hingewiesen. Da heißt es:

« ... durch diese Verwandtschaft (mit Bettina von Arnim) war Herman Grimm von Jugend auf sozusagen inmitten von Persönlichkeiten aufgewachsen, die Goethe durchaus nahestanden, die zu all dem, was er in seiner Erziehung aufnahm, etwas herübertrugen wie einen persönlichen und unmittelbar elementaren geistigen Hauch Goethes. So fühlte sich auch Herman Grimm von Jugend auf dazugehörig zu all denen, die Goethe noch persönlich nahestanden, trotzdem er ja bei Goethes Tod ein Kind war. Und nicht wie einer, der Goethe und den Goetheanismus ‹studiert› hat, stand Herman Grimm da, sondern wie einer, der das Goethe-Wesen, der Goethes ganze lebendige Zauberkraft und Goethes ganz lebendiges Menschheitswesen unmittelbar, elementar, persönlich in sich aufgenommen hatte.»[14]

In den gleichen Jahren, wo Herman Grimm als Student Marianne von Willemer und Joseph Joachim begegnete, also zwischen dem 21. und 25. Lebensjahr, beginnt er, sich schriftstellerisch zu betätigen. Er veröffentlicht in diesen Jahren drei Dramen, mit dem Titel: «Armin», «Rotrudis» und «Demetrius», die aber keine Bühnenwirksamkeit erlangen. Dennoch kann für die karmischen Zusammenhänge von einer gewissen, wenn auch nicht großen, Bedeutung die Tatsache sein, daß er in der Jugend ein Drama schreibt, welches in der Zeit der römischen Feldzüge gegen die Germanen spielt, also ein Stück, in dem die Gestalten von Armin, Flavius und Thusnelda erscheinen. Vermutlich hat die «Germania» des Tacitus, die Grimm gewiß schon als Schüler gelesen hat, ihn zu diesem Stoffe angeregt. Der Name Tacitus begegnet uns in Grimms Schriften immer wieder, immer in größter Verehrung und Hochachtung.[3]

Aber Grimm war eine zu ehrliche, zu wahrhaftige Natur, um nicht sehr bald einzusehen, daß er nicht zum Dramatiker geboren sei. Wohl aber lag ihm das epische Element. So nimmt es nicht Wunder, daß er einige Jahre später, 1856, als er gerade das 28. Lebensjahr vollendet hat, eine Novellensammlung erscheinen läßt, seinem Vater Wilhelm gewidmet, von der Rudolf Steiner des öfteren mit ausführlichen Beispielen gesprochen hat; stets in Worten höchster Bewunderung. So zum ersten Male in dem Herman Grimm gewidmeten Vortrage vom 16. Januar 1913. Da heißt es: «Da haben wir vor allem jene wunderbare Novellensammlung, die vielleicht heute weniger gelesen wird als manches moderne Produkt dieser Art, die aber gerade diejenigen lesen sollten, die sich für geistiges Leben interessieren, eine Novellensammlung, die genannt werden kann: überall ein intensiver Versuch, Menschenseelen kennenzulernen, Menschengeheimnisse zu ergründen, das Wirken der Menschenseele zu ergründen über die physische Welt hinaus.»[14]

Ehe Herman Grimm 1856 diese auch heute noch lesenswerten, feinsinnigen Erzählungen erscheinen ließ, war er bereits auf dem Wege, sich als Essayist einen Namen zu machen. 1859 erschien der erste Band seiner Essays. Dieser enthält auch frühe Stücke, so die Aufsätze über «Das Luzerner Neujahrsspiel» von 1854 und den Beitrag über «Alfieri und die Ristori» von 1855. Nun kennzeichnet Rudolf Steiner den Stil Grimms in diesen frühen Arbeiten als einen gelehrten Schreibstil, der seiner Natur nicht liegt, den er lieber überwinden möchte.[1] Charakteristische Beispiele dieses schon im Satzbau auffallend umständlichen Stiles finden wir in dem erwähnten Essay von 1855 über «Alfieri und die Ristori». Da heißt es gleich zu Beginn: «Betrachten wir die Wege, auf denen ausgezeichnete Männer zu der Höhe gelangten, auf der sie endlich über uns unerreichbar erhaben stehen, so sagen wir uns, daß keine menschliche Hilfe sie soweit führte. Als Naturprodukte, einzig in ihrer Art, scheinen sie die Fähigkeit, andere zu überragen, von Anfang an in sich getragen zu haben. – Eine Eichel und eine Erbse, nebeneinander gepflanzt, sprossen nach einiger Zeit in fast gleichen Keimen nebeneinander auf; dann aber, während jene zurückbleibt, rankt sich diese hoch auf, blüht und trägt Früchte, da die junge Eiche, die ein Jahrhundert vor sich hat, langsam ihren Weg verfolgt und still wachsend ihre Zeit erwartet. Es braucht sie keiner zu säen, zu gießen, ihr die Erde zu lockern; sie steht in irgend einer Ecke des Waldes, wo kein Auge sie kennt, und wenn ein Bauer vorbeigehend sie sich ansieht, um etwa einen tüchtigen Stecken aus ihr zu schneiden, so fühlt es nicht der ganze Wald aufschauend plötzlich, daß eben der junge Stamm in Gefahr ist, der einst vielleicht der Welt alleine sagt, daß hier ein Wald gestanden hat.»[28]

Dieser frühe Essay-Stil Herman Grimms, den wir nur für kurze Zeit, etwa zwei bis drei Jahre, nachweisen können, wird durch seine Begegnung mit Emersons Werk gründlich umgebildet. Vermutlich hat diese Wandlung, welcher Steiner eine so hohe karmische Bedeutung beimißt, in Grimms 28. Lebensjahr stattgefunden. Denn schon ein Jahr später (1857) erscheint seine Übersetzung von Emersons Essays über Goethe und Shakespeare.

In dem erwähnten Karmavortrag von 1924 spricht sich Rudolf Steiner über diese Zusammenhänge deutlich aus. Er greift zurück auf die Persönlichkeit des jüngeren Plinius, von der wir wissen, daß sie die Kunstform des Briefes in die Literatur eingeführt hat. «Wir sehen, wie der jüngere Plinius ... im 19. Jahrhundert wiedergeboren wird in romantischem Milieu, in romantischer Umgebung, alles Romantische mit großer, man kann nicht sagen Begeisterung, aber mit großem ästhetischem Genuß aufnimmt, sich hineinfindet zunächst in alles Romantische, indem er auf der einen Seite eben diese Romantik, auf der anderen Seite durch die

Verwandtschaft einen etwas gelehrten Stil hat. Er lebt sich in einen gelehrten Stil hinein – einen gelehrten Schreibstil meine ich, nicht einen Lebensstil –, aber der paßt nicht zu seiner Natur. Er will immer heraus, will immer diesen Stil wegwerfen. – Und sehen Sie, das Buch, das da aufgeschlagen war, das dann die Persönlichkeit dazu brachte, so schnell wie möglich alles zu lesen, was von diesem Schriftsteller zu haben war, dieses Buch war Emersons ‹Representative Men›. Und der Betreffende eignete sich den Stil daraus an, übersetzte auch zwei Stücke daraus sofort, wurde ein ungeheurer Verehrer von Emerson und ließ nicht nach, bis er dieser Persönlichkeit auch im Leben begegnen konnte.»[1]

Nach dieser Karma-Betrachtung Rudolf Steiners wenden wir den Blick auf Herman Grimms neuen, ganz aus den eigensten Kräften seiner Persönlichkeit geformten Stil. Als Beispiel verwenden wir einen Abschnitt aus Grimms Goethe-Buch, in dem er Goethe und Schiller vergleicht, ebenfalls wieder bildhaft, aber in ganz anderer Weise, in anderem Satzbau, als ihn der Text des frühen Essays zeigt.

«In Goethes Gedichten merkt man bei jedem leisen Atemzuge, woher er kommt. Man fühlt die südliche Luft, den Strom des Seewindes, der über das griechische Meer zu Iphigenie herankommt. Man fühlt den süßen Hauch der Lorbeerhecken und der Orangen von Ferara; man saugt den reinen Luftzug des Rheintales ein, wenn man Goethes Briefe über das Straßburger Münster liest. Bei Schiller fühlt man nur die dynamische Kraft des Sturmes, einerlei, ob Süd- oder Nordwind. Alles Dichten Goethes war Gelegenheitsarbeit; seine Früchte reifen, je nachdem ihm die Sonne scheint. Schiller hat keine Zeit, das abzuwarten: er baut bei hartem Wetter ein Treibhaus über seine Fruchtbäume, damit ja keine Unterbrechung der Produktion eintrete, und heizt ein, wenn die Sonne nicht scheinen will.»[29]

Rudolf Steiner hat das Problem von Grimms Sprachstil, das heißt die Befreiung von dem frühen, gelehrtenhaften Stil und den Durchbruch zur eigenen schöpferischen Sprachform zum Mittelpunkt seiner Karmabetrachtung: Grimm – Emerson gemacht. Aber, wie oft bei Steiner, hat er dieses für Grimms ganzes schriftstellerisches Wirken so bedeutsame Thema seines Stiles noch unter ganz anderen Gesichtspunkten als nur dem karmischen betrachtet. Das zeigt der in Zürich 1918 gehaltene Vortrag,

Herman Grimm 70jährig

in welchem er den Sprachstil Grimms mit dem eines Woodrow Wilson vergleicht. Beide Persönlichkeiten haben über die Methode der Geschichte geschrieben und das Erstaunliche ist, daß beider Sätze fast wörtlich übereinstimmen, wobei jede Entlehnung ausgeschlossen ist. Und doch besteht ein großer Unterschied zwischen den tieferen Impulsen, aus denen jeder dieser Geister sich inspirieren läßt. Diese Hintergründe enthüllt uns Rudolf Steiner mit nüchterner Klarheit, wenn er sagt: «Wenn man Herman Grimms Stil verfolgt, alles, was er geschrieben hat, da sieht man: Jeder Satz ist persönlich individuell erkämpft ... Alles geht vor in dem Lichte der Kultur des 19. Jahrhunderts, aber aus der unmittelbaren Bewußtseinsseele heraus. Glanzvoll schildert Woodrow Wilson, aber von etwas in seinem Unterbewußtsein selber besessen. Eine dämonische Besessenheit ist vorhanden. In seinem Unterbewußtsein ist etwas, das ihm eingibt dasjenige, was er nun hinschreibt. Der Dämon, der natürlich auf eine besondere Art in einem Amerikaner des 20. Jahrhunderts zum Vorschein kommt, der spricht durch seine Seele. Dadurch das Großartige, das Gewaltige.»[30]

In andern Vorträgen schildert Rudolf Steiner wiederholt, wie Herman Grimm den gewaltigen Strom der Menschheitsentwicklung wenigstens in den letzten drei Jahrtausenden zu überschauen suchte. Da beginnt für ihn das erste Jahrtausend mit Homer, dem er sein letztes größeres Werk gewidmet hat, und es endet mit der Geburt des Christus. Das Griechentum und die griechische Kultur sind das Hauptereignis dieses Zeitraumes. Das 2. Jahrtausend ist bei ihm zugleich das erste Jahrtausend christlicher Entwicklung. Da wird, so meint Grimm, das Griechentum wie aufgesogen von dem Christusimpuls und die Mischung von Christentum und Griechentum zieht ein in die römische Welt und überwältigt sie. Nicht die römischen Impulse sind ihm dabei die Hauptsache, sondern die christlichen. Dann folgt das dritte Jahrtausend, das zweite christliche, in dem wir noch drinnen stehen. In seiner Morgenröte wirken Geister wie Dante und Giotto, Künstler wie Michelangelo, Leonardo da Vinci, Raphael. Dieses Zeitalter führt dann hin zu Shakespeare und Goethe. Und diese besondere Beziehung Herman Grimms zu Goethes geistigem Wesen hat Rudolf Steiner immer wieder geschildert.

«So, wie Herman Grimm sich gewissermaßen als den geistigen Statthalter Goethes, seines geistigen Reiches, betrachtete, so war Herman Grimm auf eine naturgemäße Weise in seinem ganzen Handhaben des geistigen Lebens, in der ganzen Art und Weise, wie er sich zu geistigen Dingen stellte, etwas eigen. Es war ihm etwas eigen wie einem geistigen Fürsten, und man fand es natürlich, ihn so gewissermaßen als einen geistigen Fürsten anzuschauen. Bis in die äußere Gestalt, in die Physiognomie, bis in die Geste und in sein ganzes Auftreten hinein hatte er etwas von einem geistigen Fürsten. Und man darf sagen: Wenn man auch sozusagen nicht gewohnt war in dieser Beziehung zu einer Persönlichkeit wie zu einer ‹fürstlichen› aufzusehen, so zwang einem Herman Grimms ganze Art etwas auf, ihm den eben gekennzeichneten Rang zuzuerkennen.»[14]

Und doch wäre es ungerecht gegenüber Grimms Persönlichkeit, diese Darstellung Rudolf Steiners so stehen zu lassen und sie nicht durch eine weitere zu ergänzen, welche wir von einem seiner älteren Schüler besitzen. Wir sind in der glücklichen Lage, daß uns Kurt Breysig, der bedeutende Berliner Kulturhistoriker, diesen geistigen Fürsten Grimm von einer ganz anderen Seite in seinen Lebenserinnerungen schildert, nämlich als einen Lehrer, der im persönlichen Umgang sehr viel Sinn für Spaß und Humor, auch für Witz und Ironie zu zeigen wußte. Hören wir darüber den jungen Privatdozenten Breysig in seiner reizvollen Schilderung:

«Keiner von den älteren Kollegen, in deren Reihe ich damals nach meiner Habilitation trat, wäre mir nächst Schmoller in diesem Sinne so willkommen gewesen wie Grimm. Gedenke ich seiner, so schwebt mir sein Bild im Hörsaal vor, wie er in den hell beleuchteten Kreis trat, den der Schattenwerfer schuf und von dem sich sein edles Greisenhaupt so scharf abhob; es war von schneeweißem Haar umgeben, das es mit wallenden Locken umrahmte. Dann fing er an zu sprechen, flüssig und ganz aufgelockert, so daß der Hörer immer das Gefühl hatte, daß der Sprechende mit ihm zusammensitze, um ihm zwanglos zu erzählen: allerdings faßte er auch den einzelnen Zuhörer ins Auge.

Es waren herrliche Augen, die aus diesem Antlitz schauten, alte, aber noch nicht matte Augen, sondern strahlende, leuchtende; und das schöne, scharfe Profil gab diesem Kopf ein völlig ungewöhnliches Gepräge, das von dem vollen weißen Bart wahr-

lich nicht gemindert wurde. Wenn aber, wie es einmal geschah –
der jüngere Andreas Heusler war dabei – von dem Verhältnis
seines Profils zu seinem Bart die Rede war, so machte er uns, so
neckisch wie es seine Art war, auf einen Mangel im Bau seines
Kopfes aufmerksam und sagte, in seiner Jugend, als er noch
keinen Bart getragen habe, ‹da hieß ich Herman das Hängemaul›.
   Spaßhaft zu sein war eigentlich beständig seine Art. Es machte
ihm Freude, von den ‹Histriokern› zu sprechen, und ich bewahre
von seinen Äußerungen besonders viele lustig plänkelnde auf.
Selbst wenn er ganz ernsthafte Charakteristiken zu überliefern
gedachte, kleidete er sie wohl in eine spaßhafte Form. So gab er
eine Schilderung von Treitschke in der folgenden Weise:
‹Treitschke ist imstande, mir, wenn es not täte, eines Tages zu
eröffnen: Ja, mein lieber Grimm, es hilft Ihnen nichts, aber die
Sache des Vaterlandes verlangt es, Sie müssen sich den Kopf
abschlagen lassen›. Und wenn er dann eine Viertelstunde lang
Zeit hätte auf mich einzureden, dann würde ich zum Schluß
sagen: ‹Ja, mein lieber Treitschke, ich sehe dies alles völlig ein;
sorgen Sie nur dafür, daß alle Vorbereitungen pünktlich getroffen
werden und daß Sie mich selbst zur rechten Zeit abholen.›
Unnachahmlich war, wie er die Kopfhaltung Mommsens in der
Sitzung der Fakultät imitierte; dann stak er sich nach Art eines
Vogels mit dem krummen Schnabel seiner Hakennase in die
Schulter. Oder in furchtbarer Bitterkeit, wie er sie nur gegen
Mommsen hegte, brach sein Temperament aus ihm los und er
schalt: ‹Wenn die Mommsenschule zusammensitzt, dann trinken
sie nicht Sekt, sondern moussierende Stiefelwichse›, und er gab
dann wohl ein Gespräch zwischen ihm und Mommsen wieder,
das sich durch zufälliges Zusammentreffen bei einem Diner ergab
und das schon in den Anreden, die sie sich gegenseitig gönnten,
alle Ironie und alle sardonische Schärfe offenbarte, mit der sie
sich gegenseitig behandelten.»[31]
   Ein halbes Jahrhundert hat Grimm in Berlin gewirkt, lehrend in
einem neu begründeten Fache, der Kunstgeschichte, und dieses
wieder in einer ganz persönlichen Art. Da blieben Anfeindungen
nicht aus. Und diese wuchsen, als Grimm zu Beginn der siebziger
Jahre damit begann, über Goethe Vorlesungen zu halten, Vorträge, welche ein breites Echo fanden. Denn Goethe war seit
seinem Tode 1832 weitgehend vergessen, während die Schiller-

ehrung 1859 ein großes, nationales Ereignis wurde. Umso bedeutsamer war es, daß diese Wiedererweckung Goethes durch einen Mann geschah, der, wie Rudolf Steiner sich ausdrückt, «Goethes ganze lebendige Zauberkraft und Goethes ganz lebendiges Menschheitswesen unmittelbar, elementar in sich aufgenommen hatte». So darf man dieses geistige Ereignis in Berlin, also im Herzen Mitteleuropas wenige Jahre vor Beginn der Michaelherrschaft, zusammenschauen mit den Ereignissen in Wien, wo zu Beginn dieser neuen Zeitepoche Karl Julius Schröer dem jungen Studenten Rudolf Steiner die Wege ebnet, um Goethes naturwissenschaftliche Ideen in ganz neuer, geistgemäßer Weise zu deuten: dem Zeitgeist gemäß.

Herman Grimm wurde, so Rudolf Steiner, immer wieder inspiriert vom mitteleuropäischen Volksgeist. Das empfindet man bei einigen Sätzen seines 1872 geschriebenen Essays, betitelt: «Die Ruinen von Ephesus», das Rudolf Steiner, was zu verstehen ist, immer wieder erwähnt, immer wieder Sätze daraus zitiert, die ihm ganz besonders am Herzen lagen. Diese Sätze lauten:

«Das Wort ist heut in den Besitz ungeheurer Macht gelangt. Unsere Sehnsucht wäre, daß aus den Tiefen des Deutschen Volkes eine Stimme sich erhöbe, um zu befehlen, was zu tun sei. Wir lauschen, aber noch vernehmen wir nichts; wir blicken nach allen Seiten uns um.»[32]

Am 16. Juni 1901, als gerade das lichte Zeitalter begonnen hatte, ist Herman Grimm gestorben. Als eine junge Freundin, Elisabeth Rudorff, sein Sterbezimmer betrat, fand sie auf dem Nachttisch einen Zettel mit den Zeilen:

Hinter uns liegt vergangenes Gewölk,
Vor uns unvergänglicher Sonnenschein.[33]

So sehen wir, wie Anfang und Ende in diesem Leben sich zusammenschließen: Etwas Sonnenhaftes liegt über der Kindheit und ein Sonnenglanz wiederum über dem Sterben. Den Weg dieser Individualität durch die Todespforte in die geistige Welt hat uns Rudolf Steiner beschrieben. Am Karsamstag 1915 spricht er in Dornach die Worte aus, mit denen diese Seele, auf das Karfreitags-Mysterium blickend, über die Schwelle des Todes geschritten ist, und zugleich offenbart er uns, wie diese Herman

Grimm-Seele neue, geistgemäße Gedanken über das Mysterium von Golgatha erhielt durch Christian Morgenstern, dessen Todestag, der 31. März 1914, sich in diesen Ostertagen 1915 gerade jährte. Er, Christian Morgenstern, trug die «neuen Gedanken über die Christusentwicklung und ihren Zusammenhang mit der Menschheitsentwicklung hinauf durch die Pforte des Todes in die geistigen Welten. Die Seelen, die sich sehnten nach diesen Gedanken, ... fanden in unserem Freunde den sie aufklärenden Genossen»[34]. Eine solche Seele war Herman Grimm, dessen Bücher und Schriften gewiß einem Morgenstern vertraut waren.

Wenn Rudolf Steiner 1913, 1914 und 15 über Herman Grimm sprach, wurde er nicht müde, zu betonen: diese Persönlichkeit ist in ihren Schriften und Essays und besonders auch in ihren dichterischen Werken dicht herangekommen an das, was wir in der Geisteswissenschaft erstreben, er ist gleichsam ein Wegbereiter dieser Geisteswissenschaft. Dennoch dürfen wir von eigentlich michaelischen Impulsen bei Herman Grimm nicht sprechen; eher schon von Kräften künstlerisch-therapeutischer Art, wie sie von der Erzengelgestalt des Raphael ausgehen. Rudolf Steiner hat nun an seinem Lebensende, nämlich im Juni 1923, im zweiten Jahrgange des Goetheanum fünf Aufsätze über Herman Grimm geschrieben, in denen er noch einmal zusammenfassend Werk und Persönlichkeit behandelt und damit das im Januar 1913 in seinem Berliner Vortrag gegebene Gesamtbild in wesentlichen Zügen ergänzt. In dem gleichen Zusammenhang werden auch in weiteren Aufsätzen des Goetheanums Kulturwissenschaftler wie Moritz Carrière, Karl Julius Schröer und sein Lehrer Gervinus behandelt. Alle diese Persönlichkeiten leben mit ihrer Wissenschaft und Forschung in einer Zeit, in der die Impulse der sich unabhängig erklärenden Naturforschung mächtig zur Entfaltung kommen. Gegenüber der Wissenschaftsgesinnung eines Darwin, Haeckel und anderer kann aber, so Rudolf Steiner, der Idealismus der genannten Kulturforscher sich nicht durchsetzen; er stößt nicht, was michaelisch zu nennen wäre, zum wirklichen Geiste durch; er erreicht nur seine Schattenbilder.

Das trifft auch auf Herman Grimm zu. Rudolf Steiner greift als Beispiel einige Sätze aus Grimms Goethe-Vorträgen heraus; da heißt es: «Niemand glaubt heute, soviel ich weiß, an Goethes Farbenlehre». Und dann kommt Grimm auf Goethes Geschichte der Farbenlehre zu sprechen, die es ihm angetan hat. «Die Leistung als historische Arbeit ist so genial, daß sie die Frage, ob Goethe hier nicht irrte, zur Nebensache werden läßt». Nun fährt Steiner fort, Herman Grimm hätte, wenn er die Naturforschung seiner Zeit ernster genommen hätte, sie von seinem Standpunkte aus zurückweisen müssen. Er hat sie aber nicht zurückgewiesen; er wollte in Ruhe auf einer Insel leben, «auf der er idealische Bauten aufführte, während rings herum die verheerenden Wogen der mechanistisch-positivistischen Weltanschauung brausten»[35]. Soweit Rudolf Steiners Worte.

Man könnte einen starken Band füllen, wollte man alle Äußerungen Rudolf Steiners über Herman Grimm zusammenstellen. Niemand, auch nicht die Fachwissenschaft und Biographik, hat diese Persönlichkeit bisher so umfassend und vielseitig gewürdigt wie Rudolf Steiner. Aber er betont auch immer wieder, was er den Schriften dieses Mannes verdankt, wie er durch seine einzigartigen kulturhistorischen Überblicke angeregt und belehrt worden sei.

Am Abschluß dieser Darstellung kehren wir noch einmal zu unserem Hauptthema zurück: das Karma Herman Grimms, das heißt dieser Entelechie in ihren früheren Verkörperungen und in ihren zukünftigen Aufgaben betreffend. Vielfach stand im Mittelpunkte unserer Betrachtung das Element der Sprache, des Stiles, insbesondere des geschriebenen Wortes. So beim jüngeren Plinius, so bei Herman Grimm; jedoch nicht ohne weiteres bei der Markgräfin Beatrix, weil hier entsprechende Zeugnisse fehlen. Umso notwendiger ist es, auf diese so hochbegabte, und zugleich so ungemein sympathische Gestalt noch einmal zurückzukommen. Gibt es nicht in Auftreten und Lebensstil Herman Grimms etwas, was an diese frühere Verkörperung offensichtlich erinnert? Ganz augenscheinlich die «gewisse geistige Fürstlichkeit», von der Rudolf Steiner berichtet, wenn er mit ihm in Weimar zusammentraf. Aus seiner Vererbungsströmung bringt Grimm diese Lebensform nicht mit. Weder Jacob noch Wilhelm Grimm hatten in ihrem Auftreten etwas Souveränes, Weltmännisch-Sicheres. Zweifellos weist diese Lebensart bei Herman Grimm auf seine frühere Verkörperung als Markgräfin Beatrix, wo Amt und Würde ein solches Auftreten wie selbstverständlich erforderlich machen. Rudolf Steiner spricht bei ihr von einer «stark repräsentativen Persönlichkeit».

Blickt man nun noch einmal auf die Inkarnationsreihe der so nah verbundenen Freunde Grimm – Emerson zurück, so läßt sich zusammenschauend etwa das Folgende sagen. In römischer Zeit schaut Plinius zu Tacitus auf, auch wenn sein Briefstil durchaus eigene Züge, eigene Prägung zeigt. Im Mittelalter sind Mutter und Tochter in ähnlich verantwortungsvollen Aufgaben mit bedeutenden Begabungen tätig. Von Beatrix heißt es im Karma-vortrag: «... eine scharf beobachtende, außerordentlich regsame, energische Frau», deren Tochter Mathilde alle Eigenschaften der Mutter besitzt und als eine «eigentlich noch vorzüglichere Frau» gekennzeichnet wird. Beide haben etwas «Weitherziges, Weit-ausschauendes»[1]. Auch wenn die Tochter die Mutter überragt und in der politischen Geschichte weit bekannter ist, dürfen wir, vorsichtig abwägend, sagen: beide Persönlichkeiten, harmonisch verbunden, stehen sich in vieler Hinsicht ebenbürtiger gegen-über als in den römischen Verhältnissen ein Plinius dem großen Tacitus. Bei Emerson und Herman Grimm fällt zunächst ins Auge, daß das alte Verhältnis des Plinius zum Tacitus wieder zum Durchbruch kommt und eben überraschend gleichartig im Gebiet von Sprache und Stil. Aber dies Ereignis im Leben des jungen Grimm darf nicht zu falschen Schlüssen führen. Als Grimm mit 28 Jahren auf Emerson stieß, war dieser bereits ein weltberühmter Mann, auf der Höhe seines Ruhmes stehend, denn er war fast eine Generation älter, genau genommen 25 Jahre, als Herman Grimm. Vergleicht man die Bedeutung beider Männer im Blick auf ihr Wirken in der Welt, so ist der Name Emerson weltweit bekannt, was ähnlich von den Namen der Brüder Grimm gesagt werden kann, aber nicht von Herman Grimm. Dieser Gesichts-punkt ist aber nicht ausschlaggebend. Maßgebend für uns ist das Urteil Rudolf Steiners, der am Schlusse seines Berliner Grimm-Vortrags den Satz ausspricht: «Wie nahe müssen sich diejenigen ihm fühlen, die von irgend einem Gebiete der Geistesforschung ausgehend, die Wege zum Geiste suchen.»[14] In diesem Sinne dürfen wir sagen: jede Persönlichkeit ist in ihrem Völkerraume von gleich großer Bedeutung: Emerson in Nordamerika, Herman Grimm in Mitteleuropa. Von beiden Individualitäten wissen wir durch glückliche Umstände etwas über ihr zukünftiges Wirken. Wir besitzen eine zuverlässige Mitteilung Rudolf Steiners, mit der uns Frieda Margarete Reuschle in einer Betrachtung über Herman Grimm und seinen Freund Joseph Joachim zuerst bekanntgemacht hat.[36] Es handelt sich um einen Hinweis Rudolf Steiners an Hermann Joachim, einen der Söhne des berühmten Geigers, der zu den frühen Mitgliedern des Berliner Zweiges gehörte und als Generalstabsoffizier mit Helmuth von Moltke befreundet war. Da wird gesprochen von einer «geschlossenen Gesellschaft mit einer höheren Mission», der eine Anzahl von Geistern angehören. Neben drei Engländern (Gladstone, Tennyson, Hallam) werden Emerson, Herman Grimm, Joseph Joachim und Bettina von Arnim genannt. Zweifellos handelt es sich um eine Aufgabe, verbunden mit dem künftigen Geistesleben in Mitteleuropa, wie auch Karl Heyer meint, der dieser Frage nachgegangen ist.

Diese Mitteilung ist im Mai 1914, wenige Wochen nach Morgensterns Tod und nur wenige Monate vor den Angaben über Morgensterns wichtige Mission in der geistigen Welt, gemacht. Schaut man beide sich ergänzende Angaben zusammen, so ergibt sich, daß wir in jener Individualität, die im letzten Erdenleben den Namen Herman Grimm trug, eine spirituelle Persönlichkeit vor uns haben, die sich im Geistgebiete für die entscheidungsvollen Aufgaben der nächsten Zukunft verbunden hat. In diesem Sinne blicken wir ähnlich wie bei Morgenstern, bei Tycho de Brahe und vielen anderen, heute auf das Fortwirkende dieser Geistgestalt hin.

Henrik Ibsen

Heinrich O. Proskauer

I

Gibt es in der gegenwärtigen Zeit Wiederverkörperungen von Eingeweihten alter Zeiten? Eine Antwort auf diese Frage gibt Rudolf Steiner, wenn er zum Beispiel von der Individualität Henrik Ibsens spricht. In diesem Zusammenhang weist Rudolf Steiner auf das vierte nachchristliche Jahrhundert hin, über das er häufig gesprochen hat.

Die Entwicklung des abendländischen Geisteslebens in den nachchristlichen Jahrhunderten muß ein unerhört dramatischer, von schweren Weltanschauungskämpfen erschütterter Zeitraum gewesen sein. Das geht auch aus den Ausführungen Rudolf Steiners in seinem Buche «Das Christentum als mystische Tatsache und die Mysterien des Altertums»[1] in aller Eindrücklichkeit hervor. Aus diesen und anderen Ausführungen Rudolf Steiners sei das Folgende herausgehoben.

Bis zur Erscheinung Christi konnten tiefere Weisheiten, sowie die Begegnung und das Miterleben mit geistigen, die Weltgeschicke lenkenden Wesenheiten, nur in den Mysterienstätten und nur von wenigen, sorgfältig ausgewählten Persönlichkeiten errungen werden. Nur solche, die nach schweren Willensübungen und Seelenprüfungen herangereift waren, konnten eine Einweihung erlangen. Der Einzuweihende gelangte – durch eine Art Todeserlebnis – zu tiefen Erkenntnissen über Mensch und Kosmos. Er wurde verpflichtet dieses erlangte Wissen als Geheimnis zu pflegen und keine Äußerungen gegenüber Nichteingeweihten zu machen. So bildeten die Eingeweihten eine Art Geistesadel, der über die Allgemeinheit weit herausragte und die geistige und moralische Führung der Völker in rechtmäßiger Weise ausübte. Erhoben sie sich doch in den Mysterien, in verschiedenen Graden, zu dem weisheitvollen Weltenwort, dem schaffenden Logos, der in vorchristlichen Zeiten noch als Geist der Sonne geschaut wurde.

Und nun sollte, in der Zeitenwende, mit der Jordan-Taufe, dieses Sonnenwesen, der Logos, im Jesus von Nazareth Fleisch geworden sein, auf Erden, in der Sinneswelt, gelebt und gewirkt haben, und ein jeder, der das anerkannte und sich gläubig mit ihm verband, sollte schon dadurch dem Reiche Gottes angehören. Denn selig sind – so hieß es nunmehr – diejenigen, die da *glauben* und *nicht schauen*, deren geistige Augen also nicht geöffnet zu werden brauchten, wie das durch die Mysterien bis dahin geschah. So verkündete es das Christentum.

Noch Plato hatte den Unterschied zwischen den Eingeweihten und der übrigen Menschheit in eindrücklicher Weise charakterisiert, indem er sagt, daß «... wer ungeweiht und ungeheiligt in der Unterwelt anlangt, in den Schlamm zu liegen kommt; der Gereinigte und Geweihte aber, wenn er dort angelangt ist, bei den Göttern wohnt.»[2] Die Christen aber behaupteten, daß durch Christi stellvertretenden Sühnetod für die Gemeinde der Christen schon das Nötige geschehen sei. «Den Tod in den Mysterien hatte zuvor jeder erleiden müssen, der die Reinigung erlangen wollte. Nun hat ihn der Eine erlitten für alle, so daß durch die welthistorische Einweihung Ersatz geschaffen ist für die alte Einweihung», so charakterisiert Rudolf Steiner einmal das Christus-Ereignis.[3]

Wie konnten sich dazu diejenigen stellen, die sich noch in nachchristlicher Zeit eine Einweihung errungen hatten und den Weltenlogos noch durch ihre Traditionen in geistig-kosmischen Weiten als den Geist der Sonne suchten? Konnten sie ihren geheiligten Weg, ihr tiefes Wissen um geistige Wesenheiten und Vorgänge, mit dem verbinden, was immer mehr öffentliches «Christentum» geworden war? Wurden ihre erhabenen gnostischen Weisheiten von den Christen noch verstanden, noch gehört?

Hinzu kam, daß in jenen Zeiten noch vieles vorhanden war, was durch das natürliche Hellsehen der Menschen gefunden wurde, daß aber diese Fähigkeit immer mehr abgenommen hatte. Es rückte die bloße Sinneswelt für die abendländische Menschheit immer mehr in den Vordergrund des Erlebens. Das Christentum aber wurde für tiefer Blickende in sehr veräußerlichter Form durch Kaiser *Konstantin* (um 285–337), den man den Großen nannte, zur Staatsreligion erklärt.[4] Die Mysterien, die eine Erweiterung der menschlichen Erkenntnisfähigkeiten anstrebten, wurden immer mehr in den Untergrund verbannt, die Ergebnisse der

Einweihung konnten immer weniger ihre für die Kulturwelt segensvollen Auswirkungen finden. Vereinsamt und unverstanden, ja von den «Christen» bekämpft, aber selbst schon nicht mehr ganz auf einstmaliger Höhe stehend, mußten sich die Eingeweihten in jenen Jahrhunderten immer mehr zurückziehen vor dem, zunehmend veräußerlichten und erkenntnisfeindlichen «Kirchen-Christentum».

Wie ein erschütterndes Zeichen für die Heftigkeit dieser Geisteskämpfe im vierten Jahrhundert erscheint das Schicksal des Kaisers *Julian* (332–363), von den Christen der Abtrünnige, der «Apostat», genannt, der in seinem 31. Lebensjahr ermordet wurde. Von ihm sagt Rudolf Steiner, daß er eine Persönlichkeit war, «von der man wissen kann, in ihr lebte Mysterien-Weisheit. Julian Apostata konnte von der dreifachen Sonne sprechen. Und er hat ja sein Leben eingebüßt, weil er eben dadurch als Verräter an den Mysterien angesehen worden ist, daß er von der dreifachen Sonne gesprochen hat. Das durfte man in der damaligen Zeit nicht; früher hat man es schon erst recht nicht gedurft. Aber Julian Apostata stand in einer eigentümlichen Weise zum Christentum. Man möchte in gewissem Sinne oftmals verwundert sein, daß gerade dieser feine, geniale Kopf für die Größe des Christentums so wenig empfänglich war; aber das kommt davon her, daß er eben in seiner Umgebung wenig von innerlicher Ehrlichkeit, wie er sie auffaßte, sah. Und unter denen, die ihn in die antiken Mysterien einführten, fand er noch viel Ehrlichkeit, positive, aktive Ehrlichkeit ... Über den Mord wurde ja mancherlei gefabelt. Aber er ist eben erfolgt, weil man in Julian Apostata einen Verräter der Mysterien gesehen hat. Es war ein ganz arrangierter Mord.»[5]

Julian war in die Eleusinischen Mysterien bis zu einem gewissen Grade eingeweiht. Sein ganzes Streben ging dahin, die alte, aus den Mysterien geschöpfte Weisheit, die auch noch in der Gnosis lebte, zu erhalten und weiter zu pflegen. Das ließ sich aber in jener Zeit nicht mehr durchführen. Die sich immer stärker konsolidierende Macht der römischen Kirche kämpfte mit allen Mitteln gegen die Erhaltung und Überlieferung alter spiritueller Weisheiten und Kulte, und die Augen der Menschen waren zunehmend nur noch für die Sinneswelt, nicht mehr für geistige Welten, geöffnet.

Man kann annehmen, daß Julian, wenn er länger gelebt hätte,

noch zu einer Verbindung mit dem echten, esoterischen Christentum gekommen wäre. Hatte er doch von zwei damals möglichen Wegen der Seelen, den betreten, von dem Rudolf Steiner sagt: «… wenn die menschliche Seele diejenigen Kräfte in sich ausbildet, durch welche sie zur Erkenntnis ihres wahren Selbst gelangt, so wird sie, wenn sie nur weit genug geht, auch zur Erkenntnis des Christus und alles dessen kommen, was mit ihm zusammenhängt. Dies wäre eine durch das Christentum bereicherte Mysterien-Erkenntnis gewesen.»[6] Dagegen bestand der andere Weg «darin, mit der Entwicklung der eigenen Seelenkräfte an einem bestimmten Punkte abzuschließen und die Vorstellungen, welche mit dem Christus-Ereignis zusammenhängen, aus den schriftlichen Aufzeichnungen und mündlichen Überlieferungen über dasselbe zu entnehmen.» Der erste Weg, nämlich der durch die Einweihung in die Mysterien, wurde aber «als dem Stolze der Seele entspringend» zum Beispiel von *Augustinus* (354–430) dem katholischen Kirchenvater, scharf abgelehnt nur «der zweite entsprach für ihn der rechten Demut.»[7] Und dieser Weg war derjenige, den die abendländische Menschheit aus geschichtlichen Notwendigkeiten gegangen ist und deren großes Vorbild Augustinus wurde.

Diese gewaltige Problematik: Das Abklingen der Mysterien und ihrer Weisheit und die Ausbreitung eines zunehmend sich veräußerlichenden Christentums mit allen Machtansprüchen der Kirche und ihrem Kampf gegen das «Heidentum» erfüllte jene Zeiten, die einen Umbruch in der Geisteshaltung der Menschen, ja in den Bereichen geistiger Wesenheiten gerade in jenem Jahrhunderten zum Hintergrund hatten.[8]

In diese Zusammenhänge lenkt Rudolf Steiner den Blick – um Karma-Verständnis zu demonstrieren – auf eine Individualität, die als Henrik Ibsen im 19. Jahrhundert wiedergeboren wurde. Er schildert eine vorderasiatische Mysterienstätte, «mit all den Eigenschaften, die eine vorderasiatische Mysterienstätte eben in den ersten Jahrhunderten nach der Begründung des Christentums hatte. Überall waren da noch Traditionen vorhanden in jenen alten Zeiten, wo die Teilnehmer tief in diese Mysterien eingeweiht wurden. Überall war aber auch noch mehr oder weniger Bewußtsein von den Regeln vorhanden, die man anwenden mußte auf die Seele, um gewisse Erkenntnisse zu gewinnen, die namentlich tief in den Grund der Menschenseele hineinführten und hinausführten in das Weltenall. Und gerade in diesen vorderasiatischen Mysterien war es in den ersten Jahrhunderten nach der Entstehung des Christentums so, daß eine große Frage die Mysterien beschäftigte ... Wie wird sich die ungeheure Größe des Inhaltes, des Wirklichkeitsinhaltes, der durch das Mysterium von Golgatha der Erde zugeströmt ist, durch die Menschengemüter weiterentwickeln? Wie wird man die alte, die uralte Weisheit, die hinaufging zu den Bewohnern der Sterne, die in sich schloß die Erkenntnis göttlich-geistiger Wesenheiten der verschiedensten Art, welche das Weltenall und das Menschenleben lenken, wie wird sich diese uralte Weisheit vereinigen mit dem, was sich da konzentriert hat, zusammengezogen hat in dem Mysterium von Golgatha, und was als Impulse, die von einem hohen Sonnenwesen ausgehen, von dem Christus, nun in die Menschheit einströmen soll? – Das war die brennende Frage dieser vorderasiatischen Mysterien.»[9]

Von einem Eingeweihten einer solchen Mysterien-Stätte die allerdings – wie Rudolf Steiner hinzufügt – damals schon in der Dekadenz war, wurde berichtet: «Da gab es einen Eingeweihten, auf dessen Mysterienweisheit und auf dessen Mysterienempfindungen diese Frage ganz besonders tiefen Eindruck machte.» Und Rudolf Steiner spricht dann von seinem eigenen Erleben als Geistesforscher: «Ich darf sagen, daß es einen ungeheuer erschütternden Eindruck macht, wenn man im Suchen nach karmischen Zusammenhängen an diesen einen ... herankommt, ... weil er ganz erfüllt war davon, mit allem, was er in seiner Initiationswissenschaft damals hatte, nun zu begreifen den ganzen Einschlag des Mysteriums von Golgatha: Was wird nun? Wie werden diese schwachen Menschenseelen das aufnehmen können? ... dieser Eingeweihte, mit der brennenden Frage nach dem Schicksal des Christentums in seiner Seele behaftet, er erging sich eines Tages im weiteren Umkreise von seiner Mysterienstätte, und er erlebte etwas mit, was einen ungeheuer erschütternden Eindruck auf ihn machte. Er erlebt mit, als Eingeweihter sozusagen sehend, wie *Julian Apostata* von einem Menschen meuchlings ermordet wurde. Mit Eingeweihtenwissen machte er es mit.»[9]

Von Julian Apostata hören wir, was jener Eingeweihte wohl auch wußte, « ... daß er dasjenige, was man in alten Mysterien pflegte und was dort lebte, auf geistige Art der Menschheit forterhalten wollte, fortpflanzen wollte, daß er das Christentum vereinigen wollte mit der alten Mysterienweisheit, daß er verkündete im Sinne der alten Mysterienweisheit: Es gibt neben der physischen Sonne eine geistige Sonne, und wer die geistige Sonne kennt, kennt Christus. Aber das war etwas, was nun schon als etwas sehr Schlimmes betrachtet wurde in der Zeit, als Julian Apostata lebte, und was dazu führte, daß eben bei seinem Perserzug Julian Apostata meuchlings ermordet wurde. Das machte jener Eingeweihte mit: dieses bedeutungsvolle Symptom der Weltgeschichte.»[9]

Durch diesen Mord, den jener Eingeweihte auch als Symptom für die ganze Geisteshaltung seiner Zeit auffassen mußte, «... stand nun vor seiner Seele ganz hell und klar: Es wird eine Zeit kommen, da wird das Christentum zunächst mißverstanden werden, da wird das Christentum nur in Traditionen leben, man wird nichts wissen von der Erhabenheit des Sonnengeistes Christus, der in dem Jesus von Nazareth gelebt hat. – Das alles lud sich ab auf die Seele dieses Menschen. Und er bekam für den Rest seines damaligen Lebens etwas wie eine Gemütslage, die traurig und elegisch wurde mit Hinsicht auf die Entwicklung des Christentums. Mit jener Bestürzung, mit der so etwas auf einen Eingeweihten wirkt, wirkte dieses Symptom bestürzend auf ihn.»[9]

War doch auch, wie Rudolf Steiner andernorts ausführt, zur Zeit Julian Apostatas «die Möglichkeit eben noch nicht gekommen ... das alte Initiationsprinzip zu versöhnen mit dem tiefsten Wesen des Christentums» was, wie er bemerkt, eine große Tragik in sich schloß.[10]

Mit diesen Eindrucken, mit diesen Erschütterungen wurde dieser Eingeweihte nun wiedergeboren – zunächst als Frau, zu Beginn des Dreißigjährigen Krieges, in einer Zeit, in der «viele außerordentliche, viele interessante Inkarnationen, die in der historischen Menschheitsentwicklung eine große Rolle spielen»,[9] liegen.

In dieser Inkarnation «erlebte er mit einiges von dem, was von seiten des Rosenkreuzertums das Zeitalter des Dreißigjährigen Krieges korrigieren wollte, ich möchte sagen, auf geistige, spirituelle Art vorbereiten wollte, was aber dann übertönt worden ist von alldem, was roh und brutal im Dreißigjährigen Kriege lebte. Sie brauchen ja nur zu bedenken, wie kurze Zeit vor dem Ausbruch des Dreißigjährigen Krieges die ‹Chymische Hochzeit Christiani Rosenkreutz› entstanden ist. Neben diesem bestanden noch viel bedeutsamere Impulse, die dazumal, bevor der Dreißigjährige Krieg alles ausgelöscht und brutalisiert hat, in die Menschheit hineingekommen sind.»[9]

Wir haben also eine Persönlichkeit vor uns, die sich noch im 4. nachchristlichen Jahrhundert eine Einweihung erringen konnte, wohl ähnlich wie diejenige Julian Apostatas, wenn auch nicht mehr in jener Höhe vorchristlicher Zeiten. Diese Persönlichkeit überragte damit geistig viele ihrer Zeitgenossen. Sie steht aber in der tragischen Situation, daß in jener Zeit das Initiationsprinzip mit dem tiefsten Wesen des Christentums noch nicht vereinigt werden konnte. Diese Diskrepanz wird ihr erschütternd bewußt, da sie den Mord an Julian Apostata geistig miterlebt und nun für den Rest ihres Lebens in traurig-elegischer Gemütsstimmung auf das weiterhin sich veräußerlichende, weltliche Machtstellungen erstrebende Christentum hinblicken muß.

Diese Individualität wird wiedergeboren im 19. Jahrhundert und bringt mit alles das, «was auch noch verinnerlicht war durch die weibliche Inkarnation», all das «was sie dazumal, nicht an Initiationsweisheit, aber an erschütterndem Gemütsinhalt in sich hatte über dieses Symptom, das auf die initiierte Seele gewirkt hatte». Das alles vergaß sie nun im letzten Drittel des 19. Jahrhunderts durch «eine eigentümliche Art der Weltbetrachtung, ... eine tief in die Diskrepanzen des Menschendaseins hineingehende Weltbetrachtung»[9]. In der Persönlichkeit Henrik Ibsen lebt sich das nun aus.

II

Henrik Ibsen wurde in Skien, einer kleinen Stadt im südlichen Norwegen, am 20. März 1828 als Kind einer recht wohlhabenden Familie geboren. Als der Knabe acht Jahre alt war, kam es zu einem wirtschaftlichen Zusammenbruch des väterlichen Geschäftes, und man mußte in eine kleine, ärmliche Wohnung umziehen. Henrik litt sehr an diesem Abstieg innerhalb der bürgerlichen

Gesellschaft seiner Zeit. Im 16. Lebensjahr beginnt er eine Apo-
thekerlehre. Mit anderen jungen Leuten betätigt er sich auch
politisch, mit dem Bestreben, einen Zusammenschluß der drei
skandinavischen Länder zu erreichen. Er schreibt Artikel in verschiedenen Blättern, und in seinem 21. Jahre dichtet er sein erstes,
von ihm später umgearbeitetes Drama «*Catilina*». Aus seinem 18.
Jahre stammt sein erstes erhaltenes Gedicht. Es trägt den Titel
«*Resignation*» und der Herausgeber seiner Gedichte in deutscher
Sprache schreibt dazu: «Dies könnte die Überschrift seines
Lebens sein. Schon der Jüngling spricht vom vergeblichen Rin-
gen, vom Phantom seiner Wünsche, vom Versagen der Seelenflü-
gel, vom Ermatten und Erkalten seiner Poesie. Er verzagt. Unbe-
kannt und still will er leben und vergehen – ein Vergessener.
Denn der Blitz, der aus seinem Innern glänzt, kann nicht durch
die Finsternis der Wolken dringen. Diese Stimmung zieht durch
Ibsens ganzes Lebenswerk und herrscht an den entscheidenden
Punkten vor.»[11]
Die teilweise düstere, ja bedrückende Stimmung in seinen
Werken begreift man nicht nur aus den schwierigen äußeren
Lebenskämpfen, seinem zumeist schweren Geldnöten, es ist sein
Charakter, der, einerseits scharfsichtig für die Schwächen seiner
Mitmenschen, andrerseits von einem hohen Idealismus durch-
drungen, ständig die Lebensrealitäten der Zeit an diesen Idealen
mißt und stets zu negativen Ergebnissen kommt. Nicht ganz zu
Unrecht nennt *Roman Woerner* in seinem Buche über Ibsen dessen
Haltung «Entrüstungsidealismus».[12]
Im Jahre 1852 wird er Regisseur und Theaterdirektor eines neu
gegründeten Nationaltheaters in Bergen. Für dieses schreibt er
seine national-nordischen Stücke. Aber das Theater macht Kon-
kurs, und er findet sich bald wieder als brotloser Dichter. Schließlich ermöglichen ihm Freunde, mit Frau und Kind in den Süden,
zunächst nach Rom, zu ziehen, um dort für längere Zeit ruhig an
seinen Dramen arbeiten zu können. Später lebt er für Jahre in
Dresden und München, bevor er, erst spät, im Jahre 1891 – jetzt ist
er 63jährig – wieder in sein Heimatland, nach Christiania (dem
heutigen Oslo), zurückkehrt. Durch seine Dramen ist er schon
weltberühmt geworden.[13]
Hineingeboren in das ausgehende Kaliyuga, in die finsterste
Zeit des bürgerlichen Materialismus, kann eine so starke Seele,

wie sie in Ibsen lebte, sich nur in der Dichtung, in vorwiegend gesellschaftskritischen, die Zeitgenossen aufwühlenden Dramen äußern.[14] Nicht durch «wirksame Taten», sagt Rudolf Steiner, kann er, «der alte Initiationsweisheit aus früheren Erdenleben in das Leben des 19., des 20. Jahrhunderts trägt», wirksam werden, sondern, «was sich von dem Herzen ... wo die alte Initiationsweisheit gelebt hat, nach den Sinnen und ihrer Beobachtung hin schiebt, stark metamorphosiert, ... drängt nun dazu dichterisch, schriftstellerisch sich zu äußern.»[9]

Was durch seine Dramen in die Zeit hineingebracht wird, die Zeitgenossen zunächst stark schockierend und herausfordernd, sind nicht neue Ideen, sind nicht Antworten auf Lebensfragen des Zeitalters. Ibsens Stärke besteht darin, daß er Fragen scharf und eindringlich stellt, die Antworten aber von einer späteren Zeit erwartet. So sagt er von sich und seinem Schaffen: «Ich frage meist, Antworten ist mein Amt nicht», und «Ich meinesteils werde mit dem Erfolg der Arbeit meiner Lebenswoche zufrieden sein, wenn diese Arbeit dazu dienen kann, die Stimmung für den morgigen Tag zu bereiten. Aber zunächst und vor allem werde ich zufrieden sein, wenn sie dazu mithelfen kann, die Geister für diejenige Arbeitswoche zu stärken, welche nachher folgt.» Und Rudolf Steiner bemerkt dazu: «Ich möchte es als ein Glück ansehen, daß Ibsen nur ein Fragender ist. Denn dadurch, daß er nicht vermag zu Antworten zu kommen, ist er imstande, tief und gründlich zu fragen. Und weil wir mit ihm den vollen, tiefen Ernst höchster Fragen durchkosten, werden die Nachfolgenden zu tiefern Antworten kommen. Die Zerrissenheit und Unbefriedigung, die wir heute in uns tragen, wenn wir von seinen Dramen kommen, wird sich in Glück wandeln bei denen, die lösen werden, was wir knüpfen.»[15]

Blicken wir zunächst auf sein wohl bedeutendstes Drama, das er im Sommer des Jahres 1865 niederschrieb, also in seinem 37. Lebensjahre: «Brand», das Rudolf Steiner einmal das «nordische Faustdrama»[16] nennt.

Ein Mensch von unerhörter Willensstärke, der Pfarrer Brand, versucht mit seiner ständigen Forderung: «Alles oder nichts» die Menschen seiner Gemeinde, in einem kleinen schattigen Gebirgs-Fjord Norwegens, zu einem hingebungsvollen Christentum fast hinzuzwingen. Er will durch und durch ehrlich und echt,

Henrik Ibsen 1888

nicht zweifach in Rede und Tat sein. So sagt er von sich, daß er schon als Knabe

> ... jenen Riß empfand
> Zwischen dem Ding, so wie es war –
> Und so, wie Gott es sehen wollte,
> ... [17]

Unbarmherzig verlangt er von sich, aber auch von den Menschen seiner Umgebung, eine den ganzen Menschen verwandelnde Willensanstrengung. Er sagt zu sich, beim Antritt seines Pfarramtes:

> Keines Helden lärmvoll Handeln
> Wird dies Zwerggeschlecht verwandeln,
> Kein Entfalten reicher Kräfte
> Bessern seine kranken Säfte.
> Wille, Willen ist vonnöten!
> Der wird retten oder töten.
> ...
> Eins ist not: Daß wir auf Erden
> Tafeln S e i n e s Griffels werden.

Er empfindet sich als riesenhaft gegenüber dem «Zwerggeschlecht», seinen Pfarrkindern. Und zu seiner künftigen Frau sagt er:

> Wisse, daß ich viel begehre,
> Alles fordre oder nichts;
> ...
> Hoffe nichts mir abzudingen,
> Keine Nachsicht abzuringen; –
> Trägt dich's Leben nicht zum Ziel,
> Mußt du's stumm zum Opfer bringen!

Sie stimmt ihm aus ihrer hingebungsvollen Liebe zu und geht schließlich mit ihrem Kind an den starren Forderungen ihres Mannes zugrunde, der eben ganz nur Gottesdiener sein will –

auch mit allergrößten eigenen Schmerzen. Was Brand unter Liebe versteht charakterisiert er so:

> Was rings die Welt als Lieb anspricht,
> Das will ich nicht und kenn ich nicht.
> Mir strahlt der Gottesliebe Bild,
> Und die ist weder sanft noch mild;
> Die macht kein Todesschrecken weich,
> Und wenn sie streichelt, wird's ein Streich.
> Was tat Gott in der Ölberg-Stunde,
> Da ihn der Sohn, verzweifelnd schier,
> Anflehte: Nimm den Kelch von mir!
> Nahm er dem Sohn den Kelch vom Munde?
> Nein, leeren mußt er 'n bis zum Grunde.

Agnes entgegnet ihm:

> O, üb solch strenges Richteramt,
> So ist die ganze Welt verdammt.

Doch Brand antwortet:

> Wer weiß, wen einst Verdammnis trifft?!
> Doch steht in ewiger Flammenschrift:
> Nur dem, der treu, wird Licht zum Lohne,
> ...
> Das ist kein Märtyrtum, in Wehn
> Am Pfahl des Kreuzes zu vergehn; –
> Zu wollen diesen Kreuzestod,
> Zu wollen diese Fleischesnot,
> Zu wollen diese Seelenqual, –
> Erst das stellt dich zur Königswahl.
> ...
> Gewann der Wille s o l c h e n Streit,
> Dann kommt der Liebe lichte Zeit
> Wie eine Taube und verleiht
> Des Lebens Ölblatt dir als Paß;
> Doch diesem Volk hier, schlaff und laß,
> Gebührt als beste Liebe Haß!

Er erschrickt vor seinen eigenen Worten:

> Haß! – Weltenkrieg im Schoß zu tragen,
> Dies Wörtlein, wie ein Hauch zu sagen!

Er bemerkt also die Verachtung, mit der er die Menschen seiner Umgebung betrachtet, doch er will sie ja bessern, zu Gott emporheben, dafür setzt er alles ein. Und wenn Agnes ihm entgegnet:

> Oft fürcht ich, Brand, für deinen Stern:
> Du flammest wie ein Schwert des Herrn!

antwortet er «mit Tränen in der Stimme»:

> Quält nicht die Welt mich bis aufs Blut
> Mit ihrer Trägheit dumpfer Wut?

Wenig später fährt er fort:

> Kein Sieg wird ohne Kampf dein eigen;
> Wer tief gefallen, muß hoch steigen. –
> Und doch, an manchem Totenbett,
> Wenn sie für ihre Sünden büßten,
> War mir, ich trieb in Meereswüsten
> Auf eines Wracks sturmirrem Brett.
> Stumm schluchzend biß ich oft genug
> Die Zunge, die sich nie erbarmt, –
> Und manchen, den ich grausam schlug, –
> Viel lieber hätt ich ihn umarmt! –

Mit dieser Seelenhaltung, die Brand bis zum Ende kompromißlos durchhalten will, muß er natürlich gegenüber seinen Mitmenschen scheitern. Noch am Schluß des Dramas ruft er seine Gemeindekinder zu mutigen Freiheitstaten auf:

> Übers Meer der Gletscherzinnen!
> Wandern wolln wir durch die Lande,
> Lösend alle Seelenbande,
> Die das Volk gefesselt halten,

Läutern wolln wir, neu gestalten,
Von der Trägheit Schlaf befreiend,
Männer seiend, Priester seiend,
Prägend neu den matten Stempel,
Wölbend unser Reich zum Tempel!

Als er sie mit solchen Forderungen über die Gletscher empor führen will, wird er schließlich verspottet und mit Steinwürfen in die Felseneinöde hinaufgetrieben, wo ihn die Lawine ereilt in dem Moment, da er einsieht, daß seine Seelenhaltung doch keine christliche war. Da bricht er in Tränen aus mit den Worten:

Jesus, dich hab ich genannt;
Niemals wolltest du mir nahn,
Folgtest dicht mir auf dem Fuße,
Ungegrüßt, doch nah zum Gruße;

Doch dann «hellen Auges, strahlend, wie verjüngt»:

Im Gesetz erfriert die Seele, –
Ohne Licht kein Blühn auf Erden!
Galt's bislang, die Tafel werden
Gottgegebener Befehle. –
Will ich nun, ein Mensch, zu meinen
Brüdern in die Sonne treten.
Sie besiegt mich. Ich kann weinen,
Ich kann knien, – ich kann beten!

«Brand krümmt sich unter der herabstürzenden Lawine und ruft empor»:

Sag mir, Gott, im Todesnahn!
Wiegt vor dir auch nicht ein Gran
Eines Willens quantum satis –?

Während ihn die Lawine begräbt, antwortet ihrem Donner eine Stimme:

Gott ist deus caritatis!

Sein umfangreichstes Drama, das er bedeutsamerweise neun Jahre in sich trug, bevor er es niederschrieb, ist «*Kaiser und Galiläer*». Es erschien im Jahre 1873 – Ibsen war damals 45 Jahre alt – und behandelt das Leben und Sterben von *Julian Apostata*. Obgleich das Stück, schon wegen seiner Länge, kaum aufführbar ist, und vom Dramatischen her gesehen, gewisse Mängel aufweist, nennt er es doch sein «Hauptwerk». Er schrieb darüber: «Es ist ein Teil meines eigenen geistigen Lebens, den ich in diesem Buche niederlege: was ich schildere, habe ich in anderen Formen selbst durchlebt, und die Wahl des historischen Themas steht auch mit den Bewegungen unserer eigenen Zeit in einem engeren Zusammenhang, als man zunächst glauben sollte.»[12] In eindrucksvollen Szenen gestaltet er die Auseinandersetzung des Kaisers Julian mit dem Christentum seiner Zeit und seinen frühen Tod durch Mörderhand.

Während er in den Dramen «*Peer Gynt*» (1867) und «*Bund der Jugend*» (1869) die zunächst auf «Brand» folgen, seinen Zeitgenossen – vor allen den Norwegern – einen Spiegel vorhält, in dem sie ihre Charaktereigenschaften sehen sollen, vertieft er sich für «*Kaiser und Galiläer*» intensiv in die Vergangenheit, in die Geschichte des vierten nachchristlichen Jahrhunderts. Von seinen Landsleuten schrieb er einmal: «Wenn ich daran denke, wie träg und schwer und stumpf das Verständnis in der Heimat ist, wenn ich das niedrige Niveau ins Auge fasse, auf dem die ganze Anschauungsweise steht ... ! Bei uns zu Hause braucht man eigentlich keine Werke der Dichter, man behilft sich gerade so gut mit der Storthingszeitung und der lutherischen Wochenschrift. Und dann hat man ja auch die Parteiblätter.»[12] Und ein andermal nennt er seine Landsleute ein Volk, dessen Aufgabe es ist, Engländer anstatt Menschen zu sein.

Im Julian-Drama lebt sein Sinnen und Gestalten nun in einer ganz anderen Welt, in einer Welt eigenen Erlebens tiefster Probleme, obgleich er sich «streng an das Historische» halten will. So sagt er einmal, daß es den Kaiser Julian am Ende seiner Laufbahn tief betrübt habe, zwar mit hochachtungsvoller Anerkennung, aber doch nur in klaren und kalten Köpfen weiterzuleben «während seine Widersacher (die Christen d.V.) reich an Liebe wohnten in warmen, gläubigen Menschenherzen.» Dieser Zug beruhe auf etwas Erlebtem, sagt er, denn «er hat seinen Ursprung in einer

Frage, die ich mir selbst vorgelegt habe da unten (in Italien d. V.) in der Einsamkeit.»[12] Wie intensiv er sich mit dem Stoff seines Stückes befaßte, geht aus manchen Äußerungen hervor, so wenn er einmal schreibt: «... ich habe das alles gewissermaßen vor meinen Augen abspielen gesehen», und «ich habe die Gestalten im Lichte ihrer Zeit vor Augen gesehen.»[12] Verblassende Geist-Erkenntnis und christliche Glaubensstärke stehen ihm in ihrer sich durch die Zeiten immer stärker herausbildenden Gegensätzlichkeit vor Augen.

Roman Woerner findet, daß dieses Drama «das am wenigsten Ibsensche von allen, am wenigsten knapp und kraftvoll im Dialog, am wenigsten ursprüglich und ‹formig› in den Charakterbildungen»[12] sei. Dafür erlebt man in ihm aber das Ringen seiner ewigen Individualität mit den großen Fragen der abendländischen Menschheitsentwicklung, so daß Ibsens Ausspruch, man habe es hier mit seinem «Hauptwerk» zu tun, verständlich wird.

Der dritte Akt im ersten Teil dieses Dramas enthält eine Art Beschwörungsszene, in der ein Priester oder Magier aus der Dunkelheit ein blaues Licht vor Julian aufflammen läßt, aus dem eine Stimme gehört wird, die ihm verkündet, daß er ein «drittes Reich», ein drittes Weltalter, begründen solle. Auf die Frage nach der Bedeutung dieser Worte antwortet ihm der Magier, daß das erste Reich «auf dem Baum der Erkenntnis gegründet ward», das zweite auf dem Baum des Kreuzes, das dritte, dessen Zeit nun gekommen sei, sei das Reich «das auf dem Baum der Erkenntnis *und* des Kreuzes gegründet werden soll, weil es seine lebendigen Quellen in Adams Garten *und* unter Golgatha hat». Darnach werden Kain und Judas als «Ecksteine» der Zeitenwenden heraufbeschworen. Doch als sie nach ihrem Auftrag befragt werden, wissen sie keine Antwort zu geben.

Aus Hinweisen Rudolf Steiners kann entnommen werden, daß es sich beim ersten Reich um das vergangene der Antike handelt; Julian «blickt ... in das zweite, das des Galiläers, das eine Verinnerlichung der Seele aufweist. Aber ein drittes Zeitalter soll kommen, wo der Mensch wieder Ideale hat und diese von innen nach außenhin ausprägt. Früher kam das Schicksal von außen herein. Was ersehnt werden muß, sind innere Ideale, die der starke Mensch der Welt aufprägen kann»[18]. Dieses dritte Weltalter ist für Ibsen noch nicht gekommen. Julian wird von ihm als eine zu schwache Seele hingestellt, die unter diesen Forderungen zusammenbricht. So eindrucksvoll die Szene auch gestaltet ist – man meint in einzelnen Teilen Mysterienluft in ihr zu verspüren –, so fehlt doch eine wirkliche spirituelle Realität und alles endet – wie meist in Ibsens Dramen – in einer aus Resignation und Schwäche hervorgehenden Veräußerlichung und schließlich in der Katastrophe.

Bei allen historischen Studien über Leben und Tod des Kaisers Julian, der bei seiner tödlichen Verwundung ausgerufen haben soll: «Du hast gesiegt, Galiläer», war Ibsen doch darüber nicht ins Klare gekommen, daß unter den «Galiläern» diejenigen zu verstehen sind, die nur den Jesus, nicht aber den göttlichen Christus begriffen. So sagt Rudolf Steiner: «Dazumal fiel das Wort, das seither niemals, auch nicht von *Ibsen* verstanden worden ist, das aber aus der damaligen Tradition heraus verstanden werden kann: Leider nicht der Christus, der Galiläer hat gesiegt! – Denn in diesem Todes-, in diesem Sterbemomente stand vor Julian Apostatas prophetischem Blick die Aussicht, daß nun immer mehr und mehr die Anschauung von dem göttlichen Christus schwinden werde, und der ‹Galiläer›, der nur aus dem Galiläerstamm herausstammende Mensch, allmählich wie ein Gott verehrt werden wird.»[19] – Ibsen läßt Julian im Moment des Todes ausrufen: «O Sonne, Sonne, warum betrogst du mich?»

Wir verstehen, wenn Rudolf Steiner von den Ibsenschen Dramen sagt, daß an ihnen «nicht bloß gearbeitet hat dasjenige von der Persönlichkeit, was da am Ende des 19. Jahrhunderts oder Anfang des 20. Jahrhunderts da war, sondern an dem gerade mitgearbeitet hat so etwas wie eine Erschütterung, die über einen Initiierten kommt, einen Initiierten allerdings in schon degenerierten Mysterien, in Mysterien, die schon in der Dekadenz sind».[9]

Wie ein Wiederaufklingen vergangener Erlebnisse bei ähnlichen Situationen, erscheint auch Ibsens starke Bewegung, als im Jahre 1865 *Abraham Lincoln* ermordet wurde. In einem längeren Gedicht mit dem Titel «*Abraham Lincolns Ermordung*» heißt es:

Die Tausende rings in der Lüge Bann
Griffen nach Friedenspalmen schon, –
Da dröhnte der eine Revolverton,
Und da fiel er, der e i n e Mann!

Doch waten wir drinnen in Sumpf und Moor,
So ruf ich nicht Ach und Weh,
Wenn Giftblüten flammend keimen hervor,
Die am Baume der Zeit ich seh'!
Mag nagen der Wurm, bis zusammenbricht,
Was morsch, mit heftigem Schlag!
Und ob das «System» verzerrt sein Gesicht,
Es naht die Rache und hält Gericht
An der Zeitlüge jüngstem Tag!

Vorher sind noch folgende Zeilen im Gedicht:

Jetzt drängt nach Verjüngung der Zeitenlauf;
Bald da, bald dort steigt vernichtend auf
Die Pest aus dem schwammigen Grund.[20]

An was denkt er, wenn er sich eine Verjüngung des Zeitenlaufs
ersehnt? Eine Stelle aus einem Briefe an *Georg Brandes*, vom 20.
Dezember 1870 gibt darüber Aufschluß: «... All' das, wovon wir
bis dato leben, sind ja doch nur die Brosamen von dem großen
Revolutionstisch des vorigen Jahrhunderts, und diese Kost ist
nun lange genug wiedergekäut worden. Die Begriffe verlangen
nach einem neuen Inhalt und nach einer neuen Erklärung; Frei-
heit, Gleichheit und Brüderlichkeit sind nicht mehr dieselben
Dinge, wie zur Zeit der seligen Guillotine. Dies ist's, was die
Politiker nicht verstehen wollen, und darum hasse ich sie. Diese
Menschen wollen nur Spezialrevolutionen, Revolutionen im
Äußerlichen, in dem Politischen. Aber das sind lauter Lappalien.
Um was es sich handelt, das ist das Revoltieren des Menschengei-
stes ...»[21] Hieraus ersieht man auch, was er mit dem «dritten
Reich» meinte und was er von den kommenden Zeiten erhoffte.
   In einem Gedicht «*Ein Reimbrief*», an einen Freund gerichtet,
spricht er von einem unheimlichen Gefühl, das er gegenüber
seiner Zeit hat. Es heißt dort von einer Fahrt auf einem gut
eingerichteten Schiff, auf dem alles in bester Ordnung ist:

Und doch, trotz alledem, was kann passieren
Aus heiterm Himmel! – Ohne weitern Grund
Ist rings an Bord um aller Sinn und Mund

Ein seltsam drückendes Gefühl zu spüren.
Erst ist's, als ob es einzelne ergriffe,
Bis endlich allesamt es übermannt:
...
Ein heimlich Grauen hält den Sinn umdüstert,
Obschon kein Einziger forscht, noch davon flüstert.
Was ist der Grund? Was ist geschehn an Bord?
Warum gehn alle wie mit Angst beladen?
Was lähmte Sinn und Willen, Arm und Wort?
...
Warum? weshalb? – Es heißt, daß sonder Rast
Ein unheimlich Gerücht umher sich schleiche
Vom Vordersteven bis zum Achtermast:
Das Schiff führ' mit als Ladung eine L e i c h e.

Sie schreiben mir so trüben Muts und fragen,
Warum so matt geh' dies Geschlecht einher,
Gleichgültig stumpf in gut und bösen Tagen,
Als drück' ein unklar Angstgefühl es schwer,
...
Und i c h soll dieses Rätsels Schleier heben? –
Mein Amt ist f r a g e n, nicht Bescheid zu geben.[22]

Und doch ist das Bild von der im Schiff der Zeit mitgeführten
Leiche eine Antwort, so wie er sie eben hat.

Es ist verständlich, daß eine so scharfsichtige, an den Mängeln
der Zeit tief leidende Persönlichkeit wie Ibsen sich für die Freiheit des Menschen einsetzen muß. In einem Brief an Georg
Brandes (vom 17. Februar 1871) äußert er sich folgendermaßen:
«Der Kampf für Freiheit ist ja nichts anders als die beständige,
lebendige Aneignung der Freiheitsidee. Wer die Freiheit anders
besitzt als wie etwas, wonach er strebt, der besitzt sie tot und
seelenlos; denn der Begriff der Freiheit hat ja gerade das an sich,
daß er, während wir suchen sie uns anzueignen, sich mehr und
mehr erweitert. Wenn daher Jemand während des Kampfes stehen bleibt und ruft: ‹Jetzt hab' ich sie!› – so beweist er eben
dadurch, daß er sie verloren hat.»[21] Von diesem Gesichtspunkte
aus findet er scharfe Worte gegen den Staat. Er nennt ihn den
«Fluch des Individuums». «Der Staat muß fort. *Die* Revolution

will ich mitmachen. Man untergrabe den Staatsbegriff, man stelle Freiwilligkeit und geistige Verwandtschaft als das einzig Entscheidende für eine Vereinigung auf – das ist der Beginn zu einer Freiheit, die etwas taugt.»[21]

Und doch verfällt er in Anschauungen, die nur die starre Naturnotwendigkeit zulassen, wie sie die materialistische Naturwissenschaft auf den Menschen anwendet: die Vererbungslehre. Unter diesem Zeichen steht seine Tragödie «Gespenster» (1881). Von ihr sagt Georg Brandes: «Diesmal war es, als ob Ibsen sogar die Sterne ausgelöscht habe. Nicht ein Lichtpunkt!»[21] Es scheint keinen Funken einer im Menschen vorhandenen und sie überwindenden Kraft der Individualität mehr zu geben. – Rudolf Steiner drückt es so aus: «Einen Ausgleich zwischen dem Glauben an die starre Naturnotwendigkeit und dem Drange nach Freiheit hat Henrik Ibsen nicht finden können. Seine Dramen zeigen, daß er zwischen den beiden extremen Bekenntnissen hin- und herschwankt. Bald läßt er seine Personen nach Freiheit ringen, bald läßt er sie Glieder einer eisernen Notwendigkeit sein.»[23]

Aus diesem Schwanken erklärt sich aber auch die große Mannigfaltigkeit und Verschiedenheit seiner Dramen. Roman Woerner sagt hierzu: « ... in seiner Natur war ein doppelter Hang, der ihn innerem Ringen aussetzen mußte; eine Neigung zur Mystik und eine ebenso ursprüngliche Anlage zu schneidendem, trockenem Verstand. Bei wenigen Andern findet man einen solchen fast krampfhaften Aufschwung, vereinigt mit einem solch ruhigen Weilen bei der Prosa des Lebens. ‹Brand› und ‹Stützen der Gesellschaft› sind in einem Hauptpunkte so verschieden, daß sie von zwei verschiedenen Verfassern herrühren könnten. Das erstere Werk ist in seinem Wesen die lautere Mystik, das andere dreht sich um die reine Prosa. Dort eine bis zum Äußersten exaltierte, hier eine gut bürgerliche Moral.»[12]

Wenn Ibsen in seinen Werken auch nur fragen will, die Menschen seiner Zeit aufwecken will – daß «Gott mir auferlegt hat: das Volk zu wecken, und es zu lehren, groß zu denken»[12] –, so übernimmt er doch die materialistischen Gedankenformen seiner Zeit, ohne aus ihnen herausführen zu können. Das ist in «Gespenster» am deutlichsten. Den Menschen als bloßes Produkt der Vererbung anzusehen, ist wirklich etwas wie eine Sünde wider den Geist. Wenn Woerner von Henrik Ibsen schreibt: «der

Grundzug seines Wesens ... ist Wahrheits*liebe*, eine bis zum Ingrimm gesteigerte Empörung gegenüber der verlogenen Welt»[12], so verfällt er trotzdem immer mehr in Blindheit gegenüber der geistigen Wahrheit der vom Leibe nicht abhängigen Individualität des Menschen, die in der Vererbungsströmung nur als in ihren Hüllen lebt. Diese verdunkelten Gedankenformen erregen sogar die Wildheit und den Haß gewisser den Menschheitsfortschritt befördern wollender Elementarwesen, wie Rudolf Steiner einmal ausführt: «Als Ibsen zum Beispiel auftrat mit seinen ‹Gespenstern›, durch die der Aberglaube der Vererbungstheorie geradezu fixiert worden ist, da wurden diese Wesenheiten einfach wild. Wenn ich mich etwas bildlich ausdrücken darf, so möchte ich sagen: Dieser zerzauste Kopf von Ibsen, dieser wüste Bart, dieser sonderbare Blick, dieser verzerrte Mund, das alles rührte von dem Zerzausen her, das diese Wesenheiten mit Ibsen getrieben haben, weil sie ihn nicht leiden konnten, weil er in dieser Beziehung so recht ein moderner Geist war, der an dem Aberglauben der Vererbung festgehalten hat ... Was bei Ibsen in einer grotesk poetischen Form, aber noch mit einer gewissen Grandiosität hervorgekommen ist, das geht durch die ganze moderne Wissenschaft.»[24]

Wenn in seinen Jugenddramen noch ein Hauch von warmem Idealismus weht, so sind die späteren Gesellschaftsdramen wohl ein Protest gegen die Hemmungen und Hindernisse, welche die Menschenseelen durch die in Geistlosigkeit verfallene Zivilisation erleiden. Immer mehr zieht die Stimmung der Resignation in sein Schaffen ein. So sieht er scharf, wie die festgefügten äußeren, vorwiegend von westlich-ökonomischem Denken begrenzten bürgerlichen Lebensformen seiner Zeit zu Fesseln für die Menschen geworden sind, «wie die Seelen zugrunde gehen und verkümmern unter den Lebensformen», so charakterisiert es Rudolf Steiner einmal: «Wenn Sie den größten Dichter unserer Gegenwart nehmen, Ibsen, dann werden Sie gerade bei ihm sehen, wie sein Blick auf diese Form des Daseins gerichtet ist und er sozusagen, weil er gleichzeitig von dem wärmsten Gefühl für das Leben der Seele, für ein freies Leben erfüllt ist, durch die Art und Weise wie sich die Formen ausgestaltet haben, geradezu zur Verzweiflung gekommen ist ... Das ist die Grundtendenz in den Ibsenschen Dramen, die auch in seinem dramatischen Testament ‹Wenn wir Toten erwachen› zum Ausdruck kommt.»[25]

Dieser dramatische Epilog «*Wenn wir Toten erwachen*» (1899) ist ein erschütternder Ausklang der Lebensarbeit dieses genialen Dramatikers. Wie in den alten Mysterienstätten der Schüler dem Sinnesleben für eine gewisse Zeit entsagen und durch eine Art Todeserlebnis gehen mußte, so empfindet Ibsen die ihr Leben lang geistig-produktiv Schaffenden als Tote, dem vollen Leben naiver Menschen gegenüber als Abgestorbene. So wie etwa der gelehrte Faust am Anfang des Gedichtes seine Gelehrsamkeit und Gescheitheit wohl bemerkt, aber gerade ihretwegen sagen muß: «Dafür ist mir auch alle Freud entrissen», so erlebt sich am Lebensende dieser Dichter. Und verbinden sich dann solche Menschen mit den unproduktiven, aber das volle Leben durchkostenden «Lebenden», so kommt es zu einem schmerzlichen Erwachen des geistigeren Menschen und durch sein erworbenes Übermenschentum, wie im ersten Teil des «Faust», zur Katastrophe.

Die Hauptfigur dieses letzten Dramas, der Bildhauer Rubek – wohl eine wesentliche Seite von Ibsen selbst –, kommt schließlich, bei seiner so großen Kunst des Beobachtens und Gestaltens, indem er teuer bezahlte Porträts modelliert, dazu, in den zu Porträtierenden nur noch Tierköpfe zu sehen, nichts von ihrer Entelechie, ihren wahren Geistgestalten, die sich im Menschenantlitz doch mehr oder weniger imaginativ ausprägen. Er läßt den Bildhauer von seinen Büsten sagen: «Von außen zeigen sie jene 'frappante Ähnlichkeit', wie man es nennt, und wovor die Leute mit offenem Munde dastehen und staunen – aber in ihrem tiefsten Grund sind sie ehrenwerte, rechtschaffene Pferdefratzen und störrische Eselsschnuten und hängohrige, niedrigstirnige Hundeschädel und gemästete Schweinsköpfe – und blöde, brutale Ochsenkonterfeis sind auch drunter.»[26] – Dagegen denke man an das Bild, das der Maler Johannes Thomasius in Rudolf Steiners erstem Mysteriendrama «*Die Pforte der Einweihung*»[27] von dem Professor Capesius gemalt hat, durch dessen Farben und Formen die geistige Wesenheit, die ewige Individualität hindurchscheint, was Doktor Strader zutiefst erschüttert und für geistige Erlebnisse vorbereitet.

Und wenn im Verlaufe dieser Mysteriendramen Rudolf Steiners ein «*Seelen Erwachen*»[28] zum Geiste eintritt, auch nach schweren Seelenprüfungen – was eine unerhörte Lebensbereicherung auch über den Tod hinaus bedeutet –, so muß das in der Sinneswelt gefangene Wahrheitsstreben Ibsens in seinem Epilog zum tragischen Sturz in den Abgrund führen. Wieder ist es die Lawine, die den Bildhauer Rubek, der das Leben der Natur verloren hat und ein Leben im wahren Geiste nicht finden konnte, in die Tiefe reißt.

«Tiefer als es uns bisher möglich war», schreibt Rudolf Steiner in der ausführlichen Besprechung von «*Wenn wir Toten erwachen*», sehen wir durch sein letztes Drama in die Seele von Henrik Ibsen hinein.[26] Sein Schicksal in dieser Verkörperung wird trotz aller äußeren Erfolge, von ihm nur als tragisch empfunden. Eine neue Initiationsweisheit war für ihn noch nicht da. Im Grunde erwartete er eine solche. Er hat sie nicht mehr erlebt.

Wenige Monate nach Vollendung seines «Epilogs» traf ihn ein Schlaganfall, knapp ein Jahr später ein zweiter. Noch fünf Jahre mußte er, von den Seinen gepflegt und betreut, durchleiden, bis er am 23. Mai 1906 den physischen Plan verlassen konnte.

Am Schlusse des Karma-Vortrags, in dem Rudolf Steiner sich mit der Persönlichkeit Henrik Ibsens beschäftigt, sagt er: «... man wird tatsächlich den Respekt nicht verlieren, weder vor der weltgeschichtlichen Entwicklung noch vor der einzelnen Persönlichkeit, die mit Größe vor der Menschheit dasteht.»

Das Leben und Werk Henrik Ibsens kann vor dem Hintergrund der Karma-Forschung Rudolf Steiners in neuer Weise wertvoll werden und zugleich wird ein überaus wichtiger Zeitraum abendländischer Geistesgeschichte durchsichtiger und verständlicher.

Frank Wedekind

Ernst Dauscher

Der Rang eines Frank Wedekind als bedeutendster Dramatiker
deutscher Sprache zwischen Gerhart Hauptmann und Bertolt
Brecht ist nicht nur im deutschen Sprachraum unbestritten. Die
ungewöhnliche Ausstrahlungskraft seiner Dichterpersönlichkeit
hat namhafte Künstler, Wissenschaftler, auch Politiker und nicht
zuletzt das stets faszinierte Publikum seiner Dramen und Lieder
zur Laute tief beeindruckt, vor allem dann, wenn er selbst als
Schauspieler und Sänger in Erscheinung trat. Unter seinen
Bewunderern finden sich Heinrich und Thomas Mann, Carl und
Gerhart Hauptmann, Max Halbe, Bert Brecht, Alfred Kerr, Artur
Kutscher, Walther Rathenau, Leo Trotzki, August Strindberg,
Knut Hamsun und Rudolf Steiner, der von seiner Erscheinung
fasziniert war, worüber noch ausführlich zu sprechen sein wird.
   In den Zeugnissen seiner Zeitgenossen und der nachfolgenden
Generationen kommt viel von Bewunderung, aber auch viel von
Betroffenheit und Ratlosigkeit zum Ausdruck. Friedrich Kayssler,
der unvergessene Menschendarsteller, Schriftsteller und Freund
Christian Morgensterns, schreibt 1902 nach der «Erdgeist»-Pre-
miere am Deutschen Theater in Berlin an Wedekind: «Wissen Sie,
was Sie heute getan haben? Sie haben die naturalistische Bestie
der Wahrscheinlichkeit erwürgt und das spielerische Element auf
die Bühne gebracht. Sie sollen leben!» Thomas Mann bekennt –
auf einer Postkarte von 1910 – an Wedekind: «Wedekind, wird die
Geschichte einmal sagen, war in einer teils senilen, teils puerilen,
teils femininen Epoche der einzige Mann». Etwas kritischer
äußert sich im gleichen Jahr der Däne Georg Brandes, Literatur-
historiker und Biograph, Wegbereiter von Ibsen und Hamsun:
«Sie haben die außerordentliche Stärke, daß Sie nie langweilig,
nie trivial werden. Leider fallen Sie nicht selten in die andere
Gruft, paradox anstatt einfach originell zu sein». Der zwanzigjäh-
rige Brecht schrieb drei Tage nach dem Tode Wedekinds am 12.
März 1918 für die «Augsburger Neuesten Nachrichten» zum
Abschluß eines hymnischen Nekrologs: «Er gehörte mit Tolstoi

und Strindberg zu den großen Erziehern Europas. Sein größtes Werk war seine Persönlichkeit». – Ein Wort, das auf die Absicht unserer Untersuchung hinweist.

Vorfahren, Eltern und Geschwister

Im Leben Frank Wedekinds – geboren am 24. Juli 1864, gestorben am 9. März 1918 –, seiner Vorfahren und seines Freundeskreises waren Umstände, Verhalten und Schicksalsverknotungen nahezu grundsätzlich außerhalb der Norm, abenteuerlich und immer aufregend. Schon bei den Großeltern beiderseits, den Eltern, den Geschwistern sind charismatische, aus dem bürgerlichen Leben herausfallende, ja unverwechselbare Wesens- und Charakterzüge auszumachen. Die Ausnahme und das Außergewöhnliche sind in den Familien der Wedekinds Tendenz oder sogar die Regel. Wissenschaftliche, politische, unternehmerische und künstlerische Wagnisse und exentrische Manifestationen charakterisieren diese Biographien.

Während der Großvater väterlicherseits als Jurist und königlicher Stadthauptmann, von Hannover nach Ostfriesland versetzt, scheinbar noch in konventionellen bürgerlichen Grenzen blieb, stürmte dessen 1816 geborener Sohn Friedrich Wilhelm Wedekind als Arzt quer durch Europa: als Bergwerkarzt in türkischen Diensten mit wissenschaftlichen Arbeiten bis zum Euphrat beschäftigt, durch Italien nach Paris, wo er sich, wie sein Sohn Frank später auch, längere Zeit aufhielt. Zurück in Deutschland, stürzte er sich in politische Abenteuer, saß als Korrespondent der «Reichszeitung» 1848 während der turbulenten Debatten in der Paulskirche in Frankfurt und setzte sich enttäuscht über das Scheitern der demokratischen Erneuerungsbewegung nach San Franzisko ab. Hier kam er, nun amerikanischer Staatsbürger, als praktischer Arzt zu hohem Ansehen und beträchtlichem Vermögen, heiratete 1862 als 46jähriger die 24 Jahre jüngere Deutschamerikanerin Emilie Kammerer und übersiedelte zwei Jahre später mit dem erstgeborenen Sohn Armin wieder in die angestammte Heimat, nach Hannover. Hier wurden den Eltern noch vier Kinder geboren: Benjamin Franklin (Frank), William Lincoln, Frieda Marianne Erika und Donald Lenzelin. Friedrich Wilhelm Wedekind praktizierte nicht mehr, sondern stritt in Broschüren und Artikeln für demokratische Freiheiten. Enttäuscht über das zum Kaiserreich gewordene Deutschland, emigrierte er 1872 erneut, diesmal in die Schweiz, wo er als angesehener Bürger und Eigentümer des weitläufigen Anwesens Schloß Lenzburg bei Aarau, als sein eigener Gutsverwalter und Weingärtner, im Kreise seiner Familie – die Tochter Emilie (Mati) wurde hier geboren – ein arbeitsames, aber doch sehr zurückgezogenes Leben bis zu seinem Tode 1888 führte.

Der Lebensweg des Großvaters mütterlicherseits und der Mutter selbst war mindestens ebenso abenteuerlich wie der des Vaters. Was für eine Schicksalsgemeinschaft! Abenteurer, Weltenbummler, Veränderer und Persönlichkeiten auf dem Weg zur Selbstverwirklichung, tragisch umstrickt von der Bemühung um Anerkennung in der beengenden bürgerlichen Umwelt. Nun, Jakob Friedrich Kammerer machte sich als typisch eigensinniger schwäbischer Erfinder und geschäftstüchtiger Fabrikant ebenso einen Namen wie als musikalisch vielseitige Begabung. Er betätigte sich auch politisch radikal, entkam der Festungshaft Hohenasperg (bei Ludwigsburg) 1836 durch eine abenteuerliche Flucht in die Schweiz und führte in Riebach ein für deutsche Emigranten gastliches Haus, in das auch Richard Wagner einkehrte. Nach 1848 amnestiert, ging er nach Deutschland zurück, gründete erneut eine chemische Fabrik in Ludwigsburg und starb 1858 zweiundsechzigjährig in geistiger Umnachtung. Seine beiden hochmusikalischen und schauspielerisch begabten Töchter Sofie (schon sehr jung an die Hofoper Wien engagiert, dann Primadonna in Nizza) und Emilie fanden sich in Valparaiso (Chile) zusammen und machten mit Opernabenden, Arien und Duetten, entlang der südamerikanischen-mittelamerikanischen Küsten von sich reden, bis Sofie, die Ältere, erst vierundzwanzigjährig, am Gelben Fieber starb.

Emilie Kammerer ging mit ihrem Schwager und dessen Kind nach San Franzisko und trug als Opernsängerin sowie als Schauspielerin zum Lebensunterhalt dieser Familie bei. Sie kam als Patientin zu dem amerikanischen Arzt deutscher Abstammung Dr. Friedrich Wilhelm Wedekind, dessen Frau sie nach zweijähriger Bekanntschaft wurde. So fanden die Eltern Frank Wedekinds zusammen, zu einer Lebensgemeinschaft, die sechsundzwanzig Jahre währte.

Die Familie – alle Mitglieder immer noch amerikanische Staatsbürger und die vier Söhne nicht getauft, mit voller Absicht, denn sie sollten frei von Zwängen bleiben – richtete sich in dem riesigen hochgelegenen Schloß, zu dem 365 Stufen hinaufführten, gutbürgerlich ein. Die Kinder besuchten die Schulen in Lenzburg und Aarau und verlebten eine insgesamt unbeschwerte Kindheit, wenn auch die Spannungen zwischen den Eltern den Kindern nicht verborgen blieben. Der «Alte» verkroch sich mehr und mehr in sein nach außen abgeschirmtes Reich.

Frank Wedekind, insgesamt ein mäßiger Schüler, erreichte mit Müh' und Not die Matura, zwar mit «hervorragend» in deutscher Sprache und Literatur, «gut» in Geschichte und Religion, aber ungenügend in Mathematik, Chemie und im Wahlfach Hebräisch, in den übrigen Fächern «genügend».

Im Alter von 14 Jahren war der genialisch sich Gebende fest entschlossen, Dichter zu werden. Im Kreise seiner nicht weniger schöpferisch veranlagten Mitschüler, von denen einige es tatsächlich zu beträchtlichem Ansehen und Erfolgen brachten, trat Wedekind ziemlich selbstbewußt mit Gedichten, Dramen, Epen, teilweise nur in kühnen Entwürfen und Fragmenten, hervor. Auf Schülerkneipabenden wurden vornehmlich Fragen der Biologie und Sexualität leidenschaftlich diskutiert, während Wedekind als geistreichelnder Gelegenheitsdichter dominierte. Aus seiner 1881 bis 1883 entstandenen Sammlung «Bukolika» – 1908 sogar im Druck erschienen – hat er mit teilweise obszönen Versen seine Kumpane ebenso begeistert wie erschreckt. Ein in der gleichen Zeit entstandener Entwurf für die Erzählung «Das Hoftheater – Eine Allegorie zum Weltlauf» und das schon 1879 – Wedekind war 15 Jahre alt – verfaßte Kinderepos «Hänseken» zum dritten Geburtstag seiner jüngsten Schwester Emilie («Mati») lassen freche, herausfordernde, zynische und ironische, bewußt an Heinrich Heine angelehnte Züge erkennen.

Die dichterischen Frühversuche lassen indessen kaum Zweifel aufkommen, wohin der Weg gehen wird. – Zur Liebe hatte er ein gespaltenes Verhältnis. Ein Freund bestreitet, daß Wedekind überhaupt zu Liebesqualen fähig sei, weil er über diesen Schwindel erhaben sei und sich vom «Erdendunst zum Ätherthron der

Wahrheit emporgeschwungen» habe. An seinen Freund, den späteren Schriftsteller Adolf Vögtlin schreibt der Siebzehnjährige: «Ich liebe die brausende, zügellose Leidenschaft, die Tumulte des Herzens über alles, gerade darum, weil sie mir am meisten abgehen.» In einem Bund mit zwei gleichaltrigen Mädchen trägt Frank zwei Jahre den Namen Zephir; sein Zeichen ist der Regenbogen als «Sinnbild des aus trübseliger Wirklichkeit zum lichten Ätherreiche der Poesie emporschmachtenden Geistes».

Wohl die wichtigste Schicksalskomponente in der frühen, aber doch entscheidenden Entwicklung ist die ebenso bewußte wie entschiedene Formung seiner Lebens- und Weltanschauung, die sich bis in sein letztes, 54. Lebensjahr nur unwesentlich verändert, dann allerdings grundlegend, wie noch zu zeigen sein wird. Der eine Aspekt ist der Egoismus, den der Schüler Wedekind für die wichtigste Triebfeder des Menschen hält. In einem Brief schreibt er in Erinnerung an einen Almosenspender, der auch sein Geschäft mit unserem Herrgott machen will, daß «der Mensch nichts tue ohne angemessene Belohnung, daß er keine andere Liebe kenne als Egoismus. Denn abgesehen von aller Vergeltung hier oder im Jenseits ist uns doch das Bewußtsein einer nützlichen Handlung, das Gewissen, eine sonst unerschwingliche Belohnung, die wir wohl zu berechnen und zu schätzen wissen. Wem aber das Gewissen nicht solche Belohnung gewähren kann, wer nicht den inneren Genuß von seinen Wohltaten hat, der verübt auch keine. Wir sagen, er sei ein geiziger, gefühlloser Mensch. Was kann er dafür?»[1] Und in einem Aufsatz des letzten Schuljahres «Behandelt jedermann nach seinem Verdienst, und wer ist vor Schlägen sicher?» versteigt sich Wedekind zur Behauptung «... in meinen Augen gibt es gar keinen Verdienst, und ich halte eine Handlung für moralisch überhaupt nicht mehr beurteilbar, sobald ihr eine Vergeltung in Aussicht gestellt ist. Aber auch diejenige Tat, die um ihrer selbst willen geschieht, hat deshalb keinen moralischen Wert, weil sie die Vergeltung in sich trägt; ich kann sie nur als einen Ausfluß des dem Menschen eingepflanzten Egoismus betrachten.»[2]

Tiefer wirkend noch als das Bekenntnis zum Egoismus – dessen Spuren sich später in vielen Werken Wedekinds finden – ist die Begegnung mit dem Pessimismus des auch von Rudolf Steiner umfassend gewürdigten Philosophen Eduard von Hartmann, die er sowohl seinem Lehrer am Gymnasium Uphues (schriftstellerisch als Erkenntnistheoretiker und Logiker hervorgetreten) und seiner Tante Olga Plümacher – eine Jugendfreundin seiner Mutter, genannt die «philosophische Tante» – einer Meisterschülerin von Hartmann, zu verdanken hatte. Diese hatte Wedekind bereits zu seinem 17. Geburtstag (1881) Max Scheidewins Werk «Lichtstrahlen aus Eduard von Hartmanns Werken» und drei Jahre später ihr eigenes, 355 Seiten starkes Buch «Der Pessimismus in Vergangenheit und Gegenwart. Geschichtliches und Kritisches» mit Widmung verehrt. Wedekind las es, «von ihrem erhabenen pessimistischen Geiste beseelt und inspiriert». Nach Kutscher hielt die Plümacher den Pessimismus für die Triebfeder zur Entwicklung; sie sah in ihm das starke idealistische Prinzip und sie habe darauf aufmerksam gemacht, welchen Anteil der Weltschmerz zum Beispiel an den Faustdichtungen Goethes, Lenaus, Grabbes, an der Poesie Byrons und Heines hatte. Freilich ist nicht zu übersehen, daß Wedekind dieser Philosophie in seinem späteren Leben nicht sklavisch folgte, sondern ihm seine «frivole Schwankung zum Lebensgenuß» und vor allem seine unermüdliche Schaffenskraft entgegensetzte. Der Pessimismus Hartmanns half ihm jedoch, sich selbst zu finden. Der ungetaufte und erklärte Atheist Frank Wedekind stand dem Materialismus und dem Sozialismus sowie dem Naturalismus seiner Zeit gleichgültig gegenüber, obwohl er allen drei Zeitströmungen begegnen sollte und unter ihnen Freunde für sein ganzes Leben fand.

Die Schüler- und die unmittelbar anschließende Studienzeit Frank Wedekinds sind gekennzeichnet vom Tasten und Schwanken einer genialisch veranlagten Persönlichkeit, die sich des rechten Weges längst noch nicht bewußt ist. Das Studium der Jurisprudenz nimmt der noch folgsame Sohn allerdings nicht gerade mit Begeisterung auf. In Lausanne widmet er sich im ersten Semester vornehmlich dem Studium der französischen Sprache, aber dann folgt er seinem älteren, Medizin studierenden Bruder Armin nach München, wo er pro forma zwar Jurafächer belegt, aber fast ausschließlich in Vorlesungen über Kulturgeschichte, Literatur, Staatswissenschaft und Politik zu finden ist. In der Freizeit besucht er unermüdlich Theater – vierundachtzigmal in einem Winter –, Konzerte, Ausstellungen und

Museen. Neben seiner früh sich schon zeigenden überdurch-
schnittlichen, wohl mütterlicherseits ererbten musikalischen
Begabung – Gitarre- und Lautenspiel erlernte er schon in seiner
Schülerzeit – brachte er auch ein leidliches Talent für die Malerei
mit.

Nach seiner ersten Münchner Studienzeit war Frank Wedekind
zunächst gezwungen, seinen Lebensunterhalt selbst zu verdienen. Er hatte dem Vater im Herbst 1886 die von diesem nicht
gewollte Verwendung der Studiengelder offenbart und um Verständnis für seine literarischen Neigungen gerungen. Prompt
wurde die Sperrung der Wechsel verfügt, nachdem es auch noch
zu handgreiflichen Auseinandersetzungen wegen der Mutter
gekommen war. Am Karfreitag des gleichen Jahres hatte der
17jährige Frank nach dreimonatiger Niederschrift sein erstes dra-
matisches Werk «Der Schnellmaler oder Kunst und Mammon»
vollendet, das er, bereits typisch für ihn, eine «Große tragikomi-
sche Originalcharakterposse in drei Aufzügen» nannte. Bemer-
kenswert, daß ihn sein Schulfreund Moritz Dürr als verbummel-
ter Malerstudent in Paris und München zu diesem Sujet anregte
und ihm zusicherte, daß er seinen fest geplanten Selbstmord
solange hinauszögern wolle, bis Wedekind das Stück vollendet
habe. Dürr jedoch nahm sich noch Wochen vorher das Leben, wie
schon vorher ein anderer Schulfreund, der sich in den Bergen zu
Tode stürzte. Wedekind wollte in dieser Posse aufzeigen, daß ein
Künstler nicht von seiner Kunst leben könne, und daß die mißlie-
bige Verbindung zu Menschen, die mit Geld umgehen können,
zu Katastrophen führe, wenn nicht ein deus ex machina – in
Gestalt der «königlichen Kunstsammlung» – eingreift und das
«Meisterwerk» des Künstlers kauft und damit Liebende vor dem
Selbstmord bewahrt. Eine Figur in dem Stück, das 1916 zur
Uraufführung in München kam, trägt den Namen Dr. Steiner –
freilich ohne Bezug auf Rudolf Steiner.

Nach dem Familienstreit versucht sich Wedekind ein knappes
Jahr lang als Leiter des Reklame- und Werbebüros für die Sup-
pengewürzfirma Maggi in Zürich und daran anschließend in
gleicher Funktion für den bekannten Zirkus Herzog. Nebenbei
schreibt er Aufsätze für die «Neue Zürcher Zeitung» über die
Themen «Der Witz und seine Sippe» und «Zirkusgedanken – die
Ästhetik des Zirkus» als: «... weltanschaulich basierter Hymnus

auf die hohe Lebensweisheit, die ihre Stützen nicht über sich hat, sich nicht auf das stabile Gleichgewicht verläßt wie der Trapezkünstler und Idealisten, sondern unter sich, die mit dem labilen Gleichgewicht arbeitet wie die Drahtseilkünstler und die Menschen, die sich aus den jeweils gegebenen Lebensverhältnissen ein Bild von gewisser Vollkommenheit herauskonstruieren, dem sie in treuem Eifer nachzustreben bemüht sind, Goethe».

Unter den dichterischen Versuchen verdient das 1887 entstandene Versdrama «Elins Erweckung» Beachtung, in dem das Thema vom «Reifwerden des von der Sexualität gequälten Mannes» erstmals anklingt, das er vier Jahre später in «Frühlingserwachen, eine Kindertragödie» gültiger gestalten wird. Die fast zweijährige Durststrecke, ohne finanzielle Hilfe der Familie, brachte insofern dennoch Gewinn, als Frank Wedekind mit den Persönlichkeiten des Lenzburger und Züricher Dichterkreises bekannt wurde, von denen viele ein Leben lang mit ihm freundschaftlich verbunden blieben. Zu ihnen gehörten Karl Henckell, Werner von Heidenstam, August Strindberg (dessen zweite Frau Frieda Strindberg ihm 1896 den Sohn Friedrich gebar), Gerhart und Carl Hauptmann, John Henry Mackay, Peter Hille, Bebels Schwiegersohn Dr. Simon, Otto Erich Hartleben. Diese fühlten sich als die literarische Elite außerhalb Deutschlands. Sehr oft saß man abends im «Pfauen» mit Gottfried Keller und Arnold Böcklin zusammen. Wedekind trug hier seinen «Schnellmaler» und Scherzlieder zur Laute vor. Nach der demütigenden Aussöhnung mit dem Vater belegte Frank 1887/88 lustlos noch zwei Semester in Zürich, als Friedrich Wilhelm Wedekind überraschend, ohne ernsthaft krank gewesen zu sein, starb. Im Mai begannen Wedekinds Wanderjahre, gestützt auf ein verfügbares Erbe von zunächst 20'000 Franken. Bildungshunger, Sensationslust und Fernweh trieben den Vierundzwanzigjährigen erst nach Berlin, dann wieder nach München. Paris wird 1891 eine ganz entscheidende Station, dann ist es 1894 London, wo er Max Dauthendey, dem Dichter der deutschen symbolistischen Literatur begegnet, den er als Persönlichkeit, jedoch nicht als Dichter schätzen lernte; und schließlich wieder Paris. Wie ein geistiger Pfadfinder trifft der lebenshungrige und doch immer auf Distanz lebende Wedekind auf Menschen mit außergewöhnlichem Schicksal. Er begegnet erneut den Kumpanen seiner Münchner Zeit, Willi Morgenstern, genannt W.W.Rudinoff, und dem urbayerischen Musiker Hans Richard Weinhöppel, der ihm bis zu seinem Tode der innigst verbundene Freund blieb. Rudinoff, Sohn eines polnisch-jüdischen Kantors aus Angermünde, war zweifellos einer der faszinierendsten, vielseitigsten Künstler, die es je gab. Er war Schauspieler, kraftstrotzender Heldentenor, Negerclown im Münchner Platzl, Maler und von Franz Lenbach hochgeschätzt, Porträtist, Vogelstimmenimitator, Kunstpfeifer und ein klassischer Bohemien, was verhinderte, daß er in einem Gebiet wirklich zum Meister hätte werden können. Weinhöppel, auch ein Bohemien und bis New Orleans als Korrepetitor tätig, war für Wedekind ein stets anregender, trinkfester Partner, der ihn nicht nur mit seiner Urwüchsigkeit und seinem Humor beflügelte, sondern ihm auch Kompositionen für seine Lautenlieder und einige seiner Stücke lieferte. Der dritte Weltenbummler von Rang, Willy Grétor, Maler, Bildhauer und Kunsthändler, zudem der genialste Kunstfälscher und einer der reichsten Snobs seiner Zeit, half Wedekind, nachdem das Erbe verbraucht war und sein Frühwerk keinen Verleger fand, vorübergehend auf die Beine: Er wurde dessen Sekretär. Wedekind war sich übrigens später sicher, daß die berühmte Florabüste von Leonardo da Vinci nicht von diesem sondern von Grétor «geschaffen» wurde. Erwähnt werden muß nicht zuletzt Emma Herwegh, die Witwe des Dichters Georg Herwegh, die ihm in Paris eine fast mütterliche Freundin wurde und bei der er nicht Sensation sondern Lebensklugheit und selbstlose Menschlichkeit fand. Erstmals kreuzen sich auch die Wege des ebenso fündigen wie vitalen Verlegers Albert Langen mit Wedekind.

Nach der Dürre entfaltet sich der Dichter

Die dichterischen Erzeugnisse blieben in den Jahren nach dem Tode des Vaters bis 1897 verhältnismäßig spärlich, vor allem fand sich bis 1898 kein Theater und keine Gesellschaft, die sich seiner Stücke annahm, obwohl einige bereits ihren Verleger gefunden hatten. Der Reihe nach waren Bühnenwerke – auch der Roman «Mine-Haha» sowie die Prosa-Sammlung «Fürstin Russalka» – entstanden, die unverwechselbar Wedekinds Handschrift verrieten: immer kraftvoll, erschreckend, gespenstisch erheiternd, paradox, verwirrend, sprachlich oft von leuchtender Schönheit und fast immer wirksam: «Kinder und Narren» (später «Die junge Welt») aus dem Jahre 1889 mit dem Motto «Der Realismus ... Natur zurück» zeigt auf dem Hintergrund des Hauses Wedekind und der Gesellschaft in Lenzburg den Spott auf die naturwidrige Frauenemanzipation (mit Bezug auf Ibsens «Nora») und eine vernichtende Absage an den Naturalismus, für die Gerhart Hauptmann in der Gestalt des Dichters Meier Modell gestanden hat und dessen Stück «Vor Sonnenaufgang» als Meiers «Vor Hellwerden» der Lächerlichkeit preisgegeben wird. Im Stück heißt es: «Wenn sich der Realismus (gemeint ist der Naturalismus) überlebt hat, werden seine Vertreter ihr Brot als Geheimpolizisten finden.» Die Uraufführung von «Kinder und Narren» fand 1908 im Münchner Schauspielhaus statt. «Frühlingserwachen» hatte eine glanzvolle Uraufführung 1906 in den Berliner Kammerspielen. Frank Wedekind selbst trat als Schauspieler auf. «Der Liebestrank» («Fritz Schwigerling») – vollendet 1891 – spielt in Rußland und in der Zirkusatmosphäre mit deutlichen Parallelen zu Wedekinds Zirkusidol Rudinoff. In einem eigenen Kommentar nennt der Dichter den «Liebestrank» eine «Verteidigung und Rechtfertigung körperlicher Kunst gegenüber geistiger Kunst. Verteidigung der Persönlichkeit in der Kunst gegenüber Engherzigkeit, Schulmeisterei und Unnatur». Eine Charakteristik, die eigentlich für Wedekinds Weltanschauung und für nahezu alle Stücke stehen könnte. Zum ersten Mal wurde dieses Stück 1900 im Pfauen-Theater Zürich gespielt.

1892 kommt es bereits zur Urfassung in fünf Akten der «Büchse der Pandora» und 1894 zum Fragmentarischen des Einakters «Das Sonnenspektrum oder Wer kauft Liebesgötter, Eine Idylle aus dem modernen Leben von Frank Wedekind», mit dem sich der Verfasser an König Sudrakas «Irdenem Wägelchen», dem indischen Schauspiel um Vasantasena ohne Versteckspiel anlehnt, indem er Freudenhaus und Dirnen, die «leibhaftige Pracht des Frühlings», in den indischen Himmel hebt, weil es eben im Tempel der Freude und der Gesundheit, so Wedekinds Verständnis (mit reichlicher Erfahrung in Paris), «nur einen Weg in dieser Welt gibt, um wirklich glücklich zu sein, das ist, daß man alles tut, was man kann, um andere so glücklich wie möglich zu machen».

Bevor 1897 «Fürstin Russalka» (eine Sammlung von Erzählungen, Gedichten und Pantomimen, bezeichnet mit «Seelenergüsse, Die Jahreszeiten, Theater») bei Albert Langen erscheint, war Wedekind bereits vielbeschäftigter Mitarbeiter des 1896 gegründeten berühmten und berüchtigten «Simplicissimus». Ohne Zweifel hatte der in der Literatenwelt längst bekannte, aber noch erfolglose Autor nach vielen Bemühungen endlich ein jedermann zugängliches Forum gefunden, nicht zuletzt mit politischen Gedichten unter dem Pseudonym Hieronymus Jobs, von denen ihm eines, «Palästinafahrt», Gerichtsverfahren wegen Beleidigung der «höchsten Majestät», Wilhelm II, und schließlich Festungshaft auf Königstein bei Dresden eintrug. Der Treppenwitz freilich ist, daß Wedekind sich politisch nur ungern engagierte – weder nach links noch nach rechts – und nur um des lieben Brotes und der guten Beziehung zum Verleger, der ihn in der Beleidigungssache prompt hängen ließ, sich zur Veröffentlichung des Pamphlets bereit erklärte.

Das Theater öffnet sich endlich

Der 25. Februar 1898 wird für den Dramatiker Frank Wedekind zu einem schicksalhaften Tag seines Lebens im Alter von 33 Jahren und 6 Monaten: Auf Wunsch von Kurt Martens, dem Vorsitzenden der Leipziger «Literarischen Gesellschaft», und unter der Regie von Dr. Carl Heine kam er im Theatersaal des Kristallpalastes mit dem als burlesker Tragödie angekündigten Stück «Erdgeist» und ihm selbst als Dr. Schön erstmalig auf die Bühne. Daß es ein Wagnis war, wußte Martens: «Das ganze Stück, mit dessen Sprache vorderhand niemand etwas anzufangen wußte, unserem Publikum vorzusetzen, erschien uns undenkbar. Niemand würde, so meinten wir, aus den aneinander vorbeiredenden Gestalten klug werden. Aber Wedekind bohrte so lange, bis wir uns schließlich doch entschlossen, den ‹Erdgeist› vollständig und ungestrichen ... anzusetzen». Martens und Heine hielten es für unmöglich, «den furchtbaren Ernst der Handlung und Idee durch alle Szenen und Episoden hindurch festzuhalten». Das Publikum bestand aus unbefangenen Arbeitern der Gewerkschaft, die zum unerwarteten stürmischen Erfolg beitrugen, weil sie in der Lulu, der Hauptfigur des Stückes – und später auch in der «Büchse der Pandora» –, die geißelschwingende Urkraft des Proletariats sahen. Es gab anschließend Gastspiele und Skandale wegen des falsch verstandenen und gespielten naiven Urweibs Lulu, die Katastrophen und Tod heraufbeschwört, weil die Gesellschaft der natürlichen Erotik widersinnige Schranken aufgebaut hat. Wedekind will immer wieder das vollkommene, unverfälschte, auch schöne reine Naturkind Weib zeigen, keinen Vamp, keine Salome, nein, ein Weib, das schuldlos schuldig wird, weil die Männer ihrem unverdorbenem Lebenssinn nur den schmutzigen Genuß anzubieten haben.

Erstaunlich und in unserem Zusammenhang wichtig ist Martens' Eindruck von der Persönlichkeit Wedekinds. «Höchst fremdartig und stilwidrig nahm sich Frank Wedekinds konfiszierte Bohème-Erscheinung – in schwarzem, abgeschabtem Jackett-Anzug, einen unförmigen Chapeau claque in die Stirn gedrückt, schritt er grüblerisch dahin – unter nüchteren Leipzigern und selbst in unserem leichtlebigen Kreise aus ... Die Erotik, für ihn ein weihevolles Heiligtum und Mittelpunkt aller tragischen Verwicklungen, ward von uns nur zu häufig als loses Spiel behandelt, ihrer geheimnisvollen Reize keck entkleidet ... Erschüttert zu sehen, wie dieser prachtvolle Mensch Frank Wedekind zuzeiten etwas von einem geprügelten Hunde an sich hatte, dies auch ganz offen zugestand. Immer war er in Besorgnis, gesellschaftlich nicht für voll genommen zu werden, es an kavaliermäßigen Manieren fehlen zu lassen und mehr skurril als korrekt zu wirken ... Viel ungenierter ließ er sich in Gesellschaft trinkfroher Männer, in unseren Restaurants und Kneipen gehen. Da kettete er alle seine Teufel, Trolle und Dämonen los ... Der Ruf des Phänomens Frank Wedekind drang bald zu allen wesentlichen und anspruchsvollen Köpfen der Stadt. Er wirkte wie ein Magnet, führte uns immer neue Freunde zu».

Begegnung mit Rudolf Steiner

Nach der etwas breiteren Darstellung, notwendig, um den Schicksalsumkreis zu beleuchten, führt die Betrachtung unmittelbar zur Begegnung mit Rudolf Steiner. Wedekind führte von

Frank Wedekind 1917

Dresden aus, wo er bei seiner Schwester Erika Wedekind, der gefeierten Koloratursängerin der Hofoper und vieler berühmter Häuser in Europa, Unterschlupf und finanzielle Hilfe fand, in Leipzig Gespräche mit Kurt Martens über die oben erwähnte Uraufführung. Im Anschluß an seinen Vortrag «Goethes Weltanschauung und die Gegenwart» auf Einladung der «Literarischen Gesellschaft» in Leipzig, sah und erlebte ihn nun Rudolf Steiner in einem kleinen Kreis von Literaten, unter denen sich auch Otto Julius Bierbaum befand. Das genaue Datum läßt sich nicht ausmachen, vermutlich war es der 19. Dezember 1897. Im Jahre 1905 oder 1906 – auch hier ist kein präzises Datum zu nennen – sah Rudolf Steiner ihn in «Hidalla oder Sein und Haben» (später auch «Karl Hetmann, der Zwergriese») als Darsteller der Titelrolle. Er äußert sich 1924 in den Karmavorträgen und in der Autobiographie «Mein Lebensgang» verhältnismäßig ausgiebig über die beiden Begegnungen[3]. Wesentliche Hinweise, die geeignet sind, das Karma Frank Wedekinds zu erhellen.

Im Frühwerk findet sich bei Rudolf Steiner weder in den «Gesammelten Aufsätzen zur Literatur» noch in den «Gesammelten Aufsätzen zur Dramaturgie» eine Zeile – auch später nicht. Das erklärt sich aus dem Umstand, daß Wedekinds Stücke erst nach 1902 nach Berlin kamen, Rudolf Steiner also gar keine Möglichkeit hatte, sie kennenzulernen und zu besprechen, weil er schon im Jahre 1900 die Redaktionen für das «Magazin für Literatur» und die «Dramaturgischen Blätter» abgegeben hatte. Zudem war eben Wedekind als Dramatiker im deutschen Sprachgebiet noch ziemlich unbekannt und kaum hervorgetreten. Es traf sich, daß der Beginn der Karriere mit dem Treffen der beiden Persönlichkeiten zusammenfiel; Rudolf Steiner stand im 36., Wedekind im 34. Lebensjahr. Es scheint geboten, an diesem Einschnitt im Leben Wedekinds Rudolf Steiners Beurteilung der Persönlichkeit hier folgen zu lassen, auch zum besseren Verständnis der dem Dichter noch verbleibenden einundzwanzig Lebens- und Schaffensjahre.

Im «Lebensgang» bekennt Rudolf Steiner zunächst, daß die Begegnung mit Persönlichkeiten des Berliner Kreises wie Otto Erich Hartleben (im selben Jahr wie Wedekind geboren und mit diesem schicksalhaft verbunden, aber schon 1904 gestorben), Paul Scheerbart (1863 bis 1915), Otto Julius Bierbaum (1865 bis 1910) und Wedekind – vier zu ihrer Zeit auffällige Literaten, fast zu

gleicher Zeit geboren, keiner erreicht das 55. Lebensjahr! – für ihn eine «Schicksalsfügung (Karma)» bedeutete. Er ergänzt, daß bei diesen und anderen Literaten, die er in Berlin und Leipzig kennenlernte, selbst bei den besten, auch bei den ausgeprägtesten Charakteren, sich das Literarische so tief in das Wesen der Seele eingrub, daß das rein Menschliche in den Hintergrund trat – was von Wedekind allerdings nicht gesagt werden kann. Von dem Zusammentreffen in Leipzig heißt es dann: «Mein Schauen war wie gefesselt von dieser wahrhaft seltenen Menschengestalt. Ich meine hier ‹Gestalt› ganz im physischen Sinne. *Diese* Hände! Wie aus einem vorigen Erdenleben, in denen sie Dinge verrichtet haben, die nur von Menschen verrichtet werden können, welche ihren Geist bis in die feinsten Fingerverzweigungen strömen lassen. Mag das dann, weil Energie verarbeitet worden ist, den Eindruck von Brutalität gegeben haben; das höchste Interesse wurde angezogen von dem, was diese Hände ausstrahlten. Und dieser ausdrucksvolle Kopf – ganz wie eine Gabe dessen, was aus den besonderen Willensnoten der Hände kam. Er hatte in Blick und Mienenspiel etwas, das sich so willkürlich der Welt geben, aber namentlich auch von ihr zurückziehen konnte, wie die Gesten der Arme durch die Empfindung der Hände. Ein der Gegenwart fremder Geist sprach aus diesem Kopfe. Ein Geist, der sich eigentlich *außer* das Menschentreiben dieser Gegenwart stellt. Der nur nicht innerlich zum Bewußtsein darüber kommen konnte, welcher Welt der Vergangenheit er angehört». Das war es, was das Leben Wedekinds so kompliziert, undurchschaubar und schließlich eigentlich tragisch werden ließ. Die 1911 geborene Tochter Kadidja Wedekind-Biel (Tochter Pamela Wedekind-Regnier kam 1906 zur Welt) bestätigt, daß die Hände mit den auffallend kurzen Fingern fast klobig wirkten. Kadidja war sechs Jahre alt, als der Vater starb. Sie betont indes, daß die Hände außerordentlich geschickt für handwerkliche Tätigkeiten waren; er habe leidenschaftlich gebastelt. Kadidja Wedekind bedauert – nachdem sie erfahren hatte, was Rudolf Steiner über ihren Vater gesagt hat –, daß beide Persönlichkeiten sich nicht näher kennengelernt haben.[4]
Die Fortsetzung der Rückschau im «Lebensgang» gibt einen Fingerzeig, wie im Wechselspiel von Autor und Werk das Karma ausgelotet werden kann: «Als Literat war – ich meine jetzt nur

das, was ich an ihm schaute, kein literarisches Urteil – Frank Wedekind wie ein Chemiker, der die gegenwärtigen Ansichten der Chemie ganz von sich geworfen, und der Alchemie, aber auch diese nicht mit innerem Anteil, sondern mit Zynismus treibt. Man konnte viel von der Wirkung des Geistes in der Form kennenlernen, wenn man die äußere Erscheinung Frank Wedekinds in die Seelenanschauung hereinbekam. Dabei darf man allerdings nicht mit dem Blicke *desjenigen* ‹Psychologen› vorgehen, der ‹Menschen beobachten will›, sondern mit dem, der das rein Menschliche auf dem Hintergrund der Geistwelt durch innere geistige Schicksalsfügung zeigt, die man nicht sucht, sondern, die herankommt».

In den beiden angeführten Karmavorträgen macht Rudolf Steiner konkretere Angaben über das Karma Wedekinds, das vorangehende Erdenleben, woran es erkennbar sei und welche Lebensäußerungen täuschen könnten. Im Vortrag vom 26. April 1924 geht Rudolf Steiner von der Bedeutung des Alchimisten Basilius Valentinus im frühen Mittelalter aus, der als Benediktinermönch «ungeheuer bedeutende medizinisch-alchimistische Arbeiten machte», und wie schwierig eigentlich das Verständnis unserer Zeit für das Wesentliche sei. Man erlebe so vieles an Menschen was abstoßend, häßlich, ekelhaft und greulich sei und «worüber derjenige, der nur das unmittelbar sinnlich-gegenwärtige Leben betrachtet, nicht anders als meinetwillen entrüstet, ekelhaft und so weiter berührt sein kann». In einer bestimmten Zeit seines Lebens *sieht* Rudolf Steiner einen Schüler des Basilius Valentinus, der ihm besonders auffiel. «Der ist – auf eine merkwürdige Weise metamorphosiert in bezug auf sein Geistiges – ja wieder da! – Auch der ist im 19. Jahrhundert, Anfang des 20. Jahrhunderts wieder gekommen». Aber was tut er? « ... was in alchimistischen Elementen gelebt hat, trat eben ungeordnet, auf die Sinne hingelenkt, äußerlich hervor in einer Weltbetrachtung, die sozusagen alchimistische Begriffe fortwährend hineinschmilzt in die Sinnesbeobachtung...». Was daraus entstehe, wirke in vieler Beziehung abstoßend auf die Menschen. Dieser frühere Schüler des Basilius sieht eben das Leben nicht wie ein gewöhnlicher Philister, «sondern er schaut es an mit dem, was sein seelisches Auge geworden ist dadurch, daß es die Impulse aus seiner alchimistischen Zeit in sich hatte. Und da schmeißt er die Ereignisse, die sich unter den Menschen abspielen, untereinander, macht Dramen daraus und wird Frank Wedekind ... Nehmen Sie sein ‹Hidalla› oder irgendein anderes Frank Wedekindsches Drama, bei dem man ein sich drehendes Gehirn kriegt, wenn man das Frühere mit dem Späteren verbinden will. Man kann aber auch in einer eigentümlichen Weise davon fasziniert sein», fasziniert, was nicht auf die Philister im Parterre zutreffen kann. «Sondern darum handelt es sich, daß die Weltgeschichte etwas Merkwürdiges bewirkt hat: daß alchimistische Denkweise, herübergeworfen durch Jahrhunderte, auf das Menschenleben angewendet wird und die menschlichen Taten und die menschlichen Reden zusammengebraut werden», wie einst in alchimistischen Küchen. «Und es sind ja eigentlich auch die Menschenleben bestimmt, sogar in bezug auf den Zeitpunkt, in dem sie hier auf der Erde erscheinen, durch schicksalsmäßige, karmische Zusammenhänge».

Am 4. Mai 1924 kommt Rudolf Steiner noch einmal auf die Persönlichkeit Wedekinds zu sprechen, mit einem anderen Aspekt, nämlich in dem Sinne, daß die kleinen Hügel neben den Riesenbergen im Leben eines Menschen oft die bedeutenderen sein können. Es gebe höchst merkwürdige Persönlichkeiten, die erst mit der Betrachtung «markanter Punkte des Lebens» aufgeschlüsselt werden können. Zur Beobachtung des «merkwürdigen Karmas» habe ihn der Umstand geführt, daß er «kaum jemals solche Hände gesehen habe, wie sie Frank Wedekind hatte, und daß ich dann mit diesen Händen Frank Wedekind einmal in München habe agieren gesehen, selber schauspielerisch agieren gesehen in seinem ‹Hidalla›. Das ganze scheinbare Chaos dieses Stückes, das natürlich ein Horror für ein philiströses Gemüt ist ... im Zusammenhange mit dem Eindruck, den ich von früher von seinen Händen hatte, das ließ eben die alchimistischen Verrichtungen, die er getan hat, erscheinen.» Gerade bei so gearteten Alchimisten des Mittelalters sei es so gewesen, daß sie sich eine außerordentliche Geschicklichkeit aneignen mußten. Rudolf Steiner schließt die Karmabetrachtung über Wedekind: «Daß einer ein großer Künstler wird zum Beispiel, das ist etwas, was zum kleinsten Teile bedingt zu sein braucht in seinem Karma. Aber *was* er gerade in dieser Kunst treibt, *wie* er in dieser Kunst sich benimmt, das ist etwas, was im Karma besonders bedingt ist».

Nun gibt es ein Drama aus der Feder Wedekinds, das in ganz besonderer Weise das Was – das Thema, den Inhalt – und das Wie – die Form – deutlich machen kann. Emil Bock gibt einen vorsichtigen Hinweis, der die Angaben Rudolf Steiners über das Leben eines Schülers von Basilius Valentinus erweitert und vertieft.[5] Es gehört in der Tat zu den merkwürdigsten Merkwürdigkeiten, daß Wedekind im Jahre 1909 – im Alter von fast 45 Jahren – in knapp acht Wochen ein Stück niederschreibt, das zunächst den Titel trägt «Das Magisterium. Drama in einem Aufzug»; später hieß es dann auch «Laute, Armbrust und Peitsche» und schließlich «Stein der Weisen». Es handelt sich um einen der bedeutendsten Alchimisten des ausgehenden Mittelalters, den Benediktinermönch Basilius Valentinus, der vermutlich im 14./15. Jahrhundert lebte.[6] Walter Johannes Stein hat sich ausführlich mit Basilius Valentinus beschäftigt und teilt in einem Aufsatz mit, was Rudolf Steiner ihm auf seine Frage, ob dieser Alchimist veraltet sei, erwiderte: «Nein, Sie durchdringen ihn ja mit neuen Empfindungen und der Weg, den er beschreibt, ist derselbe, der in dem Buche ‹Wie erlangt man Erkenntnisse höherer Welten?› dargestellt ist. Er enthält die Esoterik der Anthroposophie und seine Weltanschauung ist auch die unsere».[7] Rudolf Steiner sprach in diesem Zusammenhang von einem Kompendium der höheren Erkenntnis und nannte die darin vertretene Naturanschauung die des Aristoteles. In der Schrift des Basilius Valentinus «Der große Stein der uralten Weisen», die Rudolf Steiner offensichtlich bekannt war, heißt es u. a.: «Weil mir bewußt wurde, daß der Mensch, so wie er sich in unserer Epoche vorfindet, das Ewige nicht auffinden kann, bestrebte ich mich, so viel mir nur möglich war, an dieser Verwandlung bewußt zu arbeiten». Es gibt keine verläßlichen Zeugnisse, wann Basilius Valentinus tatsächlich gelebt hat, weil er anonym untergetaucht war. Unter den wichtigsten Lexika der Bayerischen Staatsbibliothek in München gibt nur die «Allgemeine deutsche Biographie» einigermaßen schlüssige Auskunft. – Dieser Basilius soll im Jahre 1393 im Elsaß geboren worden sein und im Benediktinerkloster St. Peter in Erfurt anonym gelebt und gearbeitet haben. Seine von seinen Schülern aufgezeichneten Schriften sollen Ende des 15. Jahrhunderts in einer Mauer unter dem Refektorium des Klosters gefunden und erstmalig von 1602 an durch Johannes Thölde in Leipzig veröffentlicht worden sein. Titel der Schriften lassen darauf schließen, inwieweit Basilius seiner Zeit voraus war und fernab der katholischen Lehrmeinung geschrieben hat. Basilius bezieht sich nachdrücklich auf Aristoteles. Die heute bekannten, von Georg Wolfgang Wedel (1645–1721), einem berühmten Mediziner im 17. und 18. Jahrhundert, möglicherweise aber schon verändert herausgegebenen Schriften waren auch Goethe bekannt.[8]

Festzuhalten ist, daß für Basilius Valentinus die Beschäftigung mit der Alchemie eine religiöse war und die Erlangung des Steins der Weisen – den er glaubte, gefunden zu haben – eine Belohnung innerer Frömmigkeit sei. Die Verwandlung der Metalle war nach ihm eine Reinigung, gleich wie das irdische Leben des Menschen durch Leiden, durch Putrefaction (Verwesung) und Sublimation seines edleren Wesens in das ewige Leben übergehe. Daß Paracelsus die «drei Prinzipien» der Arzneikunst von Basilius Valentinus übernommen hat, ohne dessen Namen anzugeben, gilt als erwiesen.

Die Schüler des Basilius Valentinus hatten es also nach den Angaben Rudolf Steiners mit den alchimistischen Verrichtungen zu tun, mit Destillieren und Schmelzen im Umgang mit Schwefel, Chlor, Sauerstoff, Arsen, Quecksilbersalpeter, Bleizucker, Knallgold, Grünspan, Eisenvitriol, Salzsäure und vor allem Antimon, Elemente und Verbindungen, mit denen sie umgingen. Die Hände vor allem, aber auch das Auge mußten wach und konzentriert tätig sein. Eine Schrift von Basilius Valentinus beschäftigt sich sogar mit der «Offenbarung der verborgenen Handgriffe». Ein Schüler also, der dem großen Magier und Weisen eine sehr lange Zeit untergeordnet war, konnte offenbar Wesen und Funktion seiner Tätigkeiten nicht durchschauen. Er bleibt in der nur materiellen Alchemie befangen, ohne in der Lage zu sein, die von Basilius angestrebte spirituelle Erleuchtung zu erfassen. Seiner astralischen Natur mußte sich die Abhängigkeit von einer überragenden Persönlichkeit und die Unfähigkeit, sich von ihr frei zu machen, einprägen. Es war dem Schüler nicht möglich, über sein Schülerbewußtsein hinauszukommen und den Eingeweihten als solchen zu erkennen und anzuerkennen. Die Impulse der Kraft des Astralleibes eines Schülers waren in der darauffolgenden Inkarnation wirksam.

In einem Notizbuch Wedekinds taucht ein halbes Jahr vor der Niederschrift des Einakters «Stein der Weisen» ohne jeden Kommentar das Zeichen ☆ der Alchimisten auf. Auf der ersten Seite des nachfolgenden Notizbuches, das den Entwurf des Stückes enthält, steht auf der Titelseite «Dr. Johannes Faustus» und auf der folgenden Seite das Personenverzeichnis mit den Rollen für seine Frau Tilly Wedekind, geb. Tewes sowie das Wort Nostradamus. Zwischen der mit Bleistift hingekritzelten Niederschrift – Wedekind schrieb fast ausschließlich in Weinstuben und Kneipen zu später Nachtstunde bis lange nach Mitternacht und diktierte dann zuhause – sind ganz unvermittelt zwei Aufsätze konzipiert, die sich mit Problemen der Ehe und deren Pflichten beschäftigen.

Welche Welt und welche handelnden Personen baut nun der Verfasser um Basilius Valentinus auf? Der Inhaltsangabe Arthur Kutschers folgend, lebt er mit seinem jungen Famulus Leonhard im Turmgemach seines Familienschlosses – Erinnerung an Schloß Lenzburg –, verfügt über Reichtümer und vor allem über den Stein der Weisen, die Mandragora, den Schlüssel der Kaaba und das Siegel Salomonis, mit denen er die Geisterwelt beherrscht. Der Stein der Weisen selbst offenbart ihm das Wesen alles Erschaffenen, heilt Krankheiten und gibt dem Erfinder Macht und Stärke. Trotz dieser Macht wird Basilius Valentinus nicht froh:

> Ich stieß auf nichts als Schlünde und Abgründe.
> Keinerlei Sehnsucht ward je gestillt.
> Frag mich, wie Liebe zu erzwingen ist?
> Nur durch List.
> Bei wem sich Ruhm, bei wem sich Reichtum häuft?
> Einzig bei dem, der nie nach ihnen greift,
> der immer lieber sich der Last entwindet,
> sein Glück woanders sucht, vielleicht auch findet.
> Denn in der Mitte zwischen Langeweile
> und Übermüdung liegt der Menschen Glück.

Leonhard möchte sich aus der ihm dumpf erscheinenden Welt befreien, kann es aber nicht. Nacheinander treten Personen auf, die Weisheit, Macht und Leben des Meisters in Gefahr und ins

Zwielicht bringen. Mit Drohungen und Verlockungen versucht der Schulfreund des Basilius, der Dominikanermönch Pater Porphyrion und Abgesandter des Papstes, ihn von seinem Irrglauben abzubringen und vor der Inquisition zu bewahren; vergeblich. Mit seiner Armbrust, auch ohne Bolzen, besitzt der Magier Macht über Papst und Kaiser. Ein fahrender, Basilius anhimmelnder Schüler, Junker Kunz von Blutenburg, hat es allein auf die magischen Mittel abgesehen, um Ruhm, Geld und Macht zu gewinnen. Der so verkannte Zauberer läßt ihn angeekelt wieder ziehen. Aus dem Kreise seiner früheren Geliebten tritt Lamia hinzu, um die der Vereinsamte wirbt, aber erkennen muß, daß sie allein frei in der Liebe lebt und er sich blind zu unterwerfen hat. Er will jedoch er selber bleiben, zeigt ihr, um Sieger zu bleiben, den Himmelsglobus, Symbol seiner Erkenntnisse. Sie freilich hat dafür kein Verständnis, nur Verachtung und rollt auf ihm durchs Zimmer und verschwindet. Basilius fühlt sich nun befreit:

> Ein Gimpel, wer das Weib vom Menschen scheidet!
> Ein Wicht, wer es für Satansbrut erklärt!
> Die Weisheit, die am Weibe Schiffbruch leidet,
> die ist nicht eine Pfennigkerze wert!
> Zum Weiberfeind bin ich nicht zu bekehren,
> fehlt's mir zum Weiberknecht doch an Geschick.
> Lernst du der Weiber Dienste nur entbehren,
> dann spenden sie dir lautres Sinnenglück.

Der schließlich herbeigerufene Narr Guendolin, ein Ausbund an Humor, läßt sich nicht kommandieren, auch mit der Peitsche nicht, im Gegenteil, er beschimpft seinen Herren, weil dieser mit dem lieben Gott auf entsetzlich gespreiztem Fuße verkehrt. Nach heftigem, handgreiflichem Streit flieht der humorige und gewitzte Guendolin mit dem Stein der Weisen an seiner Kappe. Basilius erblindet und gesteht sterbend dem Mönch: «Bis zur letzten Stunde wird der Mensch nicht müd, vor Feinden sich zu fürchten, die nur sein eignes Hirn ihm vorgetäuscht, und was er fürchten müßte, lernt er nie». Der Pater wird endlich freigegeben und Leonhard wird auch ohne den Stein Herr von Schätzen und Ländern.

Das Stück hat dreifachen Boden, auch wenn das der Autor kaum so beabsichtigt hatte. Man kann sich dem Urteil Kutschers zunächst anschließen, daß Wedekind erstmalig nicht sich selbst der verständnislosen Umwelt mit seinem Künstlertum und seinen Anschauungen vom Verhältnis der Geschlechter kämpfend gegenübergestellt hat, sondern Mut und Humor hat, sich selbst in Frage zu stellen: Die vier Gegner des Basilius sind er selbst. Der zweite Aspekt ist die Auflehnung der Schüler und der offiziellen gültigen Lehrmeinung (der katholischen Kirche) gegen den Magier und Meister; Wedekind läßt die Schüler über ihren Herren siegen – der Alptraum seines Lebens, wie sich noch zeigen wird. Die dritte Variante sind die im Stück verwendeten Symbole Laute, Armbrust und Peitsche – zunächst als Titel vorgesehen –, die für Leid Fühlen, Witz Denken und Gewalttat Willen stehen könnten, auch wenn der Autor es so nicht gemeint haben kann.

Interessant ist, daß Wedekind diese «Geisterbeschwörung» seinem Lehrer für Schauspielkunst, dem Münchner Hofschauspieler Fritz Basil – nomen est omen? – gewidmet hat. Die Uraufführung des «Steins der Weisen» fand 1911 an der Wiener «Kleinen Bühne» statt. In den folgenden Jahren gab es weitere Inszenierungen in verschiedenen Städten, in denen Frank Wedekind stets den Basilius und seine Frau Tilly Wedekind alle drei Schüler in Hosenrollen spielte.

Wedekind hatte noch viele Umwege zu machen, Kämpfe um Anerkennung und gegen die allmächtige Zensur, vor allem in München und Berlin, zu bestehen, bevor der endliche Durchbruch zu fast uneingeschränktem Ansehen und recht angenehmem Wohlstand gelang. In chronologischer Reihenfolge erschienen Stücke mit fast immer der gleichen Problematik in oft gespenstiger Einkleidung: «Der Kammersänger» wurde 1897 fertiggestellt und ein Jahr später «Der Marquis von Keith» – sein Freund Willy Grétor stand Pate – das bis heute neben «Frühlingserwachen» am meisten gespielte Stück. Wedekind selbst hielt es für sein bestes Stück. Während der Festungshaft in Königstein bei Dresden vom 21. September 1899 bis 3. März 1900 nützte Frank Wedekind seine Freiheit vor Nachstellungen – er fühlte sich keineswegs behindert! – zur endgültigen Neufassung seines Romans «Mine-Haha» und der Überarbeitung des «Marquis».

Ein Jahr später heimst der rastlos Tätige als frecher Lautensänger bei den Münchner «Elf Scharfrichtern», einem Kabarett, das bis heute als unerreicht gilt, beträchtlichen Ruhm ein. 1901 erscheint bereits Wedekinds 12. Bühnenwerk, «So ist das Leben» – später «König Nicolo» genannt –, ein Bekennerdrama mit bitterster Selbstironie, in dem er schonungslos mit der Umwelt umgeht, die ihren großen König – den großen Dichter! – nicht erkennt und ihn sogar Zeit seines Lebens demütigt. «Hidalla oder Sein und Haben» erscheint 1903, ein Stück als Umkehrung des «König Nicolo» gedacht – eine höhnische Abrechnung mit der Welt und sich selbst, eine Verherrlichung des Wahlspruchs «Das Fleisch hat seine eigenen Gesetze», die Wendung von Geist und Seele zum hochgezüchteten Körper, ein Stück mit immer neuen Wendungen und phantastischen Folgerungen, was ein sich «drehendes Gehirn» verursacht.[9] – Wenige Wochen nach Fertigstellung erfolgt bereits die Uraufführung von «Hidalla» im Februar 1904 am Münchner Schauspielhaus.

Tilly Wedekind geb. Newes

Tilly Newes war als künstlerisch-intelligente Urkomödiantin aus Graz schon mit 15 Jahren zum Theater gekommen. Sie lernte den damals berühmt-berüchtigten 41jährigen Autor im Mai 1905 anläßlich der Proben zu seiner «Büchse der Pandora», kennen, die der bedeutende Kulturkritiker Karl Kraus im Wiener Trianon-Theater vor geladenen Gästen in eigener Inszenierung zur Aufführung bringen wollte. Bei der Aufführung war auch der junge Alban Berg zugegen, dessen Oper «Lulu» noch heute in den ersten Opernhäusern der Welt gespielt wird. Tilly spielt die Lulu, die «Rolle ihres Lebens», wie sie selbst sagt, und Wedekind Jack the Ripper, der sie – im Stück – grausam umzubringen hat. Der Dichter war entzückt vom «klugen und zugleich so madonnenhaften Spiel» und vor allem von der Art und Weise, wie sie auf seinen Kunstwillen einging. Wedekind spielte dann in Berlin mit großem Erfolg fünfundzwanzigmal den Hetmann in seiner «Hidalla», anschließend spielte auch Tilly Newes in gleicher Inszenierung. Trotz sich schon sehr früh abzeichnenden kaum zu überwindenden Schwierigkeiten mit Moralpredigten, Streit um Äußerlichkeiten, Eifersüchteleien und sentimentalen Versöhnungen, verlobt man sich und in der gleichen Nacht springt Tilly nach einem Streit in die kalte Spree, wird aber gerettet, während er im Wirtshaus sich tröstet. Wenig später, am 1. Mai 1906 wird geheiratet, und in der Hochzeitsnacht geht es per Eisenbahn nach Nürnberg, wo am folgenden Tage die Uraufführung der drei Szenen «Totentanz» (später wegen Strindbergs Drama umgetauft in «Tod und Teufel») mit beiden neugebackenen Eheleuten als Darsteller stattfinden soll. Auch in dieser Nacht gibt es Streit und Frank sucht wieder Beruhigung beim Wein außerhalb des Hotels. Die Uraufführung geht dennoch über die Bühne. Es blieb eine schwierige Ehe, wie Tilly Wedekind freimütig bekennt.[10]

Tilly Wedekind schreibt nach seinem Tode, er habe ihr nie vertraut. Die künstlerische Arbeit sei schön und harmonisch gewesen, im Privatleben habe es immer Konflikte gegeben. Frank Wedekind hat zwar unumwunden und freimütig bekannt, daß sie ihm das Glück gebracht habe, nach dem er jahrzehntelang gesucht habe; er schreibt aus der Ferne immer wieder hinreißende Bekenntnisse seiner Liebe, sie wiederum erklärt, daß ihre Begegnung «das Naturereignis unserer gegenseitigen Anziehung» bedeute. Wedekind indessen mißtraut ihr ein Leben lang wegen ihrer auffallenden Schönheit, die auch andere Männer anzieht. Er ist unerträglich und ohne Grund eifersüchtig, er engt in jeder Weise ihr auf freie Entfaltung zielendes Lebensgefühl ein, und sie fürchtet ihn wegen seiner plötzlichen Wutausbrüche. Wedekind ist nicht nur, wie seine beiden Töchter und auch Zeitgenossen bestätigen, ein Herr, nein, er will vor allem in seinem Hause herrschen, er ist unerbittlich in Kleinigkeiten, er ist ein bisweilen unerträglicher Pedant, und doch schlägt immer wieder seine angestammte Güte durch, die vor allem den beiden Töchtern Pamela (geb. 1906) und Kadidja (geb. 1911) zugute kam. Wedekind sah und wollte in seiner Frau das von der Gesellschaft und von Menschenbegegnungen unbeeinflußbare Urweib und Schönheitsideal bewahrt haben, das er auch in vielen seiner Stücke vorführt und in menschliche, bürgerliche und moralische Unzulänglichkeiten verstricken läßt. Offensichtlich wirkt der unbewußte Drang in ihm, sich nicht wie einst, in einer früheren Inkarnation, unterordnen zu müssen oder gar beherrscht zu werden. Zwölf Tage vor seinem Tode sagt er in seinem allerletzten Gedicht «An Tilly»: «Und so reißt des Geschickes Wut – Grausam uns auseinader – Wenn auch jeder sein Liebstes tut, – Wir ersticken selbander. – Tilly gib mir noch einen Kuß – Es kommt ja doch wie es kommen muß.» In zwei weiteren Strophen werden die beiden letzten Zeilen wiederholt. Es bleibt das Karma der beiden Eheleute unaufgelöst.

Frank Wedekind litt in den zwölf Jahren seiner Ehe an der Diskrepanz der Zerissenheit und Besessenheit seiner Persönlichkeit und der gelassenen, in sich gefestigten Vollkommenheit und Überlegenheit seiner Lebensgefährtin, der er in unverbrüchlicher Treue zugetan war, auch wenn es immer wieder Trennungsabsichten gegeben hat. Man kann sich des Eindrucks nicht erwehren, daß sie die Führende, der Lehrer war, er der Schüler, der sich nicht befreien konnte. Nach einem Treffen anläßlich der Uraufführung des Dramas «Schloß Wetterstein» im Zürcher Pfauentheater 1917 fährt Tilly Wedekind zurück nach München und versucht erneut, sich, diesmal in der eiskalten Isar, das Leben zu nehmen. Sie wird wieder gerettet. Den beiden Widerstreitenden bleiben jetzt nur noch wenige Monate.

Weitere Marginalien zur Biographie und Person Frank Wedekinds

Frank Wedekind war ein Phänomen seiner Zeit. Er war ein Getriebener, ein Bürgerschreck, der dennoch um Anpassung rang. Äußerlich war er eher klein von Figur, hatte breite Schultern, um das 40. Lebensjahr freilich etwas rundlich. Der Kopf war für die meisten Menschen das Interessanteste: markante Züge mit wohlgeformter, stark hervortretender Nase, große, lebendige Augen, plastische Stirn, die Stimme metallisch knarrend, auch als Schauspieler fast immer kurz geschorene Haare. Sein Gang war besonders aufrecht, sportlich und drahtig, was seinem Ideal entsprach. Wedekind machte die verschiedensten sportlichen Übungen: Radfahren, Wandern und Gewaltmärsche mit schwerem Tornister im Stechschritt, um sich fit zu halten.

Nach seinen regelmäßigen nächtlichen Ausflügen, bei denen er dionysisch beflügelt arbeitete, schlief er stets bis zum Mittag und widmete sich erst am Nachmittag dem Diktat seiner Stücke und der Erziehung seiner Kinder. Pamela Wedekind schreibt in einem Zeitungsaufsatz: «Mein Vater war ein pädagogisches Genie ... Er

war höflich, hörte zu und ließ uns stets unsere Meinung vortra-
gen ... Er erzählte viel», musizierte und tanzte ausgelassen mit
seinen beiden Töchtern. – Wedekind war überhaupt als soge-
nannter Privatmensch äußerst liebenswürdig, nie verletzend,
stets hilfsbereit, besonders für seinen geliebten, unglücklichen
Bruder Donald, der sich schließlich das Leben nahm – wie übrigens auch eine Schwester von Tilly Wedekind. Er half jedem
armen Künstler, der sich an ihn wandte, auch wenn er ihn nicht
persönlich kannte; er ermunterte sie. Er zahlte ohne Aufhebens
für seine beiden vorehelichen Söhne (der zweite Sohn ist Frank
Zellner, 1902 geboren), sobald er nur selbst aus seiner großen
Not heraus war. In Gesellschaft war er meist fröhlich und ausgelassen und leistete stets ebenso geistreiche wie humorige Beiträge.

Die letzten dreieinhalb Jahre seines Lebens waren überschattet
von einer seltsamen, schleichenden, zunächst beinahe harmlosen
Krankheit. Sie begann mit einer eitrigen Blinddarmentzündung
und einer provisorischen Blinddarmoperation und endete mit
einem «Rattenest von Verwachsungen», wie ein Arzt sich aus-
drückte. Auch ein karmischer Hinweis! Er litt physisch unter den
Folgen von drei Operationen. Die letzte fand am 2. März 1918 –
gegen die Bedenken von Ärzten und Freunden – sieben Tage vor
seinem Tod statt. Wedekind schien immer gelassener zu werden.
Es gab wenig gravierende Aufregungen. In das letzte seiner
fünfundsechzig erhaltenen legendären Notizbücher sind vom 16.
02. bis 23. 02. 1918 nur noch wenige Eintragungen, kaum leserlich,
hingekritzelt, für manche Tage fehlt überhaupt ein Eintrag. Er
notiert sich, daß er Tillys Briefe zweimal liest, daß er, voller
verzweifelter Hoffnung, «Herakles» memoriert, daß er Gespräche
über die Aufführung dieses Werkes führt, noch seine geliebten
Spaziergänge unternimmt, vierzehn Tage vor seinem Tod mit
Tilly noch einmal in das Theater seiner Triumphe, die Münchner
Kammerspiele, geht, immer noch von Weinkrämpfen geschüttelt
wird, die er auch vorher schon vor seinen Kindern nicht unter-
drücken konnte, und die er gewissenhaft in seinen Tagebüchern
vermerkt hat.

Herakles

Wedekinds letztes Drama «Herakles» zeigt eine völlige Abkehr von seinen bisherigen dramatischen und inhaltlichen Vorstellungen. In den zwölf, in Versen geschriebenen Bildern geht es nicht mehr um das in die Vordergründigkeit des Lebens verstrickte Ego des Dichters, nicht mehr um seine verdunkelnde und verhärtete Weltanschauung, sondern um den «Bastard zwischen Gott und Mensch», um den Menschen in seiner tiefsten, in seiner nackten Gestalt.

Hermes sagt im Prolog:

> Er kommt, euch eine Seele vorzuführen,
> Die des Geschickes weiteste Spur durchmaß.

und schließt mit den Worten:

> Nur wer vor abertausend Jahren war,
> Nur was in abertausend Jahren sein wird,
> Was entsteht, was lebt, was sich erneut,
> Nur das führ ich euch vor: ein Menschenschicksal.

Wer könnte Frank Wedekind solche Worte zutrauen, wer würde ihn darin erkennen? Wie Ahnung klingen sie, wie Übergang in eine Zeit der neuen Vorbereitung.

Vor des Herakles freiwilligem Flammentod, den ihm niemand geben will, betet, man muß es lesen, betet Herakles:

> Dank Dir, o Zeus,
> Der Du mich aus Dir selbst mit Gewalt beglückt!
> Höher begabt,
> Muß ich auch früher hinweg,
> Wollt' ich mit Keinem doch tauschen.

Einverständnis mit dem Schicksal, Ergebung drückt sich hier aus. Im «lichterfüllten Wolkenraum» begegnet Herakles Hera und Hebe, Gemahlin des Zeus und Göttin der Jugend. Er wird an seine ungezähmte und unzähmbare Götterkraft erinnert, das Weltall schonungslos verrücken zu wollen und er verteidigt sich.

Wahrlich, es fiel nicht leicht,
Göttliche Gaben zu bändigen.
Nie fand ein Sterblicher sich
Schwerer ins irdische Loch.

Er hätte auf Erden andere Menschen beglücken sollen, aber er wird an eine bittere Stunde seines Erdenlebens gemahnt, «Mißmut folgten und Entwürdigung». – Schließlich soll Herakles im Reich der Götter geehrt werden, er aber fragt:

Mich, dem es kaum gelungen Mensch zu sein?

Knaben und Mädchen des Keneion empfangen ihn trotzdem jubelnd mit den Worten:

Sterbliche Kräfte,
Rasch seid ihr hinweggerafft.
Wer euch erhöhte,
Sei unser Held

So hebt die Menschheit
Über die Menschheit sich.
Helden erklimmen
Kämpfend die Höhn.

Es wird erkennbar, daß sich Frank Wedekind gegen Ende seines Lebens von irdischen Verstrickungen erlösen wollte, aber nicht mehr die Kraft hatte, seelische und physische, die Wandlung mit vollem Bewußtsein zu ergreifen. – Mit der Persönlichkeit Frank Wedekinds scheint ein Karma verknüpft zu sein, das, nicht so aphoristisch wie hier, sondern umfassender ausgeleuchtet werden sollte.

Friedrich Hölderlin

Rudolf Treichler

Hölderlin - dieser Name läßt einen Akkord verschiedener Empfindungen anklingen. Darin schwingt die Empfindung gegenüber einem der größten deutschen Dichter, der am Anfang des 20.
Jahrhunderts so viele junge Menschen begeistert, so manche
Dichter inspiriert hat, und der selbst als ein Bild ewiger Jugend
vor uns steht. Hinter seiner Gestalt erscheint das alte Griechenland, das durch diesen Dichter wieder jung wurde. Aber dann
erinnert man sich auch an die Vertiefung, die germanischer Geist
durch seine Dichtung erfuhr, und die Empfindung zukunftsvoller
Impulse stellt sich ein.

Als zart, empfindsam, als anmutig, schön können wir, zusammen mit Zeitgenossen, die Erscheinung Hölderlins erleben,
zugleich jedoch als leidenschaftlich und kraftvoll bewegt. (Vgl.
das Bildnis des 18jährigen S. 125.) Nach dem Zeugnis seines
ersten Biographen *Christoph Schwab*[1] hatte es «den Mitschülern,
wenn er durch den Saal ging, geschienen, als schritte Apoll durch
den Saal». Und dann der verstörte, dichtend ringende Kranke der
zweiten Lebenshälfte, der verwirrte, ängstliche Greis der letzten
Lebenszeit! (Vgl. das letzte Portrait von 1842 S. 143.) Viele Menschen empfanden hier schon tiefe Erschütterung, aus der die
Frage aufstieg: «Wie konnte dies geschehen? Was für ein Schicksal pocht hier an die Pforte unseres Erkennens?»

Leben und Dichtung

Friedrich Hölderlin ist am 20. März 1770 in Lauffen am Neckar
geboren, in Nürtingen am Neckar aufgewachsen. Es umgab ihn
die idyllische, damals noch weitgehend unberührte Neckarlandschaft, die stellenweise auch heute noch an arkadische Gefilde
Griechenlands erinnert. Aber dieser Fluß, der weiter den Lebenslauf Hölderlins begleiten wird, läßt schon über seine Kindheit
den ersten Schatten fallen. Nachdem in seinem dritten Lebensjahr
sein Vater plötzlich am Schlaganfall gestorben war, starb in sei-

nem neunten Jahr sein geliebter Stiefvater an einer «Brust-Krank-heit», die er sich bei Uferarbeiten am Hochwasser führenden Neckar zuzog (1789). Es ist der achte Todesfall in Hölderlins Ver-wandtschaft seit seiner Geburt, aber dieser Tod hat ihn besonders ergriffen. Später wird er seinen «Hang zur Trauer» von dem «un-begreiflichen Schmerz» herleiten, den ihm der Tod des Stiefvaters bereitet hat, gefolgt von «täglicher Trauer und Tränen» der Mutter.[2]

Von der Mutter und Großmutter erzogen, wächst der Knabe heran. Er entbehrt des «Vaters ernstes Führen», das sich an das keimende Ich des Kindes wendet, und keine «Frohnatur», wie sie *Goethe* bei seiner Mutter erlebte, gibt die seelische Hülle. Selbst Pfarrerstochter, hegt die pietistische Mutter Hölderlins schon bald den Wunsch, ihr Sohn möge einmal Pfarrer und in dieser Gestalt eine Stütze für ihr Alter werden.

Aber schon früh entzieht sich der Knabe diesem Bann. Nach «kühnen Knabenspielen» sucht er die Einsamkeit in der Natur. Aus dem Nachklang jener Erlebnisse entstehen mit dem Ende des zweiten Jahrsiebt erste (verloren gegangene) Naturgedichte. Der Strom seiner Dichtung beginnt zu fließen, der von nun an seinen Lebenslauf begleitet. In ihm spiegelt sich sein kurzes Dichterle-ben, aus ihm schöpft er Verse, die ewig Gültiges hindurchleuch-ten lassen. Im zweiten Jahrsiebt, dem Jahrsiebt seines um das siebte Jahr geborenen *Ätherleibes* hat der Vaterlose den Äther als seinen «Vater» gefunden. Er taucht wieder in die Äthersphäre ein, in der er vor seiner Geburt geweilt hatte. Es ist jene Sphäre, die über der Sphäre der vier Elemente liegt, in ihnen sich spie-gelnd und sich verkörpernd.[3] Zum «Vater Äther» empor streben letztlich «in freudigem Wachstum» alle Geschöpfe der Natur *(«An den Äther»)*. Sein eigentliches, göttliches Wesen jedoch spricht sich in der Stille aus. In dem Gedicht seiner Reifezeit *«Da ich ein Knabe war»* bekennt Hölderlin von seiner Kindheit:

Ich verstand die Stille des Äthers,
Der Menschen Worte verstand ich nie.
Mich erzog der Wohllaut
Des säuselnden Hains,
Und lieben lernt ich
Unter den Blumen.
Im Arme der Götter wuchs ich groß.

Um den Vierzehnjährigen schließen sich die Mauern der Denken-
dorfer, zwei Jahre später der Maulbronner Klosterschule. «Ein
System von Verboten und Geboten» regelt das tägliche Leben. In
einem Brief aus Maulbronn klagt er über «eine wächserne Weichheit», «eben dieser Teil meines Herzens wurde am Ärgsten miß-
handelt» (1787)[2]. Nun hilft nicht mehr die Natur – Freundschaft
und Liebe werden gesucht und besungen. Helden tauchen in den
Gedichten auf, Ideen werden lebendig. Die Geburt des Astralleibes um das 14. Jahr, von *Rudolf Steiner* auch als *Empfindungsleib*
bezeichnet, läßt leidenschaftliche Empfindungen erwachen. Im
Feuer seines sich empörenden Herzens wandelt sich die Idee
zum Ideal. In seinen «*Hymnen an die Ideale der Menschheit*», die
er im 21. Jahr zu dichten beginnt, verkörpern sich ihm seine
Ideen in göttlicher Gestalt. Der Dichter erhebt sich damit zu
einem Schauen, ähnlich dem, wie es in der griechischen Kulturepoche gelebt hat. Als Beispiel – auch für die Sprache der
damaligen Hymnenperiode – sei eine Strophe aus der «*Hymne
an die Göttin der Harmonie*» angeführt, in der Urania dem Menschen zuruft:

Komm o Sohn! der süßen Schöpfungsstunde
Auserwählter, komm und liebe mich!
Meine Küsse weihten dich zum Bunde,
Hauchten Geist von meinem Geist in dich.

Nach der Morgendämmerung des Jahrsiebts seines Empfin-
dungsleibes ist mit dem 21. Jahr im Leben Hölderlins die Sonne
des *Ich* aufgegangen, die nun über dem stürmischen Meer seiner
mit dem Ich geborenen *Empfindungsseele* leuchtet.[4] Mit 18 Jahren
und 7 Monaten – die genaue Zeit seines ersten Mondknotens[4] –
war er (Oktober 1788) zum Studium der Theologie und Philosophie in das Tübinger Stift eingezogen. Wieder an seinem
Schicksalsfluß, dem Neckar lebend, findet er die Freunde *Hegel*
und *Schelling; Schiller*, das große Vorbild, taucht am Horizont auf.
Die Enge des Stiftes, der er mehrmals zu entfliehen trachtet,
weitet sich, vor allem, als die Flamme der französischen Revolution bis nach Tübingen leuchtet und die Freunde inspiriert, einen
Freiheitsbaum auf einer Wiese vor Tübingen zu pflanzen. Neben
diesem Streben nach Verwirklichung seiner Ideale vertieft sich

die Suche nach ihren Quellen. Aus seinem innersten Wesen bekennt sich Hölderlin in Tübingen zur griechischen Dichtung und Philosophie, vor allem aber zum Platonismus (1793)[2].

Mit dem Abschluß seines Studiums steht die «Galeere der Theologie», steht der Pfarrerberuf vor ihm. Er weicht aus, wird, von Schiller empfohlen, Erzieher des Sohnes von Charlotte von Kalb, einer Freundin Schillers in Waltershausen. Der hymnische Schwung verinnerlicht sich in elegischen Dichtungen, intensive Arbeit am Hyperion-Roman setzt ein. Als Ziel des Romans nennt Hölderlin «den großen Übergang aus der Jugend in das Wesen des Mannes, vom Affekt zur Vernunft, aus dem Reiche der Phantasie ins Reich der Wahrheit und Freiheit»[5]. Vom 25. Jahr an wird so die Geburt der *Verstandes-Gemütsseele* vorbereitet, die um das 28. Jahr erfolgen will. Hölderlin ringt mit *Kant* und strebt fort aus der «Region des Abstrakten» in die Dichtung (1794)[2]. Aus seiner sich regenden Gemütsseele sucht er im Hyperion-Roman die Verkörperung des Ideals in einem lebendigen Menschen, in der Geliebten Melide, von der er sich jedoch (im Fragment dieser Fassung) wieder trennen muß. – Nach seinem pädagogischen Mißerfolg bei seinem Zögling siedelt Hölderlin mit 25 Jahren nach Jena über, wo er, von *Schiller* protegiert, versucht, sich eine Stellung in der Welt zu verschaffen, Dozent an der Universität zu werden. Nach dem Scheitern seiner Pläne zieht er sich in das Nürtinger Mutterhaus zurück. In seiner Elegie *«An die Natur»* erfährt seine damalige Verfassung eine dichterische Ausgestaltung.

> Tot ist nun, die mich erzog und stillte,
> Tot ist nun die jugendliche Welt,
> Diese Brust, die einst ein Himmel füllte,
> Tot und dürftig wie ein Stoppelfeld.

Es mutet wie eine Fortsetzung an, wenn Hölderlin sein Gedicht *«Diotima»* mit folgenden Zeilen beginnt.

> Leuchtest du wie vormals nieder,
> Goldner Tag! und sprossen mir
> Des Gesanges Blumen wieder
> Lebenatmend auf zu dir?

Hölderlin hat Anfang 1796 eine Stelle als Hofmeister beim Bankier Gontard in Frankfurt angetreten. In seinem 27. Jahr, in dem allgemein während der letzten Jahrhunderte ein Stillstand der seelischen Entwicklung droht[4], fand seine zur Geburt drängende Gemütsseele ihre Erfüllung. *Susette Gontard,* in konventioneller Ehe mit dem Bankier verbunden, wird zur *Diotima* des liebenden Dichters. Was er im Fragment seines Hyperion ersehnt, vorausgeahnt hatte, das verwirklicht sich in seinem Leben. In einem Brief an den Freund *Neuffer* faßt er zusammen: «Lieblichkeit und Hoheit und Ruh und Leben und Geist und Gemüt und Gestalt ist Ein seliges Eins in diesem Wesen.»[2]

In Hölderlins Gedichten und Briefen erlebt man, wie Diotima, die griechische Priesterin, zu ihm niedersteigt, Mensch wird. Er nennt sie «Göttin», «Himmelsbotin», «Griechin», «Athenerin», bald aber wird sie «holdes Herz», «gütiges Herz» für ihn. Sein eigenes Herz, früher hin und hergerissen zwischen Entflammtwerden und Erkalten, erlebt den Wärmestrom der Liebe, der ihn neu mit der Welt verbindet. Der Dichter reift vom schwärmenden Verkünder zum Sänger einer frommen Innigkeit, die eine neue, ruhig atmende Odenform erfüllt. Als Beispiel für die neue Sprache zwei Strophen der Ode «Geh unter, schöne Sonne», in der Hölderlin auf seine Liebe zurückgeblickt hat:

> O du, des Himmels Botin, wie lauscht' ich dir,
>   Dir, Diotima! Liebe, wie sah von dir
>   Zum goldnen Tage dieses Auge
>   Staunend und dankend empor! Da rauschten
> Lebendiger die Quellen, es atmeten
> Der dunklen Erde Blüten mich liebend an,
>   Und lächelnd über Silberwolken
>   Neigte sich segnend herab der Äther.

Mit Diotima steigt für den Dichter der Äther, zu dem er sich früher erhob, zur Erde herab, wo er hofft, nunmehr Fuß zu fassen. Es gelingt ihm die endgültige Form des *Hyperion-Romans,* in dem der Sonnenheld Hyperion (der Name ist sonst «eine Umschreibung für Helios»[5]) den Freiheitskampf der Griechen gegen die Türken anführt. Die Liebe zu Diotima – so nennt Hölderlin nun auch im Roman die Geliebte – erweckt in Hyperion den Mut zur

Verwirklichung seiner Ideale. Hyperion scheitert an seiner Zeit, an all jenen Menschen, die er nicht in sein Gemüt aufnehmen kann, und die er daher falsch einschätzt. Es gelingt ihm nicht, das alte Griechenland in der Gegenwart neu erstehen zu lassen. Als er sich aufgibt und den Tod in der Schlacht sucht, stirbt Diotima. Hyperion aber muß weiterleben und findet zuletzt Frieden im deutschen Frühling, wo alle «Dissonanzen der Welt» im «Wohllaut» der Natur sich auflösen.

Wieder hat Hölderlin in der Dichtung eine zukünftige Entwicklung in seinem Leben vorausgeahnt. Im Herbst 1798 muß der Hofmeister nach manchen Demütigungen das Haus des Bankiers verlassen. Immer wieder versucht er, sich heimlich mit der Geliebten zu treffen, doch können sie sich meist nur kurz sehen. Briefe werden gewechselt, die zum Ergreifendsten gehören, was wir an Briefen von getrennt Liebenden kennen. In einem Brief an Diotima schreibt Hölderlin einmal: «Es ist himmelschreiend, ... daß wir beide mit unseren besten Kräften vielleicht vergehen müssen, weil wir uns fehlen.»[2] Im Mai 1800 findet der endgültige Abschied statt.

In Homburg, wo der Freund *Sinclair* für ihn sorgt, entsteht die *Empedokles-Tragödie*. Dem Dichter gelingt es, seinen Schmerz auszuweiten und in die Gestaltung einer Tragödie einmünden zu lassen. «Hölderlin findet im Schicksal des Empedokles ein Gleichnis für sein eigenes Leiden an der geistigen Situation der Zeit.»[6] Nach dem Scheitern an der entgöttlichten Welt sucht Empedokles, selbst von den Göttern getrennt sich fühlend, die neue Vereinigung mit ihnen. Der Sturz in den Ätna, zu dem das Fragment gebliebene Drama hinführt, ist der Versuch, sich mit den Göttern, die in der Erde walten, zu vereinigen. Im Ätna will der Dichter aus seinem schmerzbeladenen Herzen mit Empedokles das «Herz der Erde» finden, von dem aus, «eingedenk/ Der alten Einigkeit die dunkle Mutter/ Zum Äther aus die Feuerarme breitet.» Hier leuchtet schon etwas von dem neuen glühenden Erleben auf, das den Dichter bald zu einer neuen Vereinigung mit dem Äther emportragen wird.

Hölderlin hat seit der Trennung von Diotima kein wirkliches Zuhause mehr gefunden. Der Plan einer Zeitschrift zerschlägt sich. *Schiller* antwortet nicht mehr auf seine Briefe. Auf die Hilfe *Goethes*, den er früher wie einen «herzguten Vater» erlebte, kann

Friedrich Hölderlin 18jährig

er nicht hoffen. Zwar hat Goethe (1797) Gedichte von ihm als «nicht ganz ungünstig» beurteilt, zugleich jedoch – wie auch Schiller – keinen Zugang zu seinem eigentlichen Wesen und dessen Möglichkeiten gefunden.[2] Eine Hauslehrerstelle in Hauptwyl wird ihm aus familiären Gründen nach einem Vierteljahr gekündigt (April 1801). Im Dezember bricht Hölderlin auf, um eine Hauslehrerstelle in Bordeaux anzutreten. An einen Freund schreibt er davon: ... «es hat mich bittere Tränen gekostet ... mein Vaterland noch jetzt zu verlassen, vielleicht auf immer ... Aber sie können mich nicht brauchen».[2] Teilweise zu Fuß zieht er durch den eiskalten Winter und erlebt dann in Südfrankreich zum ersten Mal, tief ergriffen, die Landschaft des Südens, aus der griechischer Geist zu ihm sprach.

Im Juni 1802 kehrt er durch sommerliche Gluten von Bordeaux in die Heimat zurück. «Leichenblaß, abgemagert, von hohlem, wildem Auge, langem Haar und Bart und gekleidet wie ein Bettler», trifft er in Stuttgart bei Freunden ein. In Nürtingen stellt der Bruder «die deutlichsten Spuren seiner Geisteszerrüttung fest»[2]. Ende Juni stirbt in Frankfurt *Susette Gontard*, die sich bei der Pflege ihrer Kinder an Röteln angesteckt und schon länger an Schwindsucht gelitten hatte. Der Tod Diotimas nach dem Scheitern Hyperions ist nun auch im Leben des gescheiterten Hölderlin Wirklichkeit geworden. Die Todesnachricht erhält er Anfang Juli in Stuttgart. Man weiß nichts Näheres darüber, wie er sie aufgenommen hat. Tief verstört kehrte er von neuem ins Nürtinger Mutterhaus zurück. Damit ist das irdische Leben Hölderlins in Krankheit eingemündet, in ihrem Schatten setzt es sich fort.

Krankheit und Dichtung

Die seelische Erkrankung Hölderlins hatte ihre Vorgeschichte. Auf sein Leben zurückblickend, klagte der 27jährige über die «Zerstörbarkeit» seines Wesens, über seine «so oft erschütterte Natur» (1798)[2]. Diese Zerstörbarkeit hängt mit seiner inneren Zartheit und Überempfindlichkeit, aber auch mit seiner inneren Gespaltenheit zusammen. Schon in der Jugend fällt einerseits eine gesteigerte freudige oder zornige Erregbarkeit und Leidenschaftlichkeit auf, andererseits ein Hang zum abstrakten Grübeln und zum «Trübsinn». In einem Brief an Schiller schreibt er: «Das Mißfallen an mir selbst und an dem, was mich umgibt, hat mich in die Abstraktion hineingetrieben» (September 1795). Die philosophischen Studien, vor denen ihn *Schiller* warnt, verstärken zwar den Hang zum abstrakten Grübeln – besonders gilt dies für das Kant-Studium –, sind jedoch nicht seine Ursache. Dieser Hang entspringt vielmehr der inneren Gespaltenheit, in welcher der allgemein menschliche «Gegensatz von bewegendem Leben» und «rationalisierender formender Ordnung» bei Hölderlin gesteigert erscheint.[7]

Mit der inneren Spaltung hängt eine äußere zusammen, eine Spaltung zwischen Seele und Umwelt. Hölderlin hat es schwer mit den Menschen. In einem Brief klagt er, daß er «bei jeder neuen Bekanntschaft von irgendeiner Täuschung ausgehe» (Januar 1796). Nur mit wenigen Menschen kann er sich wirklich verbinden, die er dann ganz in sich aufnimmt. Aber auch ihnen gegenüber kann sich emotionaler Überschwang, idealistisches Schwärmen einstellen, das dann jäh in Ernüchterung und Verzweiflung umschlägt. Schon in der Jugend kommt es zum Erlebnis des inneren Erkaltens gegenüber der Welt. «Ich friere und starre in den Winter, der mich umgibt. So eisern mein Himmel, so steinern bin ich» schreibt Hölderlin, als er sich in der Krise seines 26. Jahres ins Mutterhaus zurückgezogen hat (Brief an Schiller September 1795). Erst durch die bald darauf erfolgende Begegnung mit *Susette Gontard* kommt der gemüthafte Unterton von Hölderlins Seele voll zum Erklingen. Man erlebt wie zwischen den Polen seines Wesens, körperlich zwischen Kopf und unterem Bereich des Organismus, aus dem die Emotionen aufsteigen, das Gefühlsleben des Herzens lebendig wird. Und vom Herzen aus, das im Organismus zwischen oben und unten, zwischen innen und außen vermittelt, wird nun auch die Überwindung der Spaltung zwischen Seele und menschlicher Umwelt möglich.

Die mit der Kindheit einsetzende Tragik in Hölderlins Leben gipfelt in der Tragik seiner Liebe zu Susette Gontard. Durch die Trennung glaubt er vergehen zu müssen. Immer wieder versinkt von da an sein Gemüt in Schwermut. «Lebendig Toter!» ruft er sich in einem Brief an die Geliebte zu (1799)[2]. Nach dem endgültigen Abschied (1800) schreibt er, daß sein Herz «in allzu großer

Einsamkeit seine Stimme verliert». «Ich fühle mich oft wie Eis», bekennt er wenig später[2]. Zugleich steigert sich seine Reizbarkeit (deutlich vom Jahr 1800 an). Er empfindet «betäubende Unruhe», dann wieder fühlt er sich «allzu nüchtern und verschlossen.»[8]

Nach der Rückkehr aus Bordeaux stellen sich zwischen Zeiten von Geistesabwesenheit Erregungszustände ein, es kommt zu Wutanfällen, die anfangs noch von der Umgebung veranlaßt werden, später auch spontan ausbrechen. So kann der Wutanfall in Nürtingen, Sommer 1802, bei dem er alle Bewohner aus dem Haus jagte, damit zusammengehangen haben, daß die Mutter in einem «geheimen Behälter» seines Koffers Briefschaften fand, die Susette Gontard betrafen. Diese zornige Reaktion seines gekränkten Ehrgefühls, stark ausgeprägt in Hölderlins überempfindlicher Seele, ging jedoch über bisherige Reaktionen weit hinaus und muß in dieser Form als Zeichen seiner ausgebrochenen seelischen Erkrankung angesehen werden.[9]

Hölderlin verlor die Selbstbeherrschung, weil sein Seelenleben zunehmend die Verbindung zu seinem Selbst verlor, weil sich sein Ich aus dem Zentrum seiner Seele zurückzog, von wo aus das Ich bei jedem Menschen nach Gleichgewicht und Einheit strebt. Damit setzt sich die Spaltungstendenz seines Seelenlebens durch, die seelischen Polaritäten steigern sich. Indem er jedoch auf diese Weise «außer sich» geriet, verlor er auch den gesunden Zusammenhang mit seinem Leib, der seinerseits das Seelenleben zusammenhalten hilft.[10] Insbesondere war es das Herz, aus dem sich sein Ich zurückzog, und das so seine «Stimme» verlor. Diese Entwicklung, die nach der Trennung von der Geliebten einsetzt, läßt das Leben seiner junggeborenen Verstandes-Gemütsseele erstarren. Und in seiner Lebensmitte, in der die Geburt der *Bewußtseinsseele* stattfinden sollte, muß der Kranke von Homburg, wo der Freund *Sinclair* ihm eine pro forma-Stelle als Bibliothekar verschafft hatte, mit Gewalt in eine Tübinger Klinik gebracht werden (September 1806). Statt der Verwirklichung tiefsten Strebens, wie sie die Bewußtseinsseele in der Lebensmitte mit sich bringen kann, verwirklicht sich seine seelischen Erkrankung in ihren letzten Konsequenzen.[11]

Nach dreiviertel Jahren wird der Kranke, der eben die Zeit seines zweiten Mondknotens durchschritten hatte, aus der Klinik in die Familienpflege eines Tübingers Tischlers entlassen. Bei ihm lebte er vom Sommer 1807 an noch bis zum 7. Juni 1843, also rund 36 Jahre lang, fast die Hälfte seines Lebens. Er bewohnte einen kleinen Turm am Neckar, heute ein Hölderlin-Museum. Wie in seiner Kindheit und Jugend, die sich im Rahmen seiner Krankheit wiederholen, ergeht er sich wieder in der Neckarlandschaft. Aber während er in der Jugend einen Weg aus dem Äther zu den Menschen suchte, flieht er nun die Verbindung mit ihnen. Er schützt sich mit einem Schwall von Höflichkeitsfloskeln und zahllosen Bücklingen vor seinen Besuchern; er legt sich sogar andere Namen zu, mit denen er seine Gedichte unterzeichnet. Es handelt sich dabei jedoch um keine sogenannte Spaltung der Persönlichkeit, sondern um einen Rückzug hinter die Namen anderer Persönlichkeiten. Ein Rückzug ist auch die Antwort nach seinem Alter. «17 Jahre» pflegte er zu antworten und deutete damit auf seine Jugendzeit, deren Erinnerungen jetzt wieder lebendig werden, während er sich an sein Erwachsensein nicht gern erinnern läßt.

Der junge *Waiblinger*, der den Kranken oft besucht und davon berichtet, hat es empfunden: «Er ist mehr in einem Zustand der Schwäche als der Narrheit.» «Hölderlin ist unfähig geworden, einen Gedanken festzuhalten, ihn klar zu machen, ihn zu verfolgen, einen anderen ihm analogen anzuknüpfen ...» Seine Verwirrtheit, die sich mit «krampfigen Bewegungen im Gesicht und in den Gliedern» verband, äußerte sich vor allem in seiner Umgangssprache.[12] Anders verhält es sich bei seiner dichterischen Sprache. Auch «in den spätesten Gedichten gelingt Hölderlin noch die Befreiung aus der Sprachverwirrtheit».[13]

Die Sphäre der Kunst ist grundsätzlich eine andere als die Sphäre der Krankheit. Untersucht man die Gedichte des kranken Hölderlin nur auf Symptome seiner Krankheit hin, wie das von psychiatrischer Seite aus geschehen ist [14], so wird man, insofern sie Kunst sind, ihrem Wesen nicht gerecht. Der Psychiater und Philosoph *Karl Jaspers* gebraucht für diesen Zusammenhang das schöne Bild von der kranken Muschel, die eine Perle erzeugt, eine Perle, die selbst nicht krank ist.[8] Und doch besteht eine Beziehung zwischen Krankheit und Kunst. Diese Beziehung kann sich für die Kunst sogar als förderlich erweisen. Umgekehrt kann künstlerische Betätigung eine therapeutische Auswirkung auf die Krankheit haben, wie dies bei Hölderlin zu beobachten war.[15]

Schon in seiner Jugenddichtung bemerkt man eine Tendenz zur Harmonisierung seiner seelischen Disharmonie. Die abstrakte Idee konkretisiert sich in Gestalt einer Göttin, die aufbrandenden Emotionen und Empfindungen gewinnen Form. Im Vergleich zu den späteren Hymnen muß man jedoch feststellen, daß Hölderlin hier erst auf dem Weg ist. Ein rhetorisches Element in den Tübinger Hymnen ist unverkennbar[16], das emotionale Pathos führt noch nicht zur vollen Durchdringung und Verlebendigung und klingt daher bisweilen innerlich nicht erfüllt. Diese Erfüllung tritt erst im Schaffen der Reifezeit ein, als sich für den Dichter das Göttliche im geliebten Menschen verkörpert. Auf die Tübinger Hymnen-Periode, die dichterische Blüte seiner Jugendzeit, die sich dem Kosmos des Geistes öffnete, folgte das Fruchten, das sich mehr der Erde zuwandte. Aber die organische Entwicklung, die *Norbert vor Hellingrath* im ganzen Schaffen des Dichters feststellt, will sich von neuem zu neuer Blüte dem Kosmos erschließen. Das beginnt im Empedokles, in Gedichten nach der endgültigen Trennung von Diotima, als sich die sich vorbereitende Krankheit stärker anmeldete (1800–1802), und das steigert sich nach ihrem Ausbruch. Die von 1800 an entstehende Dichtung wird dann von *Hellingrath*, ihrem jungen Entdecker, als «Herz, Kern und Gipfel des Hölderlinischen Werkes» bezeichnet.[17]

Die Spaltung des Seelenlebens und die Lockerung der Wesensglieder durch eine sich vorbereitende und beginnende seelische Erkrankung kann dazu führen, daß neue Möglichkeiten für das künstlerische Erleben und Schaffen entstehen, daß darin veranlagte Tendenzen verwirklicht werden. Es kommt jedoch darauf an, was für ein Boden durch die Krankheit aufgelockert wird, was für künstlerische Anlagen vorliegen.[18] Bei jedem Kranken ist zu beachten, daß die Verrückung der Wesensglieder ihn nicht nur aus der sinnlichen Welt herausführt, sie verschafft ihm zugleich einen – allerdings kranken – Zugang zu übersinnlichen Welten.[19] Es kommt nun weiter darauf an, was für ein Geist sich aus der seelischen Krankheit erhebt. Aus Hölderlins Seele erhob sich ein Geist, der Erlebnisse von imaginativer Lebendigkeit und inspirativer Kraft durch seine teilweise Exkarnation gewinnen konnte.

«Wie ein Sterbender ... schaut er Bilder im Äther, hört er Klänge der Sphären».[20]

Dabei hat Hölderlin, wie er in einem Brief bezeugt, «gerungen bis zur tödlichen Ermattung, um das hohe Leben in Glauben und Schauen festzuhalten» (1798)[2]. Er fürchtet, daß es ihm ergeht, «wie dem alten Tantalus, dem mehr von Göttern ward, als er verdauen konnte» (1801)[2]. Und von seinem Aufenthalt in Bordeaux berichtet er dem Freund Böhlendorf, daß ihn das «Feuer des Himmels» ergriffen habe und ... «wie man Helden nachspricht, kann ich wohl sagen, daß mich Apollo geschlagen» (1802)[2].

Zunächst gelang es dem Dichter, solche überwältigenden Erlebnisse wenigstens teilweise festzuhalten und zu gestalten. Das Leben seiner Bewußtseinsseele, das sich im menschlichen Bereich nicht entfalten konnte, wird auf der dichterischen Ebene einem neuen Stil dienstbar gemacht. Die krankhafte Lockerung seiner Wesensglieder wird zur Grundlage für sprachliche Auflokkerung, für eine «auf göttliches Wirken hinweisende Durchlässigkeit» der Sprache.[21] Zugleich waltet jedoch in den freien Rhythmen der bewegten Wortfolgen das «strengste Gesetz», was sich z.B. in einem gesetzmäßigen Strophenbau ausdrückt.[22] Apollinische Ordnung vereinigt sich mit dionysischer Bewegtheit im Schaffen des Dichters.

Wie in der Jugend setzt wieder eine hymnische Periode ein, die sich in der schon fast die Odenform sprengenden Ode «*Der blinde Sänger*» ankündigt.

> Tag, Tag! Du über stürzenden Wolken! sei
> Willkommen mir! es blühet mein Auge dir
> O Jugendlicht! O Glück! das alte
> Wieder! doch geistiger rinnst du nieder,
> Du goldener Quell aus heiligem Kelch!

Über den stürzenden Wolken seiner Krankheit zieht ein neuer Tag für den Dichter herauf. Das Jugendlicht verdichtet sich zu Gold, «und geistiger» rinnt es nieder. Wir erleben kein aufschwellendes Pathos mehr, in «heiliger Nüchternheit» – ein vom Dichter selbst geprägtes Wort – werden die geistigen Erlebnisse aufgenommen und geformt. Diese Gabe der Bewußtseinsseele führt sprachlich zum Stil der «harten Fügung» (*Hellingrath*), bei

131

der nicht der Gedanke, sondern das Wort bestimmend wird.[23] Im entrückten Zustand hat eine Gegenbewegung auf die Entrückung eingesetzt, die seelisch-geistige Entleiblichung des Menschen regt den Dichter zur tastenden Verleiblichung der neuen Erlebnisse an.

«Wie Vögel langsam ziehen» – der Beginn eines späteren Gedichtentwurfes –, so schwingt sich nun der Dichter in schauenden Flügen über die Welt. Zuerst zieht es ihn zu den «alten, seligen Küsten», die er mehr noch liebt als sein Vaterland («Der Einzige»). Aber von Griechenland, von der klassischen Vergangenheit, führt der Flug zurück nach Germanien und von da aus in die Zukunft. Bei dieser seiner «abendländischen Wendung»[24] erhebt sich der Dichter wieder zur Prophetie; diesmal aber gilt sie dem Schicksal und der Mission seines Volkes, in dem sich griechischer Geist fortpflanzt. Der Schluß der Hymne «Germanien» lautet:

Germania, wo du Priesterin bist
Und wehrlos Rat gibst rings
Den Königen und den Völkern.

Zum zentralen Ereignis jedoch werden *Christusbegegnungen*, die auch einen ganz persönlichen Charakter annehmen können. Das Gedicht *«Der Einzige»* verrät uns, daß Hölderlin schon lange nach dem «Meister» gesucht hat.

Mein Meister und Herr!
O du mein Lehrer!
Was bist du ferne
Geblieben?

Dann begegnet er ihm auf seinem Weg in den Kosmos. Der Lichtgott Apollo, von dem er sich zu Beginn seiner Krankheit «geschlagen» wähnte, wird zur Gestalt Christi, die nun aus dem Licht dem blinden Sänger entgegentritt. Sie verbindet sich mit der Gestalt des Dionysos, vom Dichter auch als dessen «Bruder» bezeichnet, durch den sich zuletzt auf der griechischen Entwicklungsstufe der Menschheit das Göttliche mit dem Irdischen vereinigt hat. Im Gedicht *«Friedensfeier»* wird Christus dann als «Fürst des Festes», als «der stille Gott der Zeit» angesprochen, der Götter und Menschen zueinanderführt. Solche Erlebnisse aber verleiten den Dichter nicht zum Schwärmen, sie verpflichten ihn vielmehr «zum strengen Dienst».[25] «Ich bin nun durch und durch gehärtet und geweiht», schreibt er schon Anfang 1802 von Bordeaux nach Hause.[2]

In dem Ende 1802 entstandenen Gedicht «*Patmos*», von dem als Beispiel für die neue Sprache einige Zeilen wiedergegeben seien, nennt er Christus den «Gewittertragenden» und vergleicht ihn zuletzt mit der Sonne.

> Es liebte der Gewittertragende die Einfalt
> Des Jüngers, und es sahe der achtsame Mann
> Das Angesicht des Gottes genau, da, beim Geheimnisse des Weinstocks, sie
> Zusammensaßen, zu der Stunde des Gastmahls,
> Und in der großen Seele, ruhig ahnend, den Tod
> Aussprach der Herr und die letzte Liebe;

In Hölderlins Griechenseele spiegelt sich das Abendmahlgeschehen, wie es Johannes, der «griechische» Jünger miterlebt hat. Aus den Augen des Lieblingsjüngers, der dem Meister beim Abendmahl am Herzen lag, blickt der Dichter zu Christus auf. Aber wieder schwärmt er nicht, er sieht «genau». Durch die sechs A-Laute der ersten zwei Zeilen wird die staunende Andacht des Jüngers in der Sprache verleiblicht. Ein großer Atemzug trägt bis zum Aussprechen der letzten Liebe. Dabei folgen die Worte «und die letzte Liebe» nicht, wie es üblich wäre, auf «Tod», sondern drei Worte später. Die Liebe erhält dadurch eine Betonung, die nicht wie früher mit Worten umschrieben wird, sondern in der Wortstellung zum Ausdruck kommt. Der christliche Inkarnationsimpuls wirkt bis in die Sprache hinein.

Emil Bock hat darauf aufmerksam gemacht, daß Hölderlin ein neues, kosmisch erweitertes Christentum vorausahnte, ein Christentum, das sich zugleich im Sakrament verkörpert.[26] In einem späteren Entwurf Hölderlins zu einem Luther-Gedicht heißt es wie anknüpfend an das Abendmahlsgeschehen der Patmos-Hymne:

... und das Sakrament
Heilig behalten, das hält unsere Seele
Zusammen ...

Man darf daran denken, daß der entrückte Dichter in der Äthersphäre prophetisch etwas von dem wahrnahm, was *Rudolf Steiner*
als das Erscheinen des Christus in der ätherischen Welt geschildert hat.[27] Auch bei Hölderlin führte dieses sich vorbereitende
Erscheinen, das vom Anfang des 20. Jahrhunderts an stattfinden
und von einzelnen Menschen erlebt werden sollte, zu persönlichen Begegnungen. Im Lichte solcher kosmisch sich ausweiten-
den Christusbegegnungen kam es dann beim Dichter zu der
großen Synthese von Apollo und Dionysos, von Antike und
Christentum, von Hellas und Germanien. Und in der Sphäre
dieses Lichtes war auch die Spaltung seines Wesens geheilt, hatte
das Herz seine Stimme wiedergefunden.

Nach den ersten Jahren der ausgebrochenen Erkrankung setzt
sich der «Auflösungsprozeß» der Krankheit auch auf der künstlerischen Ebene durch[28], auf dieser Ebene ist nun gleichfalls ein
«Riß» festzustellen *(Hellingrath)*[17]. Nun hat der Dichter nicht mehr
die Kraft, seinen Erlebnissen standzuhalten und sie zu gestalten;
nur noch Bruchstücke oder einzelne Worte, teilweise ohne
erkennbaren Zusammenhang, werden notiert. Nach dieser
Periode mündet das dichterische Ringen in kindliche Gedichte
mit «steifer Reimerei» und «formelhaften» Naturbildern ein.
Auch *Hellingrath* stellt nun die Frage, «ob man diese Gedichte
überhaupt noch als Kunst bezeichnen dürfe»[28]. Aber «ein mär-
chenhafter Friede liegt über dem kindlichen Spiel seiner Bilder»,
die an die Eindrücke seiner ersten Kindheit anknüpfen.[29] Und
auch jetzt noch leuchtet dann und wann ein Strahl seines fernge-
rückten Geistes in der Dichtung auf, die sich bis zuletzt aus
Leerlauf und Verwirrtheit erhebt. Einmal begann der Kranke eine
Widmung mit dem leer bleibenden Satz: «Es ist eine Behauptung,
daß Vortrefflichkeit des inneren Menschen eine interessante
Behauptung wäre.» Nach der Widmung schrieb er folgende Verse
nieder:

Als wie der Tag die Menschen hell umscheinet
Und mit dem Lichte, das den Höhen entspringet,
Die dämmernden Erscheinungen vereinet,
Ist Wissen, welches tief der Geistigkeit gelinget.[1]

Fragen und Forschungen

Die anfangs geäußerte Frage gegenüber dem tragischen Schicksal
Hölderlins wird von der psychiatrischen Wissenschaft durch die
Diagnose «Schizophrenie» beantwortet. Im Zusammenhang mit
den geschilderten Spaltungsphänomenen kann diese Diagnose,
die «Spaltungsirresein» bedeutet, verständlich werden. Nach
Ansicht der körperlich eingestellten Psychiatrie wird jene seelische Erkrankung vom physischen Leib aus verursacht, die Tatsache, daß ein Großneffe des Dichters in ähnlicher Art wie Hölderlin erkrankt ist, weise auf eine durch den Körper vermittelte
Erbanlage hin.[14] Zwischen den körperlichen Störungen, die bei
schizophrenen Kranken gefunden wurden und ihren seelischen
Störungen ergab sich jedoch für die psychiatrische Forschung
kein verstehbarer Zusammenhang.[11]

Auf der anderen Seite will die seelisch eingestellte, philologisch
oder psychoanalytisch vorgehende Hölderlinforschung das
Schicksal aus den seelischen Einwirkungen der Umwelt verstehen. Das Fehlen des Vaterbildes in der Kindheit, die Einengung
durch die evangelische Theologie des 18. Jahrhunderts, die Angst
vor dem Pfarrerberuf, die unglückliche Liebe zu Susette Gontard,
aber auch die Erschöpfung der von Visionen überwältigten Seele,
all dies habe zum Verlust der Beziehung zur Realwelt, zum
Rückzug in das Griechenland der Vergangenheit geführt. Das
Leben dieses «ins Gespräch mit dem Himmlischen Verlorenen»
mußte in den «Wahnsinn» einmünden.[30] In letzter Zeit wurde von
dem bedeutenden Hölderlinforscher *Pierre Bertaux* sogar die
Krankheit selbst geleugnet. Hölderlin, den Bertaux von dem
Makel der Geisteskrankheit befreien möchte, wird zu einem von
der Welt zum «seelischen Krüppel» Geschlagenen, der Geisteskrankheit simulierte und sich in ein Eremitendasein zurückzog.[31]

Gespaltenheit also liegt nicht nur bei Hölderlin vor, eine tiefe
Spaltung hat sich auch in der Hölderlinforschung aufgetan. Diese

Spaltung wird auch noch nicht durch die Feststellung überbrückt, daß immer Anlage und Umwelt zusammenwirken, daß sie «in mancher Hinsicht» eine untrennbare Einheit bilden».[32] Beide Einwirkungen betreffen deshalb doch zwei verschiedene Bereiche des Menschen, den körperlichen und den seelischen. Erst der individuelle Mensch bildet die Einheit, in der die Einwirkungen von Anlage und Umwelt zusammenfinden und verarbeitet werden, ohne daß jedoch sein individuelles, das heißt, unteilbares Wesen aus ihnen erklärt werden kann.

Hier setzt die Geistesforschung *Rudolf Steiners* ein, die zu der Erkenntnis führt, daß die Individualität sich sowohl im physischen Leib und seinen Erbanlagen als auch in der Umwelt mit ihren besonderen Bedingungen verkörpert. Weder Erbanlage noch Umwelt jedoch sind blind verhängtes Schicksal, sie sind vielmehr «Material» für das Ich des Menschen, aus dem es sein Schicksal gestaltet. Wie ein Künstler wählt das Ich das ihm gemäße «Material», in dem es nach seinen Fähigkeiten und Intentionen das Kunstwerk des Lebens verwirklichen kann. Mitgebracht aber werden die Fähigkeiten und Intentionen, die einen irdischen Bezug haben, jedoch nicht aus dem «Material» stammen, als die eigene Erbschaft aus einem früheren Erdenleben.

Auch Krankheit, die zunächst allein aus ungünstigen Anlagen und Umwelteinflüssen zu entstehen scheint, geht so auf Intentionen des Ich zurück; in Anknüpfung an frühere Schicksale dient sie seiner Weiterentwicklung. Verbindet sie sich mit einer Erbanlage, so wird von der Individualität der Leib nach dem vererbten Modell schon in der Art aufgebaut, daß später Krankheit möglich wird. So kann eine bestimmte (asthenische) Konstitution zur Grundlage für einen später aus ihr hervorwachsenden schizophrenen Prozeß werden. In einer solchen Konstitution können sich Ich und Astralleib zunächst nicht vollständig inkarnieren, die spätere teilweise Exkarnation der Wesensglieder bei einer seelischen Erkrankung wurzelt dann in einer unvollständigen Inkarnation.

Diese Inkarnationsstörung wirkt sich besonders im Eiweiß, der Bausubstanz des Organismus aus. Störungen im Eiweißstoffwechsel stehen dann auch im Zentrum der schizophrenen Stoffwechselstörungen. In seinem zweiten Ärztekurs wies *Rudolf Steiner* auf feine Defekte im Eiweiß der Organe als körperliche

Grundlage für psychotische Erkrankungen hin.[33] Die organischen Kräfte der Wesensglieder, insbesondere die Wachstumskräfte des Ätherleibes, können sich in solchen Organen nicht halten. Sie steigen ins Seelenleben auf, wo sie Wahnideen und Sinnestäuschungen wachsen und schon veranlagte Spaltungstendenzen zur Auswirkung kommen lassen. Der Verfolgungswahn solcher Kranker hat eine leibliche Grundlage: im Grund wird ihr Seelenleben von den organischen Kräften des eigenen Leibes verfolgt und verändert.

Bei der Entstehung der schizophrenen Psychose wirkt jedoch auch die Konstellation der Umwelt entscheidend mit. Dieses Mitwirken rückt bei *Rudolf Steiner*, was jene Psychose der Jugendzeit betrifft, in den Vordergrund. In seinem ersten Ärztekurs führt er aus, daß die Vernachlässigung von Nachahmung und Autorität als Erziehungsprinzipien zur Entstehung einer solchen Psychose führen kann.[34] Nachahmung und Autorität sind nicht nur von Bedeutung für ein gesund sich entwickelndes Seelenleben in der Kindheit, sondern auch für die eng mit ihm zusammenhängende, nach der Geburt sich vollziehende Gestaltung des Leibes. Das vertrauensvolle Mitschwingen in der Nachahmung reicht bis in den Aufbau des Leibes hinein, das Nachstreben einer liebevollen Autorität läßt auch den Leib gesund aufwachsen. Durch Nachahmung und Autorität inkarniert sich vom Kopf aus der Astralleib, das keimhafte Ich erst voll im Stoffwechsel – und rhythmischen System des Leibes. Wenn es hier Behinderungen gibt, bleiben Ich und Astralleib mehr oder weniger im Kopf stecken, dessen Überbeanspruchung durch eine einengende, intellektuelle Schulerziehung sie an sich schon dort festhält. So kann es auch von der Umwelt her zu einer mangelhaften Inkarnation von Ich und Astralleib kommen. Zur letzten Bedingung für die Entstehung eine Psychose kann ein erschütterndes Umwelterlebnis werden, das im bewußten Seelenleben nicht verarbeitet werden kann und abbauend bis in die schwach gebildete, zu Defekten veranlagte Eiweißsubstanz der Organe hineinwirkt. *E. Bleuler* hob seinerzeit in diesem Zusammenhang «verunglückte Liebe» hervor.[35]

Bei manchen seelischen Erkrankungen liegt der Akzent deutlich auf den Einwirkungen der Umwelt. Das ist auch bei Hölderlin der Fall. Mit Recht hebt die seelisch eingestellte Hölderlinfor-

schung daher die Bedeutung der besonders ungünstigen Umwelt-
einflüsse in Hölderlins Leben hervor. Die bedrückende Atmosphäre in der Familie, die einengende Erziehung zu Hause und in
der Klosterschule führte sicher zu Behinderungen beim Mitschwingen und Nachstreben. Besonders die äußerlich «verunglückte Liebe» dürfte eine letzte entscheidende Bedeutung für den
Ausbruch der Psychose gehabt haben. Die seelische Zartheit und
Überempfindlichkeit Hölderlins ließ ihrerseits die Umweltein-
flüsse stärker zur Auswirkung kommen. Sicher hatte diese Zartheit
auch Grundlagen in der feineren Gestaltung seines Organismus,
es entwickelte sich jedoch keine schwächliche (asthenische) Konstitution, die besonders für schwerere schizophrene Psychosen
disponiert. Auch war die erbliche Belastung in dieser Richtung
nicht stark, war aber immerhin vorhanden – und kann, wie wir
sehen werden, in Verbindung mit der Erbschaft der Individualität
verstanden werden.

Die Psychose selbst brach bei Hölderlin verhältnismäßig spät,
erst im 33. Jahr aus. Erst nach der Trennung von Diotima bereitete
sich die seelische Erkrankung vor und kam nach weiteren erschütternden und enttäuschenden Erlebnissen zum Ausbruch. Und
dann blieb der «Wahnsinn» Hölderlins ohne jeden Wahn. Es ist
keine Wahnidee oder keine Sinnestäuschung, keine Spaltung der
Persönlichkeit während seiner Krankheit festzustellen. Das entrückte Ich erwies sich zugleich als ein starkes Ich, dem es gelang,
die austretenden Bildekräfte, in ihrem Zentrum die Feuerkräfte
des Herzens, dem künstlerischen Schaffensprozeß dienstbar zu
machen. In der neuen Konkretheit der Bilder kann man die
verwandelten Bildekräfte des Leibes wiederfinden, die bei anderen Kranken zur Leibhaftigkeit von Sinnestäuschungen führen.

Gerade Hölderlin gegenüber kann sich der Eindruck ergeben,
den man auch bei anderen Kranken manchmal hat: Diese veranlagte Psychose hätte nicht auszubrechen brauchen, wenn die
Umweltverhältnisse andere gewesen wären. Abgesehen von der
großen Verantwortung, die der Umwelt durch einen solchen
Aspekt erwächst, werden wir durch ihn vor eine weitere Schicksalsfrage gestellt. Wenn eine seelische Erkrankung mit den Intentionen der Individualität zusammenhängt, kann dann die Umwelt
ihre Entstehung verhindern, hat sie überhaupt ein Recht dazu?

Zu einer ersten Antwort führt ein Hinweis des Geistesforschers,

daß der seelische Gewinn einer körperlichen Krankheit durch
«Selbsterziehung» schon im seelischen Bereich erzielt und so die
Krankheit vermieden werden kann.[36] Dasselbe gilt im Prinzip für
die seelische Krankheit und für die Erziehung vor der Selbsterziehung. Hier besonders wird die Freiheit im Schicksalswirken
erkennbar, die Freiheit sowohl des Betroffenen wie seiner
Umwelt. Der Schicksalsentwurf, vom Ich gefertigt, wird in das
neue Erdenleben mitgebracht. Nun liegt es am Ich und an den
Ichen der ihm verbundenen Menschen, *wie* sich die Schicksalsfä-
den des neuen Lebens miteinander verweben, um das geplante
Zukunftsbild zu verwirklichen. Auch diese Erkenntnis kann aus
dem Schicksal Hölderlins hervorgehen.

So wie die anthroposophische Menschenkunde nicht als Opposi-
tion zur naturwissenschaftlichen Forschung, sondern als deren
Erweiterung von *Rudolf Steiner* konzipiert wurde, so ist auch die
anthroposophisch orientierte Hölderlinforschung nicht im
Gegensatz zu den oben skizzierten Forschungsrichtungen veranlagt. Indem sie versucht, diese zu erweitern, erkennt sie das
Berechtigte jeder der beiden Richtungen an und ist zugleich
bestrebt, beide zusammen zu schauen. Sie kann dabei – in
psychiatrischer wie in philologischer Hinsicht – an Tendenzen
der gegenwärtigen Forschung anknüpfen. So setzt die daseinsa-
nalytische Richtung der Psychiatrie nach *W. Blankenburg* allgemein «den Menschen gar nicht erst als ein Produkt von Anlage-
faktoren und reaktiven Momenten an», «es handle sich vielmehr
um das Letzte, Irreducible» des Menschen, der «von vorne herein
als Einheit» existiert.[37] Der Weg wird frei für die Erkenntnis des
menschlichen Ich, des individuell sich verkörpernden Menschen-
geistes, zu dem Geistesforschung hinführt.
    Was Hölderlin selbst betrifft, so hat *Bertaux* zwar unrecht, wenn
er die Krankheit leugnet; er nimmt dadurch Hölderlin etwas weg,
was zu ihm gehört. Er hat aber recht, wenn er bestreitet, daß
Hölderlin geisteskrank war. Er war es nicht, weil es Geisteskrankheit nicht gibt. Die sich verkörpernde Individualität braucht
Krankheit als Stufe für ihre Entwicklung, kann aber selbst nicht
erkranken. Im Bild: der die Atmosphäre erfüllende Rauch – die
krankmachende Einwirkung des Leibes, der seelischen Umwelt –
läßt zwar die Luft – das Seelenleben – erkranken, die Sonne – der

Geist – aber kann von ihm niemals erreicht, sondern nur verdunkelt, umnachtet werden. Für die Individualität Hölderlins ist daher seelische Erkrankung kein Makel, die Würde des Menschen Hölderlin, die *Bertaux* mit recht am Herzen liegt, bleibt gewahrt.[38]

Gleichfalls von philologischer Seite aus führt die Auffassung weiter, daß Hölderlins Griechensehnsucht nicht als romantische Flucht aus der Wirklichkeit aufzufassen sei. Sie komme nicht aus dem «Mangel», sondern aus der «Ahnung eigenen tieferen Wesens und Zusammenhanges.»[39] Man gebraucht in einem solchen Zusammenhang den Begriff «geistige Heimat» – Griechenland sei Hölderlins geistige Heimat gewesen. Was heißt das konkret? Führt hier nicht das Wort des Dichters von der «heiligen Nüchternheit» zu jener Methode der Forschung, die seinem Schicksal allein angemessen ist? Wenn für eine nicht romantisierende, sondern nüchterne Forschung der Geist Hölderlins heilig wird, dann kann sie ihn nicht aus Anlage oder Umweltfaktoren erklären wollen. Sie müßte ihm vielmehr, um ihm gerecht zu werden, eine eigene Vergangenheit zuerkennen, entsprechend der Vergangenheit des physischen Leibes in der Erbströmung. Das alte Griechenland als geistige Heimat bedeutet dann, nüchtern gesehen, daß der Geist Hölderlins wirklich einmal im alten Griechenland seine Heimat hatte. Läßt man den Brief des 23jährigen Hölderlin an seinen Freund Neuffer auf sich wirken, so kann man sich vorstellen, daß diese Individualität zur Zeit Platos in Griechenland verkörpert war.

In dem Brief nehmen die Erlebnisse, die Hölderlin beim Platostudium hatte, den Charakter von Erinnerungen an. Man empfindet, wie er sich bis in den mitreißenden Stil hinein aus der Gegenwart löst. Er schreibt von «den Götterstunden, wo ich aus dem Schoße der beseeligenden Natur oder aus dem Platanenhaine am Ilissus zurückkehrte, wo ich, unter Schülern Platos hingelagert, dem Fluge des Herrlichen nachsah, wie er die dunklen Fernen der Umwelt durchstreift, oder schwindelnd ihm folgte in die Tiefe der Tiefen, in die entlegensten Enden des Geisterlandes, wo die Seele der Welt ihr Leben versendet in die tausend Pulse der Natur, wohin die ausgeströmten Kräfte zurückkehren nach ihrem unermeßlichen Kreislauf, oder wenn ich trunken vom sokratischen Becher und sokratischer geselliger Freundschaft am Gastmahl den begeisterten Jünglingen lauschte, wie sie der heiligen Liebe huldigen mit süßer, feuriger Rede, und der Schäker Aristophanes drunter hineinwitzelt, und endlich der Meister, der göttliche Sokrates selbst, mit seiner himmlichen Weisheit sie alle lehrt, was Liebe sei ...»

Wiederverkörperung und Schicksal

Aus seiner Geistesforschung gibt *Rudolf Steiner* in einem Vortrag[40] folgende Schilderung von einer Verkörperung Hölderlins im alten Griechenland, die unsere Schicksalsfrage einer Antwort entgegenführt. Es wird von zwei Persönlichkeiten berichtet, die zur Zeit Platos als dessen Schüler gelebt haben. «Die eine dieser zwei Persönlichkeiten», der spätere Hölderlin, war «eine fein ziselierte Persönlichkeit», «die insbesondere für alles zugänglich war, wodurch Plato ... das Menschengemüt veranlaßte, sich von der Erde wegzuheben.» Plato hatte gelehrt: «Das Stoffliche ist vergänglich, es ist nur ein Bild der ewigen Idee, die in immer aufeinanderfolgenden Metamorphosen als Ewiges durch die zeitlich vergänglichen Erscheinungen hindurchgeht. So hob Plato seine Schüler hinauf von der Betrachtung der vergänglichen äußeren Dinge zu den ewigen Ideen, die gewissermaßen als das Himmlische über dem Irdischen schwebten. Zu kurz kam bei dieser platonischen Betrachtung der Mensch selber. Denn im Menschen, in dem die Idee unmittelbar lebendig und gegenständlich wird, kann man die platonische Denkweise nicht recht anwenden: er ist zu individuell.»

«Aber da war nun einer der Schüler, der mit ganzer Inbrunst und Hingabe ... diesem Himmelsfluge im Platonismus folgte», «der mit süß-reifen Worten in der Platonischen Schule sprach von der Erhabenheit der über den einzelnen Dingen lebenden und schwebenden Idee.» Dieser Schüler «hatte nun aber doch, wenn er nicht im Schauen lebte, sondern mit dem Herzen, mit dem Gemüte wiederum, wie er es unendlich gerne tat, unter Griechen herumging, er hatte für jeden einzelnen Menschen, dem er begegnete, das wärmste Interesse.» «Und so war bei dieser einen Persönlichkeit unter den Schülern des Plato ein gewisser Zwiespalt vorhanden zwischen dem Gemütsleben den lebendigen Menschen gegenüber und dem Aufschauen der Seele zu den ewigen Ideen ...» «Es war etwas merkwürdig Sensitives in diese Persönlichkeit hereingekommen.»

Nach einer weiblichen Zwischeninkarnation zur Zeit der Renaissance wurde diese Individualität als Hölderlin wiedergeboren, und zwar stieg sie zu früh zur Erde herunter. Hierbei wird «ein starker Entschluß» von *Rudolf Steiner* betont. Zwischen dem Tod und einer neuen Geburt hatte die Individualität zwar erfahren können, was in der ersten Hierarchie lebte, «auch noch einiges von der zweiten Hierarchie, aber nicht die dem Menschen nächste Hierarchie, durch die man begreift, wie der menschliche Körper hier auf der Erde organisiert wird. Eine Persönlichkeit entwickelte sich, die wenig Einsicht, vorirdische Einsicht in den menschlichen Körper entwickelte, die daher, als sie wieder geboren wurde, sogar die letzten Impulse nicht mehr aufnahm, unvollständig herunterstieg in den menschlichen Körper, nicht vollständig untertauchte, sondern eigentlich immer etwas heraußen schweben blieb.»

So wird Hölderlin in den Körper «in seiner Jugend hineingetrieben, wird dann bald hinausgetrieben und muß draußen bleiben». Aber «er erlebt in der Dumpfheit seines Wahnsinns vorbereitende Impulse für kommende Erdenleben, die ihn zu Grossem bestimmen».

Nach dieser Schilderung wird bei der Vorbereitung der Geburt im kosmischen Bereich die Hierarchie der Engel, der Erzengel und der Geister der Persönlichkeit von der Individualität nicht erfaßt, jene Hierarchie, die vom Seelisch-Geistigen aus «bis zum 21. Jahr auf den Aufbau des Lebens wirkt.»[41] Es wird daher ein physischer Leib aufgebaut, in dem sich die Wesensglieder nicht vollständig und nicht zur rechten Zeit verkörpern können. Sie verbinden sich dabei mit einer an sich schwachen Erbanlage, deren Tendenz jedoch in derselben Richtung geht. Vor allem wirkte sich die vorgeburtliche Situation in Verbindung mit der von der Individualität aufgesuchten belastenden Umweltkonstellation aus, die auch in diesem Ausmaß *allein* noch nicht eine seelische Erkrankung verursachen müßte. Durch die Anforderungen seiner Umwelt wird Hölderlin in seine unvollständig bleibende Inkarnation «hineingetrieben», – nicht hineingeleitet; durch die Erlebnisse an der Umwelt wird er dann, wie wir sahen, wieder «hinausgetrieben».

Friedrich Hölderlin im Alter, 1842

Die zur Inkarnationsstörung führende vorgeburtliche Situation ergibt sich aus der griechischen Verkörperung Hölderlins. In der Kindheit und Jugend des Hölderlin-Lebens spiegelt sich diese Verkörperung. Wieder sehen wir das Kind vor uns, das sich aus den Todeserlebnissen und der Trauer seines Mutterhauses in die Natur flüchtet, wo es sich wie in seiner griechischen Erdenzeit vom Äther und von den Göttern umfangen fühlt. Das Bild des Jünglings steigt auf, der sich aus der Enge der Klosterschule und des Tübinger Stiftes erneut zu den ewigen Ideen aufschwingt, der den Platonismus als Quelle alles Philosophierens neu entdeckt. Nun aber läßt die Metamorphose von einem Erdenleben in das andere eine Steigerung erkennen – zunächst in pathologischer Richtung. Die Sehnsucht, sich von der Erde, vom Leib zum platonischen Himmelsflug zu erheben, wird nun zur Unfähigkeit, sich ganz mit der Erde, mit dem Leib zu verbinden. Auch wenn seine Schau ihn nicht von der Erde entführt, erlebt Hölderlin jetzt die Trennung zwischen sich und der irdischen Welt. Der Zwiespalt zwischen seiner Zuwendung zur Welt und seinen Himmelsflügen ist zur Spaltung geworden, die sich einerseits zwischen Seele und Welt, andererseits in der Seele selbst auftut. Dort droht dem Jüngling das Leben der Idee in Abstraktion zu erstarren, die natürliche Begeisterung von ehemals kann im emotionalen Pathos untergehen.

Die reiche Gemüthaftigkeit der griechischen Verkörperung, die Hölderlin damals mit allen Menschen verband, lebt zunächst als gemüthafter Unterton weiter, der ihm nur mit wenigen ihm verwandten Menschen einen inneren Kontakt ermöglicht. Dabei ist die seelische Sensitivität von einst zur Überempfindlichkeit der nicht voll inkarnierten Seele geworden, die sich vor dem andern Menschen zurückzieht und ihn in seiner irdischen Realität nicht voll erfassen kann. Erst als Hölderlin der «Griechin» Susette Gontard begegnet, wird der gemüthafte Unterton zum Akkord seines Seelenlebens, wird seine Verstandes-Gemütsseele – zugleich die Seele der griechischen Kulturepoche – in seinem Leben geboren. Wir fühlen: Hier öffnete sich ein Weg, der Hölderlin tiefer in die irdische Welt und in seinen Leib hätte hineinführen und die Tendenz zu seiner seelischen Erkrankung hätte auffangen können.

Damit haben wir schon den Schicksalsstrom, der aus der Vergangenheit kommt, verlassen und sind in den Strom zukünftigen Schicksals eingetaucht, der im Leben jedes Menschen stets dem ersten Strom begegnet. Dieser Strom entspricht den Willensimpulsen der planenden Individualität, die bei jeder Begegnung der beiden Ströme, anknüpfend an die Schicksalsbedingungen aus der Vergangenheit, um Verwirklichung ihrer Ziele in der Gegenwart ringt. Selbstverwirklichung verbindet sich dabei mit Aufgaben, die vom Ich ergriffen werden.

Die unvollständige Verkörperung Hölderlins unter den genannten schwierigen Bedingungen ist nicht nur Folge vergangenen Schicksals, sie läßt auch einen zukünftigen Aspekt erkennen, der eine Steigerung der Entwicklung im gesunden Sinn mit sich bringt. Das Ringen mit den Hindernissen weckt neue Kräfte. Die Verdichtung des metamorphosischen Prozesses aus der griechischen Verkörperung in Richtung seelischer Erkrankung wird begleitet von einer Verdichtung seelisch-geistigen Strebens. Ideen werden zu Idealen, die zur Verwirklichung drängen. In Diotima erlebt Hölderlin die Verkörperung des Göttlichen im Menschen, eine neue Erfahrung von religiöser Tiefe, die ihn für seine späteren Christusbegegnungen vorbereitet hat. Durch seine «abendländische Wendung» verbindet er sich tiefer mit dem Geist der 5., der germanischen Kulturepoche und seiner eigenen Zukunft.

Bei seiner Entrückung erhob sich Hölderlin diesmal nicht zu den Himmelshöhen der platonischen Ideen, sondern zur Äthersphäre der Erde, wo die Erdenmutter und der «Vater Äther» sich vereinigen. Er entfernte sich damit nur von der materiellen Erde, zugleich trat er in den Bereich der «geistigen Erde» ein, in dem sich die übersinnlichen Erdenkräfte entfalten.[42] Das «imaginative Bewußtsein», um das der Dichter rang, verliert hier nach der Schilderung *Rudolf Steiners* «alle scharfen Konturen». «Es steht vielmehr da ein lebendiger Vorgang, der sich innerhalb der Erde entzündet, und der in den Makrokosmos hinausflammt.»[43] Dies war der Weg, den Hölderlin-Empedokles zu gehen versuchte. Sein imaginatives Bewußtsein nahm dabei etwas von den vergangenen Geschehnissen wahr, die sich einst in den Weltenäther eingegraben hatten[44], in die «*Bücher der Zeiten*», von denen eines seiner Jugendgedichte handelte, und die nun Wirklichkeit für ihn werden. Konkreter als früher wird dadurch seine Dichtung zur Schau.

Durch die Begegnung mit Christus in jener Sphäre erhielt sicher die Zielsetzung seiner Individualität einen entscheidenden Impuls. Schon sein dichterisches Ringen zeigt es: Der ehemalige Platoschüler will die geistige Offenbarung, zu der er sich früher von der Erde erhob, für die Erde fruchtbar werden lassen. Während der Hölderlin-Inkarnation konnte dieses zur Aufgabe werdende Ziel nicht im irdischen Leben, nur in der Dichtung, und auch dort nur andeutend erreicht werden. Die seelische Erkrankung, deren Lockerungsprozeß zunächst dem Dichter neue Kräfte brachte, lockerte zugleich die Verbindung zum irdischen Leben. Zu einer weiteren Loslösung kam es mit dem sogenannten Endzustand, in dem sich dann die Situation der gelockerten Wesensglieder fixierte. Dieser «Endzustand» führte jedoch selbst wieder zu einem neuen Anfang. Hölderlin «erlebt in der Dumpfheit seines Wahnsinns vorbereitende Impulse für kommende Erdenleben, die ihn zu Großem bestimmen.»[40]

Das hat vor allem seine Auswirkung im Leben zwischen dem Tod und einer neuen Geburt. «Es geht eine solche Seele durch das Leben zwischen Tod und neuer Geburt durch, um jetzt mit den stärkeren Kräften, die sie beim Überwinden der Krankheit gewonnen hat, ihre Organisation weiter auszubilden, damit sie im neuen Leben umso mehr wirken kann.»[45] Das Durchstehen einer Krankheit bereitet so, auch wenn sie im selben Leben unheilbar bleibt, eine neue Gesundheit in der nächsten Verkörperung vor. Die Tendenz zur Lockerung aus dem unvollkommen gebildeten Leib verwandelt sich nach dem Tod in die Kraft, einen umso gesünderen neuen Leib im nächsten Erdenleben aufzubauen und als Instrument neuen Wirkens zu handhaben. Und das kann sich schon im früheren Erdenleben vorbereiten. So ist auch die lange Fesselung der vom Leib gelösten Individualität Hölderlins an diesen Leib nicht nur als Ausgleich einer früher mangelhaften Verbindung mit ihm zu sehen, die Fesselung hat zugleich den Zukunftsaspekt einer stärkeren Leibverbundenheit. Man darf sich vorstellen, daß die Individualität in ihrer so lange währenden Entrückung nicht nur weiter Erlebnisse im Kosmos hatte, sie erlebte in dieser Zeit auch den Leib als Glied der physischen Welt. *Rudolf Steiner* sprach in pastoral-medizinischen Zusammenhängen[46] von Zuständen, die «man im gewöhnlichen Leben die Zustände des Blödsinns nennt». Er charakterisierte sie als ein «wachendes Schlafen, hingegeben an die Funktionen der Körpergestalt», als ein «Ruhen in den verborgenen Kräften der physischen Welt», als «Ruhen in der Natur». Letzteres ist am unmittelbarsten bei Hölderlin zu erleben. Im Gegensatz zu anderen Kranken kann jedoch der Dichter auch dieses Ruhen noch in kindliche Worte fassen. Und auch dieser Zustand dient seiner Individualität, die über diesem wie über jedem Schlafen eines Menschen waltet.

In sein Ruhen leuchteten außerdem immer wieder kosmischgeistige Erlebnisse hinein, das deutet auch der zitierte Vierzeiler an. (S. 135.) Das Licht, «das den Höhen entspringet», vereint die «dämmernden Erscheinungen», die im irdischen Leben nur mehr als Schattenbilder wahrgenommen werden können. Hinter dem umnachteten ehemaligen Platoschüler in seinem Turm erscheint das Höhlenbild aus Platos «Staat». Nach diesem Bild gleicht der im irdischen Leben Befangene einem Menschen, der, an Kopf und Beinen gefesselt, in einer finsteren Höhle sitzt. Hinter seinem Rücken öffnet sich die Höhle dem Licht des Geistes. Er selbst aber hat nur die Hinterwand der Höhle vor Augen und erblickt dort lediglich die Schatten von all dem, was das ewige Licht hinter ihm bescheint. Dieses Bild, das sicher schon dem Platoschüler vor Augen stand, und das er als Hölderlin bei seinem Platostudium wiedergefunden hatte, es wird jetzt leidend von ihm gelebt.

Zu Beginn seines Erkrankens gelang Hölderlin noch die Rückwendung nach den Offenbarungen seines griechischen Erlebens. Aus der Höhle aber nahm er dabei die Kraft der Erde mit und so vermochte er, die Offenbarungen neu zu fassen. Im neuen Licht begegnete ihm Christus, der inzwischen zum Geist der Erde geworden war. Dann ereignete sich die letzte große Spaltung in Hölderlins Erdenleben. Noch entschiedener trennte sich die Individualität vom Leib, indem sie sich höher in den Kosmos erhob. Die weiter gelöste Fessel jedoch wurde zum Band, das sie noch immer mit dem in der «Höhle» verbleibenden Leib verknüpft hielt. So blickte sie von da an auch auf den weiter lebenden, mit den «dämmernden Erscheinungen» verbundenen physischen Leib zurück und erfuhr im Lichte der Höhen mehr von seinem Wesen. Ihre Vorausschau aber – so dürfen wir es uns nunmehr vorstellen – war schon einer neuen Erdenverkörperung gewidmet, in der sich die Höhle des irdischen Seins zum Haus eines neuen Wirkens gewandelt haben würde.

Anknüpfend an unsere Empfindungen Hölderlin gegenüber, die wir anfangs ins Auge faßten, blicken wir jetzt in einen tieferen und weiteren Hintergrund seines Schicksals. Das Bild seines früheren Erdenlebens verbindet sich dabei auch mit der Vorstellung der zu frühen Wiederverkörperung. Und diese Vorstellung führt nicht nur zu dem individuellen Vergangenheitsaspekt: Unkenntnis des physischen Leibes verbunden mit einem starken Entschluß zur Verkörperung brachte eine Verfrühung dieser Verkörperung mit sich. Es bleibt auch nicht beim Aspekt des individuellen Weiterreifens durch die Krankheit, der von dieser zu früh gepflückten Frucht in das nächste Erdenleben weist. Das zu frühe Erscheinen im 18. Jahrhundert eröffnet außerdem den menschheitlichen Aspekt, daß die damalige Zeit nicht reif für die Botschaft Hölderlins war. Erst zu Beginn des 20. Jahrhunderts zeigten sich solche Zeichen der Reife; nun schien seine Zeit gekommen zu sein. Hölderlin selbst hat es gefühlt. So schreibt er schon 1793 an den Bruder: «Dies ist das heilige Ziel meiner Wünsche und meiner Tätigkeit – dies, daß ich in unserem Zeitalter die Keime wecke, die in einem künftigen reifen werden.»[2] Aber auch diese Reife hat etwas Keimhaftes und deutet in eine weitere Zukunft. Am Anfang des 20. Jahrhunderts erlebten viele Menschen durch die Schönheit der Dichtung, durch die Tragik des Schicksals Hölderlins etwas von der lebendigen Wirklichkeit des Geistes. Nun, da wir uns dem Ende dieses Jahrhunderts nähern, kann ein solches ahnendes Erleben zu einem lebensvollen, heilenden Erkennen werden.

Robert Hamerling

Heinz Lange

Im Karma-Vortrag vom 26. April 1924 spricht Rudolf Steiner von der griechischen Inkarnation Hölderlins und Hamerlings, von ihrer Freundschaft und ihrem späteren Auseinandergehen. Er weist darauf hin, daß Hamerling «etwas zu spät auf die Erde herunterkam»[1]. Das zeigt sich in seinem Schicksal und in seinem Schaffen. Er hätte nicht mehr in Deutschland geboren werden können. Die hohe Zeit des Griechischen war schon vorbei; er konnte nur noch in Österreich leben, wo diese Zeit länger andauerte. In diesem Land kam Robert Hamerling im Jahre 1830 im Waldviertel Niederösterreichs als einziges Kind eines armen Weberehepaares zur Welt. Von Anfang an war dieses Leben durch Krankheit gefährdet. Die Familie mußte ihr kleines Haus verlassen. Der Vater fand eine Bediensteten-Stelle. Die Mutter zog mit dem kleinen Robert zu ihrem Bruder. Und doch stand über dieser ersten Kindheit ein Bild, das er später bei Besuchen erst richtig wahrnahm: «Jenseits des Gartenzaunes, der das Häuschen von dem herrschaftlichen Wildpark trennte, stand und steht noch eine Art von griechischem Tempelchen, überschattet von riesigen Tannen», so schildert er es in seiner Autobiographie.[2]

Seit dem zweiten Lebensjahre lebte er mit der Mutter allein in engsten Verhältnissen und sah den Vater durch Jahre hindurch nur selten. In Hamerlings ersten Lebensjahren häuften sich Unfälle. Es war, als werde er immer wieder auf seine Lebensfähigkeit geprüft. Er suchte stets die Nähe der Mutter. «Diese Art von Anhänglichkeit erwies sich als mein beschiedenes Teil im kindlichen Alter, in dem ich keinen Augenblick ohne die Gesellschaft meiner Mutter sein wollte.»[3] Er schirmte sich ab gegen die Welt, er trug seinen Reichtum in sich. «Wie tief wirkten die kirchlichen Festzeiten auf mich ein! Mir brauchte das Christkind nichts zu bescheren; es *erschien* mir ja leibhaftig – das war mehr als genug. Des Nachts im Bette aufsitzend, erzählte ich mit glühenden Wangen der Mutter, wie es zu mir gekommen, das Christkind, was es mit mir gesprochen und wie wunderschön es gewesen ... Mein fast einziges Kinderspiel war fleißiges Messelesen; den Altar bildete die Ofenbank.»[4] – Schon früh konnten ihn Naturvorgänge bis ins Innerste bewegen: «Es ist Tatsache, daß ich einmal zu weinen anfing vor Freuden, als ich an einem Frühlingsmorgen eine Wiese ganz mit goldgelben Butterblumen bedeckt fand.»[5] Als größtes, ja, entscheidendes Erlebnis dieser Kindheit: «Ich erinnere mich sehr lebhaft an einen gewissen Abend, an welchem mir – ich mochte sieben Jahre zählen – als ich einen Bergabhang herunterging, der Sonnenuntergang im Westen wie eine Wunder- und Geistererscheinung entgegenleuchtete und mein Gemüt mit einer unvergeßlich-merkwürdigen Stimmung, mit einer Ahnung erfüllte, die mir heute wie eine Berufung erscheint, und in welcher mein ganzes künftiges Geschick sich spiegelte. Ich eilte mit gehobener Brust einem unbekannten Ziel entgegen, und zugleich lag eine Schwermut über meiner Seele, daß ich hätte weinen mögen.»[6] Mit sieben Jahren ein solches Erlebnis zu haben, bedeutet schon etwas Besonderes, und es ist bezeichnend, daß es bei einem Sonnenuntergang geschah.

So verging das erste Lebensjahrsiebt in Stille und in starken inneren Erlebnissen, bei großer Armut. Besondere Lichtblicke waren die seltenen Besuche jenseits der Grenze, im Böhmischen, beim Onkel Katzenberger in der Glashütte Georgenthal. «Im schroffsten Gegensatz zum eigenen Heim erschien mir diese, obgleich bescheidene Stätte wie ein Schlaraffenland. O Himmel! Da gab es immer einen gedeckten Tisch – und keine Sorge – und weiche Betten und eine trauliche, anmutige Wohnstätte: Es war das Land, wo Milch und Honig floß: und zwar im wörtlichen Sinne – beim Frühstück und beim Abendbrot.»[7]

Seit dem 7. Jahr schrieb der Knabe Verse. Durch Vermittlung seines Großoheims, Pater Ambrosius Haßlinger, kam Hamerling mit 10 Jahren als Sängerknabe ins Zisterzienserstift Zwettl. Hier wurde für ihn wichtig die Freundschaft mit dem Pater Hugo Traumihler; er lehrte ihn das richtige Versenken, das Meditieren. Bis zu seinem 14. Lebensjahr blieb der Knabe im Stift, dann kam er nach Wien, wo beide Eltern damals wohnten. Er war in Zwettl so gut unterrichtet worden, daß er in Wien im Schottenstift ohne weiteres den Anschluß bekam und die Humanitätsklassen glatt durchlief. Er konnte mit 16 Jahren abschließen und zum Studium übergehen. Hier, in diesen ersten Wiener Jahren, las er sehr viel. Neben Homer, Vergil, Shakespeare, Goethe und Schiller nennt er Jean Paul, Grabbe, E.Th.A. Hoffmann und Novalis. «Die Wirkung der ‹Hymnen an die Nacht›, des ‹Heinrich von Ofterdingen›, der ‹Aphorismen› auf mein Gemüt zu schildern, wäre unmöglich. Novalis' Werke bildeten lange Zeit mein romantisches Brevier. Wie aber überall mich etwas unbewußt, instinktmäßig, nach dem ergänzenden Gegensatz hinzog, so gesellte meinem romantischen Brevier sich bald ein klassisches in *Hölderlin*. Ich bedaure es nicht, durch diese Schule gegangen zu sein.»[8]

Im Karmavortrag heißt es: «Der Freund aus der platonischen Schule wartete mit der Inkarnation. Das Warten geschah aus dem Grunde, weil beide eigentlich, wenn sie zusammengekommen wären, wenn sie unmittelbare Zeitgenossen geworden wären, sich nicht ertragen hätten.»[9] Nun, im Abstand von 60 Jahren, ist es möglich, den anderen anzuerkennen.

Hamerling machte dann, als 18jähriger, die Revolution in Wien mit und hatte unter den Folgen der einsetzenden Reaktion zu leiden wie alle revolutionär gesinnten Akademiker. In der ersten Zeit seines Studiums orientierte er sich in den verschiedensten Fachgebieten. Er ist kein «Fachgelehrter», er ist ein Mensch, der lernen will. Aber nach kurzer Zeit sieht er sich genötigt, eine Lehramtsprüfung zu machen. Über das Ergebnis sagt er: «Das umfangreiche Prüfungs-Protokoll und Lehramts-Zeugnis – es umfaßt sechs Folioseiten – sprach mir die Befähigung zu, Griechisch und Latein am ganzen Gymnasium zu lehren; für das Lateinische wurde die ‹Leichtigkeit› der Übersetzung anerkannt, für das Griechische die ‹Gewandtheit und Bestimmtheit› derselben, ‹selbst der schwierigeren Stellen› und die ‹Genauigkeit der Erklärung›, so wie die ‹in mancher Hinsicht in das Einzelne reichende Kenntnis der Realien›. In betreff des *Deutschen* aber lautete das Urteil wörtlich wie folgt: ‹Der Kandidat hatte, wie er sagte, für das Deutsche die Lehrbucher von Bauer und ähnliche studiert; man hat aber aus seinen Antworten nicht entnehmen können, daß dies mit der erwünschten Gründlichkeit geschehen sei.›»[10]

Auf Grund dieser Prüfung wurde Hamerling Supplent am Theresianum, dann am Akademischen Gymnasium, schließlich, 1853, in Graz. Das war die erste Berührung mit der Stadt, in der er später ganz leben sollte. Aber eine Supplentenstellung wurde schlecht bezahlt. «Um mir den Vorteil eines besseren Gehaltes zuzuwenden, hatte man mich im Herbste 1854 zum wirklichen Professor am Gymnasium in Cilli ‹mit Verwendung am Grazer Gymnasium› ernannt. Aber Cilli war ein Gymnasium dritter Gehaltsklasse. Als eine philologische Lehrstelle an einem Gymnasium erster Klasse, in Pest, ausgeschrieben wurde, bewarb ich mich um dieselbe.»[11] Was dann geschah, hat Rudolf Steiner in anschaulichster Weise geschildert. Der Direktor des Grazer Gymnasiums verbummelte das Bewerbungsschreiben, gab es nicht weiter, so daß ein anderer die Stelle in Pest bekam und Hamerling sich nun in Triest bewarb. «Nicht im Magyarenlande – aus welchem man einige Jahre später die deutschen Professoren vertrieb – war der Ort für den Poeten: Nein, der rechte Ort für ihn war vorläufig im Süden, an der blauen Adria, an der Schwelle Italiens, in der bewegten Hafenstadt, wo ihn ein Meerhorizont, und das will sagen ein Welthorizont, umgab.»[12]

Hamerling hatte schon eine ganze Reihe größerer epischer Gedichte und Dramenentwürfe vorliegen. Aber jetzt, in Triest und in Venedig, wohin er sich in den Ferien begab, entstehen die Werke, die ihn bekannt machten, die sein Wesen, sein Anliegen zeigen, das mit einem Motto aus dem Gedicht «Venus im Exil» so ausgedrückt werden kann:

«Zieh hin, ein heiliger Bote,
Und sing' in freudigen Tönen
Vom tagenden Morgenrote,
Vom kommenden Reiche des Schönen.»

Dieses Gedicht, zum größeren Teil in Stanzen abgefaßt, ist ein Lobpreis auf die Venus Urania, ein Weg, sich ihr zu nähern, ein Versuch, ihr Bild vor die Menschen hinzustellen, und das zu einer Zeit, in der ganz andere Götter herrschen; es ist ein Nachklang griechischer Erinnerungen, nicht ein Morgenrot, wie der Dichter meinte.

Als zweite Dichtung erschien – nach der Gedichtsammlung «Sinnen und Minnen – Ein Schwanenlied der Romantik», abgefaßt in der Nibelungenstrophe, und als dritte «Germanenzug». Hier ist bei Hamerling der Übergang vom Griechischen zum

Germanischen zu finden, wie er in anderer Art sich bei Hölderlin vollzogen hat.

Drei Gedichte aus dem Band «Sinnen und Minnen», erschienen 1859, sollen – jedes in einer ganz anderen Art – Hamerlings Seelenhaltung, seine Verbindung mit dem griechischen Geist, zeigen.

Die Lerchen

Es ziehen die Wolken,
Es wandern die Sterne,
Es schweben die Lerchen
In goldiger Ferne;
An himmlischer Pforte,
Beseeligten Drang's,
Erlauschen sie Worte
Seraphischen Klang's.

Die Lerche fliegt nieder
Aus himmlischen Höhen,
Und was sie gehöret,
Und was sie gesehen,
Das will sie verkünden
Den Blumen im Tal,
Den Wassern, den Winden,
Mit lieblichem Schall.

Die Blumen, die Winde,
Die Wellen, sie flüstern,
Erzählen's geschwinde
Viel trauten Geschwistern:
Der Mensch geht vorüber
Und lauschet und glüht,
Und faßt es in Worte,
Das himmlische Lied.

Schauen und Schaffen

Blicke zum Himmel empor, bis die goldenen Pforten sich
auftun,
Und dir in göttlichem Licht thronend erscheint die *Idee;*
Doch dann senke den Blick, und hast du geschauet, so
schaffe!
Schauen und Schaffen, es ist menschlicher Doppelberuf.

Vermächtnis

Ich liebe die *Flamme,*
Das Glanzelement,
Im Wetterleuchten,
Im Sterngeflimmer.

Ich liebe den *Äther,*
Den göttlichen-freien,
Wo die Winde, die Wolken,
Die Adler wandern.

Ich liebe die *Welle,*
Die rauschende,
Sehnsüchtig wallende
Von Land zu Land.

Ich liebe die *Erde,*
Das heil'ge Grün,
Wo's hold zu wandeln,
Und noch süßer zu ruh'n ist.

Und sterb' ich, geb' ich
Mein Wesen gerne
Den liebgewordenen,
Den Elementen:

Den Geist der Flamme,
Die Seele dem Äther,
Das Herz der Welle,
Den Leib der Erde.

Geist soll lodern,
Seele sich dehnen,
Des Herzens Woge soll weiter rauschen und klingen,
Der Leib soll ruh'n.

Im ersten Gedicht ist die Herkunft des Dichterischen aus der geistigen Welt, von der himmlischen Pforte, über die Welt der Lerchen, der Blumen, der Elemente Luft und Wasser geschildert. Man wird kaum ähnliche Gedichte in der deutschen Dichtung von der Mitte des 19. Jahrhunderts mehr finden. Das zweite Gedicht: das Schauen des Menschen, bis die goldenen Pforten sich auftun, die Idee sichtbar wird, das ist ganz platonisch gedacht, nur wird hinzugefügt die irdische Aufgabe, für ihn das dichterische Schaffen. Und im dritten Gedicht ist das Wesen der vier Elemente, aus denen Welt und Mensch bestehen, in Liebe dargestellt und zugleich die Auflösung und das Bestehenbleiben nach dem Tode ausgedrückt. Es sind Gedichte, die zu Unrecht vergessen sind.

Den drei epischen Dichtungen, die eng zusammengehören, folgt eine größere Trilogie, die hauptsächlich nach Hamerlings Entlassung aus dem Schuldienst entstanden ist: «Ahasver in Rom», «Der König von Sion» und «Danton und Roberspierre». Zwei Epen und ein Drama, Dichtungen, die weltgeschichtlich bedeutende Augenblicke darstellen. Diese Werke haben Hamerling berühmt gemacht.

Zugleich mit dem Durchbruch des Dichterischen begann aber auch die Krankheit, die, abgesehen von einigen Pausenzeiten, mehr und mehr zunahm und in den letzten Lebensjahren zu einer fast unerträglichen Qual wurde. Die Ärzte konnten ihm nicht helfen. Hamerling selbst gibt einen erschütternden Bericht von seinem Zustand: «Öfteres nicht reichliches Wasserspeien, wobei die Färbung des Ergossenen eine leichte Beimischung von Blut verriet, heftige Schmerzen in der oberen Bauchgegend, andere gastrische Zustände, verbunden mit Anfällen großer Schwäche und fieberhaften Anwandlungen waren herrschend. Der mich behandelnde Arzt überließ mich, selbst Allöopath, einem Homöopathen – seinem Schwiegersohn –, weil er zu bemerken glaubte, daß ich Arzneien nicht gut vertrüge.»[13]

In Triest waren die Schmerzen noch erträglich, sie forderten aber doch schon längere Ferien- und Erholungszeiten. Als die oben genannten Dichtungen – bis zum «Ahasver in Rom» – erschienen waren, konnte er es wagen, sich frühzeitig pensionieren zu lassen. Er zog dann, immer mit der Mutter zusammen, nach Graz. Auf seine zehnjährige Tätigkeit als Lehrer der alten Sprachen zurückblickend, meinte er: «Das Vertrauen, welches darin lag, daß man mich immer in den höchsten Klassen des Gymnasiums beschäftigte, glaube ich, was den Erfolg des Unterrichts betrifft, nicht getäuscht zu haben. Aber mir fehlte die richtige pädagogische Gabe, die Disziplin, genauer gesagt, die *Ruhe* während der Unterrichtsstunden immer aufrecht zu erhalten. An persönlichem Respekt zwar ließen es meine Schüler niemals fehlen; sie gaben mir sogar Beweise ihrer Zuneigung. Aber sie fürchteten mich zu wenig. Und so stand ich trotz Ermahnungen und rührendem Zuspruch dem unzähmbaren jugendlichen Mutwillen, der Schwatzhaftigkeit und Beweglichkeit des Knabenalters oft ratlos und schutzlos gegenüber. Ein Umstand, der neben dem schlechten Befinden, mit welchem ich zu kämpfen hatte, nicht wenig dazu beitrug, die Ausübung der lehramtlichen Tätigkeit für mich zu einer qualvollen und aufreibenden zu machen.»[14]

«Ahasver in Rom» war noch unter diesen erschwerenden Umständen in Triest entstanden, die beiden anderen Dichtungen in Graz. Hier vollendete er auch, nach kleineren Arbeiten wie «Die sieben Todsünden», «Teut», den großen, dreibändigen Roman: «Aspasia. Ein Künstler – und Liebesroman aus Alt-Hellas.» Es ist nicht die Zeit des Griechentums, die er in seiner griechischen Inkarnation miterlebt hatte, sondern die Zeit unmittelbar davor, das Zeitalter des Perikles; also ein doppelter Rückblick. Sokrates als Jüngling tritt auf, noch als Bildhauer, und das Ganze schließt mit der Geburt Platos. – Als der Roman 1875 erschien, fand Hamerlings Begeisterung für Alt-Hellas kaum noch ein Echo. Die Kritik lehnte fast einhellig dieses Werk ab. Eine Ausnahme bildete Laurenz Müllner und sein Freundeskreis, der das dichterische wie das philosophische Streben des Dichters erkannte und würdigte. – «Aspasia» ist das Hauptwerk Hamerlings: Erinnerung aus der Welt des alten Griechenlands, leuchtendster Ausdruck des Schönheitsideals, das er seit der Kindheit in sich trug, das niemals ganz erlosch. Noch einmal begab er sich

Robert Hamerling

in die griechische Atmosphäre, als er den Mythos von Amor und Psyche neu formte. – Damit endete – zumindest in seinem dichterischen Schaffen – die Beschäftigung mit der griechischen Zeit. Die beiden letzten Werke weisen auf Zukünftiges hin.

Es schien den Eindruck zu erwecken, als ob der Dichter in Graz abgeschlossen von der Welt lebte. Dieser Eindruck trügte; er war sehr vertraut mit allen Zeitereignissen. Er spürte die Tendenzen, die in dem zunehmenden technischen Zeitalter walteten. Sein Epos «Humunculus» vermittelt uns seine Befürchtungen, die dieses Zeitalter wahr machen könnten. – Selbst gute Freunde und Anhänger Hamerlings hielten die in diesem Epos aufgezeichneten Darstellungen für übertrieben. Die Gegenwart beweist, wie genau er gesehen hat und daß die Wirklichkeit seine Untergangsbilder durchaus übertroffen hat. Diese Dichtung konnte er noch abschließen und veröffentlichen. – Sein philosophisches Hauptwerk, die «Atomistik des Willens», blieb unvollendet. In dieser Arbeit geht er weit über das griechische Erbe hinaus. Sie ist das Ergebnis dieses Lebens und ist noch kaum in ihrer Bedeutung erkannt worden.

Aus einem Leiden an der Zeit, in der die Ideen der Schönheit und der Liebe, für die er mit seinem ganzen Wesen eintrat, immer weniger galten, und aus den körperlichen Schmerzen sind alle Dichtungen Hamerlings erwachsen. Wenige Menschen standen ihm freundschaftlich-helfend zur Seite. Er nennt sie in seiner Autobiographie. Es erscheint dort auch der Name einer Frau, die er Minona nennt, und sie damit in der Anonymität beläßt. In seinen Aufzeichnungen findet sich folgende zarte Andeutung: «Vielleicht wird der Leser nach all dem, was ich bisher von Annäherungen poesiebegeisterter Frauen zu erzählen hatte, mit einiger Verwunderung fragen: ob denn neben so vielen weiblichen Wesen, die sich beeiferten, *Lorbeer* um meine Stirn zu flechten, sich niemals eines gefunden, welches bereit gewesen wäre, *Rosen* auf meinen Lebenspfad zu streuen? Mit anderen Worten: ob denn niemals die *Liebe* in mein Leben eingegriffen und ihren Segen über mich ergossen – die Liebe, nach der ich doch als Mensch und Dichter ein doppelt lebhaftes Verlangen in der Brust tragen mußte? Es ist vielleicht das beschämendste Geständnis, das ein Mensch von sich machen kann, daß er ungeliebt durchs Leben gegangen; aber ich stehe nicht an, es zu machen.»[15]

So wirkte dieser Dichter in der zweiten Hälfte des 19. Jahrhunderts, der seiner geistigen Herkunft nach früher, um die Jahrhundertwende, hätte schaffen sollen: er kam zu spät und ist darum, weil seine Sprache nicht mehr «zeitgemäß» war, weil sein Streben im zunehmenden technischen Zeitalter nur noch von wenigen geteilt wurde, auch in Österreich, bald vergessen worden. Er starb 1889 in seinem «Stiftinghaus» vor den Toren von Graz. Bei seiner Beisetzung auf dem St. Leonhards-Friedhof dieser Stadt waren Hamerlings Freund Peter Rosegger und der junge Rudolf Steiner anwesend. Dieser hat wiederholt und eindrücklich auf die Persönlichkeit Robert Hamerlings hingewiesen und in diesem Zusammenhang auch das lebenslange Kranksein des Dichters erwähnt. Welche Bedeutung eine Überwindung solcher Lebensschwierigkeiten hat, zeigt eine wichtige Bemerkung Rudolf Steiners, die auch für das künftige Schicksal eines Hamerling und eines Hölderlin gilt: «Es geht eine solche Seele durch das Leben zwischen Tod und neuer Geburt durch, um jetzt mit den stärkeren Kräften, die sie beim Überwinden der Krankheit gewonnen hat, ihre Organisation weiter auszubilden, damit sie im neuen Leben um so mehr wirken kann.»[16]

Der Denker Robert Hamerling im Lichte Rudolf Steiners

Wolfgang Schuchhardt

Es gibt Persönlichkeiten, die im Leben Rudolf Steiners eine hervorragende Rolle gespielt haben, ganz besonders in den zwei Jahrzehnten von 1880–1900. Immer wieder hat er Dankbarkeit und Verehrung ihnen gegenüber ausgesprochen: in Briefen, in Nachrufen, in Würdigungen, wie sie einzelne seiner Bücher aufweisen, etwa «Die Rätsel der Philosophie» oder die Schrift «Vom Menschenrätsel»; ganz abgesehen von den vielen Erwähnungen dieser Menschen im späteren Vortragswerk. Ohne den geringsten Anspruch auf Vollständigkeit zu erheben, seien hier die Namen von Ernst Haeckel, Eduard von Hartmann, Franz Brentano, Friedrich Nietzsche, Friedrich Theodor Vischer, Herman Grimm und Robert Hamerling genannt.

Zu den Dichtungen und philosophischen Bemühungen Robert Hamerlings hatte Rudolf Steiner eine besondere Beziehung. Oskar A. Popp erwähnt, daß Hamerling und sein Freund Peter Rosegger aus dem gleichen verschwiegenen Winkel des «Waldviertels» stammten, in dem auch die Eltern Rudolf Steiners geboren wurden.[1] Gewisse Gemütswerte des Sinnens und Schauens, wie sie sich in Hamerlings und Roseggers Werk deutlich offenbaren, dürften in dieser Landschaft eine Heimat haben. So kann es nicht überraschen, daß Rudolf Steiner in einem Buche, das von deutschen und von österreichischen Persönlichkeiten im Blick auf ihr Sinnen und Schauen handelt, auch gerade Robert Hamerling würdigt.[2] Nicht zufällig spricht gleich der erste Satz, der dem Dichter und Philosophen gilt, von diesen beiden Seelenbegabungen.

«... Robert Hamerlings Sinnen bewegt sich in einer Richtung, die im Gesichtspunkt des schauenden Bewußtseins ihre Rechtfertigung findet. Von dem menschlichen Ich aus, das sich denkt, lenkt er die Betrachtung auf das Ich, das sich denkend erlebt; von dem Willen aus, der im Menschen wirkt, auf den Weltenwillen.»[3]

Damit kennzeichnet Rudolf Steiner ein zentrales philosophisches Anliegen von Hamerling, und man könnte meinen, es sei das gleiche Anliegen, das Rudolf Steiner, angefangen mit der «Beobachtung des Denkens», immer von neuem in seinen erkenntnistheoretischen Grundschriften entwickelt. Aber das scheint nur so. Denn weiter heißt es in dieser Würdigung: «Doch das sich erlebende Ich kann nur *geschaut* werden, wenn im seelischen Erleben ein Erwachen in der geistigen Wirklichkeit eintritt; und der Weltenwille dringt nur in die Erkenntnis ein, wenn das menschliche Ich erlebend ein Wollen ergreift, ... in dem es sich auf die Entfaltung dessen richtet, was in der Welt des Innenlebens vorgeht.»[3]

Aus diesen Sätzen geht klar hervor, daß Hamerling in seinem Denken zwar einen richtigen Ansatz hat, aber zu früh Halt macht, insofern der Wille sich nicht genügend aktiviert, um in das Innenleben tiefer einzusteigen, nämlich in den Bereich, wo vom seelischen Erleben zum Geist-Erleben vorgeschritten wird.

Rudolf Steiner sandte an Robert Hamerling, wie seiner Zeit auch an Friedrich Theodor Vischer und Eduard v. Hartmann, seine «Grundlinien einer Erkenntnistheorie der Goetheschen Weltanschauung». Das schildert er uns in einem denkwürdigen Vortrag, den er auf der ersten Generalversammlung der neugegründeten «Anthroposophischen Gesellschaft» am 4. Februar 1913 in Berlin hielt. Hier gibt er aus besonderen Gründen erstmalig vor den Mitgliedern eine Skizze seines Lebens von 1861–1893, in einer sich selbst objektivierenden Darstellungsweise. «Es war Veranlassung genommen worden, die ‹Erkenntnistheorie der Goetheschen Weltanschauung› an Hamerling zu senden. Wie sie Hamerling aufgenommen hat, das kann einem Urteil entnommen werden aus der ‹Atomistik des Willens›, wo sie gerade in einem wichtigsten Kapitel – in dem Kapitel über die Natur der mathematischen Urteile – in einer, wie mir auch heute erscheint, völlig originellen Weise verwendet worden ist. Es fand – wenn auch nicht besonders lange – doch ein Briefwechsel mit Robert Hamerling statt, der für Rudolf Steiner in gewisser Beziehung wichtig war, weil er nach einem Briefe, den er an Hamerling geschrieben hatte, von diesem feinen Stilisten gesagt bekam, daß er einen außerordentlich schönen Stil schreibe, ein gewisses Talent habe, mit Kraft das darzustellen, was er darstellen wolle. Das war außerordentlich wichtig für Rudolf Steiner, weil er sich doch in diesen Jahren noch nicht viel zutraute, sich jetzt aber in bezug auf diese Frage des Stils in der Darstellung durch Robert Hamerling mehr zutraute als vorher.»[4]

Wieder von einer andern Seite kennzeichnet Rudolf Steiner die ernsthafte Auseinandersetzung Hamerlings mit einer immer mehr der Technisierung zuneigenden Zeit in seinem Buche «Mein Lebensgang». Im Jahre 1888 erschien das satyrische Epos «Homunculus» und Rudolf Steiner gab in einer längeren Passage seinen Eindruck über dieses Werk des Dichters wieder. Er sagt unter anderem: «In diesem (Epos) ward der Zeit ein Spiegel vorgehalten, aus dem ihr Materialismus ihre dem Äußerlichen des Lebens zugewandten Interessen in beabsichtigt karikaturenhaften Bildern erschienen. Der Mann, der nur noch in mechanistisch-materialistischen Vorstellungen und Betätigungen leben kann, geht eine Verbindung ein mit dem Weibe, das sein Wesen nicht in einer wirklichen, sondern in einer phantastischen Welt hat. Die zwei Seiten, in denen sich die Zivilisation verbildet hatte, wollte Hamerling treffen. Auf der einen Seite stand ihm das geistlose Streben, das die Welt als einen Mechanismus dachte und das Leben maschinenmäßig gestalten wollte; auf der andern die seelenlose Phantastik, die gar kein Interesse daran hat, daß ihr geistiges Scheinleben in irgend eine wahrhaftige Beziehung zur Wirklichkeit kommt.

Das Groteske der Bilder, in denen Hamerling malte, stieß viele ab, die seine Verehrer durch seine früheren Werke geworden waren. Auch in dem Hause delle Grazie's, in dem man vorher in restloser Bewunderung Hamerlings lebte, wurde man bedenklich, als dieses Epos erschien.

Auf mich aber machte der «Homunculus» doch einen sehr tiefen Eindruck. Er zeigte, so schien es mir, die Kräfte, die als geistig-verfinsternd in der modernen Zivilisation walten. Ich fand in ihm eine ernste Mahnung an die Zeit.»[5]

Ein dritter Aspekt über den Denker und Philosophen Hamerling findet sich in Rudolf Steiners «Die Rätsel der Philosophie». Er setzt sich darin mit dem letzten philosophischen Werk des Dichters auseinander: «Die Atomistik des Willens», das noch einmal die ganze Weltauffassung Hamerlings offenbart: «In kraftvoller Weise ist der Dichter Robert Hamerling (1830–1889) in seinem Weltanschauungswerk «Atomistik des Willens» (das nach seinem Tode erschienen ist) der Ansicht entgegengetreten, die aus dem Mißtrauen in die Welt entspringt. Er lehnt logische Untersuchungen über den Wert oder Unwert des Daseins ab und nimmt seinen Ausgangspunkt von einem ursprünglichen Erlebnis. ‹Die Hauptsache ist nicht, ob die Menschen recht haben, daß sie alle, alle mit verschwindend kleinen Ausnahmen, leben wollen, leben um jeden Preis, gleichviel, ob es ihnen gut ergeht oder schlecht. Die Hauptsache ist, daß sie es wollen, und dies ist schlechterdings nicht zu leugnen. Und doch rechnen mit dieser entscheidenden Tatsache die doktrinären Pessimisten nicht. Sie wägen immer nur in gelehrten Erörterungen Lust und Unlust, wie es das Leben im besonderen bringt, verständig gegeneinander ab; aber da Lust und Unlust Gefühlssache, so ist es das Gefühl und nicht der Verstand, welcher die Bilanz zwischen Lust und Unlust endgültig und entscheidend zieht. Und diese Bilanz fällt tatsächlich bei der gesamten Menschheit, ja man kann sagen bei allem, was Leben hat, zugunsten der Lust des Daseins aus. Daß alles, was da lebt, leben will, leben unter allen Umständen, leben um jeden Preis, das ist die große Tatsache, und dieser Tatsache gegenüber ist alles doktrinäre Gerede machtlos.› Vor Hamerlings Seele steht somit der Gedanke: In den Tiefen der Seele gibt es etwas, das an einem Dasein hängt und welches wahrer das Wesen der Seele ausspricht als die Urteile, die unter der Last neuerer naturwissenschaftlicher Vorstellungsart über den Wert des Lebens sprechen. Man möchte sagen, Hamerling ahnt in den Tiefen der Seele einen geistigen Schwerpunkt, welcher das selbstbewußte Ich im Weltenleben befestigt. Er möchte deswegen in diesem Ich etwas sehen, was dessen Dasein mehr verbürgt als die Gedankengebäude der Philosophen der neueren Zeit. Er sieht einen Hauptfehler der neueren Weltanschauungen in der Meinung: ‹daß in der neuesten Philosophie so viel am Ich herumgenörgelt wird›, und er möchte dies erklären ‹aus der Angst vor einer Seele, einem Seelensein oder gar einem Seelending›. Hamerling deutet bedeutungsvoll auf das, worauf es ankommt: ‹In den Ichgedanken spielen Gefühlsmomente hinein ... Was der Geist nicht erlebt hat, das ist er auch zu denken nicht fähig ...› Es hängt für Hamerling alle höhere Weltanschauung davon ab, das Denken selbst zu fühlen, es zu erleben.»[6]

Man kann die Frage stellen: gehört eine Betrachtung über das

Denken Hamerlings und seine eigenartigen Ideenbildungen, wie sie Rudolf Steiner in den hier angeführten Beispielen so wesenhaft kennzeichnet, in den Rahmen eines solchen Buches. Aber das Thema «Schicksal in wiederholten Erdenleben» betrifft nicht nur Vergangenes, also frühere Erdenleben, und nicht nur Gegenwärtiges, also das Erdendasein der im 19. Jahrhundert lebenden Individualität. Es sollen diese Darstellungen, wenn möglich, auch Ausblicke in die Zukunft bieten. Das würde bedeuten: Voraussetzungen andeuten, welche für das nächste Erdenleben bestimmend sein können.

Für Hamerling läßt sich sagen: Sein ganzes Gedankenringen weltanschaulicher Art weist in die Zukunft, so wie in seinem dichterischen Streben deutliche Züge eines in Griechenland durchlebten Erdenlebens aufklingen. Aber sein philosophisches Streben darf neben dem dichterischen nicht zu gering bewertet werden. Dieses Urteil hat gerade Rudolf Steiner deutlich vertreten, insofern er von immer neuen Gesichtspunkten das Schöpferische in Hamerlings Gedankenbildung herausgearbeitet hat. Auf diese bedeutende, in die Zukunft weisende Würdigung durch Rudolf Steiner sollte in dieser zweiten Betrachtung über Hamerling hingewiesen werden.

Ferner ist zu beachten, daß zwischen Rudolf Steiner und Robert Hamerling ein persönlicher Schicksalsfaden deutlich angesponnen wurde. Wer die hier angeführte Stelle aus der autobiographischen Skizze Rudolf Steiners aufmerksam liest, spürt diesen Zusammenhang. Man kann zuversichtlich hoffen, daß Robert Hamerling sich in künftigen Erdenleben in verstärktem Maße einer geistgemäßen Weltanschauung zuwenden wird.

Kronprinz Rudolf von Österreich

Persönlichkeit und Schicksal auf dem Hintergrund des Nero-Lebens

Maria J. Krück von Poturzyn

I

Das Leben Neros als Schicksalsfrage

Es gibt einen geschichtlichen Lebenslauf, der, soweit Nachrichten überliefert sind, mit keinem Zug unsere Sympathie, ja nur schwer unser Mitleid wecken kann, ein Leben, das menschliches Fühlen verhöhnte, göttlichem Zorn die Stirne bot und in winselnder Eitelkeit zu Ende ging. Seit 1900 Jahren wird der Name verabscheut, nur Hunde nennen wir noch nach ihm. Es ist Nero, der Antichrist für das Mittelalter, der Sexualverbrecher für die neue Zeit; der Mensch, über dessen Wiege der eigene Vater prophezeite: von ihm und seiner Frau Agrippina könne der Welt unmöglich etwas anderes als ein Scheusal und ein Verderber der Menschheit geschenkt werden.

Dieser Vater, ein römischer Edelmann, starb, als der Knabe Nero schwarzhaarig und dunkeläugig, die ersten Sätze stammelnd, im Palast der Eltern umherlief. Die Mutter Agrippina stammte aus Julius Cäsars Geschlecht, ihr erschien die Herrschaft über das Römerreich als Anspruch des Blutes, als Lebenssinn und Schicksalsrecht. Daher hat sie gegen den herrschenden Kaiser konspiriert und muß in die Verbannung gehen. Aber sie wird wiederkehren, so wahr die Götter im Himmel sind und ein Kaiser nicht ewig lebt! Indes soll Nero den Boden Roms nicht verlassen; zur Wartung übergibt sie das dreijährige Kind zwei Günstlingen, einem Tänzer und einem Barbier.

Claudius, ein neuer Kaiser, ist das Instrument, das sie braucht. Er ruft Agrippina aus der Verbannung zurück, zieht den zehnjährigen Nero an seinen Hof, läßt ihn als Prinzen behandeln und ist nicht unschwer zu bestimmen, Agrippina zur Frau und Kaiserin zu machen. Zu Neros Erziehung kann von nun an nur der größte Philosoph des Reiches, Seneca der Stoiker, ausersehen sein, und als der Vierzehnjährige die Toga des Knaben mit der des Mannes vertauscht, tritt er in der Rolle des Kronprinzen auf, obwohl der Kaiser selbst einen Sohn hat. Ein Jahr später setzt Agrippina die Vermählung Neros mit der kleinen Octavia durch, so daß er zum Schwiegersohn des Kaisers aufrückt. «Rom unterscheidet sich nicht mehr von einem Barbarenstaat», grollt Tacitus, «die Römer sind Sklaven eines Weibes geworden.»

Selbst wenn Nero dem Blute Julius Cäsars entstammt, so braucht der Siebzehnjährige einen Mann, der beschlagen ist. Seneca wird somit zum ersten Ratgeber im Reich ernannt und Neros Antrittsrede ist von ihm verfaßt; sie findet Anklang, denn es wird dem Senat Mitwirkung an der Regierung versprochen, den Edlen bessere Rechtspflege, dem Volk erleichterte Steuern.

Bisher hat Nero getan, was seine Mutter wünscht; nun, da erreicht ist, was zu erreichen war, fängt er an zu begreifen, daß auf dem Platz, an den ihn seine Mutter gestellt hat, sein eigener Wille sich unbeschränkt betätigen kann. An keiner der weiten Grenzen vom Libanon bis an die Säulen des Herkules, zwischen Britannien und dem germanischen Limes, ist ein Krieg im Gange, für die Verwaltung sorgt die Staatsmaschine und in besonderen Fragen muß Seneca Bescheid wissen. Nero hat Zeit und Langeweile. Da ist eine kleine Freigelassene, Acte mit Namen, mit ihr beginnt er zu tändeln, doch «mit Mägden gibt man sich nicht ab!» empört sich Agrippina. Wie, soll die Mutter ihn immer noch gängeln? Er ist Cäsar und kann tun, was er will, selbst Seneca steht in dieser Sache zu ihm. «Den Professor Seneca», spottet Agrippina jetzt, «willst du wohl immer noch als Erzieher behalten?» Nero überhört ihren Spott, doch ist nächsten Tags Pallas entlassen, Agrippinas eigener Vertrauter. Zum ersten Mal fällt der Fehdehandschuh zwischen Mutter und Sohn.

Claudius' Sohn ist herangewachsen, eben wird ihm feierlich die männliche Toga angezogen. «Man hätte doch Britannicus zum Cäsar machen sollen», droht Agrippina, «vielleicht würde er besser zu diesem Amte taugen.» Agrippinas Ehrgeiz hat nie ein Hindernis gekannt, auch Agrippinas Rache wird vor nichts zurückschrecken. Nero beginnt sich vor dem vierzehnjährigen Britannicus zu fürchten, und wenn ein Cäsar sich fürchtet, kann er Abhilfe schaffen. Locuste, das gleiche Weib, das Claudius' Pilze bereitet, mischt nun das Gift für den Todestrank seines Sohnes. Des Knaben Glieder werden steif, er hat Schaum vor dem

Mund ... «Es ist nur einer seiner epileptischen Anfälle», sagt Nero, «die hat er immer schon gehabt.»

Der Knabe Britannicus ist tot, aber die Liebe zwischen Agrippina und ihrem Sohn, von gleicher Machtgier in Haß verkehrt, bleibt und sucht nach neuem Zündstoff. Die Kaiserin trage sich mit dem Plan, des Sohnes Regierung zu stürzen, wird öffentlich verkündet, und Nero, dem Schein nach tieftraurig, doch gerecht, übergibt die Sache den Gerichten. Man spricht Agrippina frei, man preist Nero ob seines Verzeihens. Rom ist mit dem jungen Cäsar zufrieden. Das Volk erhält Getreide aus Afrikas unermeßlichen Kornfeldern und Spiele, die aufregend sind und den Staat viel Geld kosten. Am Niederrhein wird der Drususdamm gebaut, die Friesen sind zurückgedrängt, die aufständischen Armenier im Schach gehalten. Was bleibt einem Kaiser zu tun? Der Erdkreis gehorcht seinem Wort, die Schätze aller Länder stehen zur Verfügung, es gibt nichts, was er sich nicht erlauben könnte. Wirklich nichts? Haben nicht die Cäsaren bisher behauptet, ein Fürst müsse sich selbst Grenzen auferlegen?

Damals begann es, daß dem Polizeipräfekten gemeldet wurde, die Stadt Rom sei des nachts nicht mehr sicher, Verkaufsstände würden geplündert, harmlose Passanten angefallen und in die Kloaken geworfen. Und der Urheber? Seine Herrlichkeit der Kaiser in eigener Person, in Sklavenkleidung, mit einer Rotte übler Spießgesellen. Poppaea heißt seine neue Freundin, eine verheiratete Frau jüdischer Abstammung. Poppaeas Mann wird nach Portugal geschickt, aber warum räumt Nero seine Frau nicht aus dem Wege? Octavias Vater ist tot, sie hat niemand mehr, der sie schützt. Niemand? Agrippina selbst wird Octavia schützen und wehe, wenn der Sohn sie verstoßen sollte! Wer nun eigentlich Herr von Rom sei, Agrippina oder ihr Muttersöhnchen? höhnt Poppaea. Und nun gebiert sich ein Plan in Nero, der erste ungeheuerliche, der den lästerlichen Mut verlangen wird, die geheiligten Gesetze des Blutes mit Füßen zu treten. Aber Mut ist nicht Neros Sache; wenn etwas geschehen soll, muß es heimlich sein. Ein Schiff wird nach neuer Erfindung gebaut, es hat eine Kabine, deren Boden sich durch einen besonderen Mechanismus wegziehen läßt. Nero feiert einen wunderbaren Abend mit seiner noch schönen Mutter in jenem Golf, wo seit Jahrzehnten reiche Römer den milden Frühling und verklärten Herbst genießen, wo aus vulkanischem Boden für jedes Gebrest eine heilende Quelle entspringt; oberhalb Puteoli, wo in diesen Jahrzehnten, noch unbekannt und unverfolgt, die ersten großen Christen landen.

Zärtlich verabschiedet sich Nero von seiner Mutter, galant begleitet er sie bis ans Schiff. Eine Viertelstunde später zieht ein Vertrauter an der todbringenden Kette. Agrippinas Dienerin ertrinkt, weil man ihr ein Ruder auf den Kopf schlägt, die Kaiserin selbst entkommt schwimmend an das Ufer von Bajä, an dem man noch heute auf ragendem Tuffelsen die Reste ihrer Villa zeigt. Die Nachricht der Rettung raubt Nero den Schlaf, er beruft Seneca und dieser, obwohl sonst dem Morde abhold, willigt in alles ein, was Nero vorschlägt, denn Agrippina wird nie mehr verzeihen. «Auf diesen Leib stoße, weil er den Nero geboren hat», ruft die Kaiserin, als des Sohnes Blutknechte in ihr Gemach dringen. Im Römerreich werden Dankopfer angeordnet, weil Aprippina den Kaiser habe ermorden wollen und er nur durch der Götter Gnade gerettet sei.

Was in Rom sich vollzieht, spiegelt sich an den Grenzen. Fern in Britannien, das bis nach Schottland hinauf zum Reich gehört, spotten römische Legionäre der alten keltischen Götterkulte und schänden frech die Töchter der Königin Buddika. 70'000 Römer sollen für diese Schande ermordet worden sein und erst als die Truppen geschlossen anmarschierten, erlagen die Briten den besseren Waffen. Buddika trank Gift; sie wird bis in unsere Tage durch ein Standbild an der Brücke nahe Westminster geehrt.

Auch in Armenien ist ein Aufstand niedergeworfen, und ein Mann wird zum neuen König der Armenier gemacht, der sich auf dem römischen Forum vor dem Cäsar Nero niederwirft: «Ich bin gekommen zu dir, meinem Gott, um mich in den Staub zu werfen wie ich es tue vor Mithra, dem Sonnengott, und ich werde sein, was du aus mir machst.» Das war im Jahr 66, 33 Jahre nachdem der Sonnengott auf Golgatha sein Erdenwandeln mit dem Opfertode beschlossen. An diesem Tage klingt, für alle hörbar, ein neuer Ton durch Neros Reden, entschleiernd tiefstes Geheimnis. Denn es muß sich um jene Jahre vollzogen haben, daß Nero einem Verhängnis verfiel, das seit Augustus auf den römischen Kaisern lastete: die irdische Macht zu mißbrauchen, um die Pforten der Mysterien zu sprengen. Was Jahrtausende gehütet hatten vor jedem unbefugten Ohr und Auge, was Heiligstes und

Kronprinz Rudolf von Österreich 1888

Höchstes aller Völker und Kulturen bedeutete, der Umgang mit den Göttern; was erkauft werden mußte durch Reinigungen und Opfer, Verzicht und Gnade: jetzt wurde es preisgegeben an Menschen, die Mörder und Lästerer sein konnten – nur weil sie den Purpur trugen. Schon lauerten die Schlangen auf verlassenen Altären, sechs Jahrzehnte nach der Zeitenwende; schon wurden die menschlichen Körper ungeeignet, in althergebrachter Einweihung göttlich-geistige Mächte zu erreichen; oft kostete es den Tod in mißlungenem Versuch. Aber wenn doch geschaut und erlebt wurde, ohne Vorbereitung und Läuterung, konnte es nichts anderes als Verderbnis bedeuten. Für Neros grausame Seele, die widerrechtlich einen Blick vom Reiche jenseits der Schwelle erhaschte, kehrte sich das Wissen in Wahn und Zerstörungswut. Vor kurzem noch hat er, als eine Verschwörung römischer Adliger blutig niedergeschlagen wurde, den Antrag des Senats auf die eigene Vergottung abgelehnt; jetzt läßt er sich als Gott anreden. Ein Gott kann aller Menschlichkeit spotten ... Zahllos werden die Morde, zahllos die abgeschlagenen Köpfe, die er sich bringen läßt, um sich an ihnen zu weiden. Octavia, die angetraute Frau, wird verstoßen, man schneidet ihr die Adern auf, erstickt sie in heißen Dämpfen und ihr Kopf wird Geschenk für Poppaea. Ein Gott ist beides: Mann und Weib. Ein Günstling namens Sporus wird entmannt und Nero, als Weib verkleidet, verheiratet sich mit ihm in aller Öffentlichkeit. Ein Gott ist Schützer aller Künste: im Circus des griechischen Neapel tritt Nero als Wagenlenker, Dichter und Sänger auf, als der «größte Künstler, den die Welt gesehen». Selbst sein verstorbenes Töchterchen wird vergottet und muß in einem Tempel verehrt werden. «Vor mir hat noch kein Fürst gewußt, was alles er sich erlauben kann.»

Ein Spielzeug, göttlicher Willkür unterworfen, ist die ganze Erde. Vom Weltenbrand, vom Weltenuntergang künden die Sibyllen; Rom wird untergehen wie einst Troja unterging, und mit ihm der Erdkreis. Dies aber wird die Tat Neros sein! Der 28jährige Cäsar läßt die eigene Stadt an allen Ecken anzünden und steht, die Harfe in der Hand, vom Ende Ilions singend, auf dem Turm des Mäcenas. Tausende von Häusern verbrennen, Hunderttausende werden obdachlos. Aber die Erde geht nicht unter und Nero lebt. «Der Kaiser selbst hat Rom angezündet», flüstert es entsetzt, und Nero ist feige wie je. Nein, nicht der

Kaiser, sondern jene gottlosen Christianer haben es getan, wird auf Befehl verkündet, und nun werden die Unschuldigen, die man bisher kaum dem Namen nach kannte, scharenweise den wilden Tieren des Circus vorgeworfen. Nero selbst stellt pechbestrichene Christen als lebende Fackeln in seinen Gärten auf und fährt an den brennenden Monumenten in vierspännigem Wagen vorbei. Die Opfer sterben singend, für jeden Toten stehen neue Bekenner auf, und Rom ist nicht beschwichtigt. Die Adligen verschwören sich, werden zu Dutzenden hingerichtet, selbst der alte Seneca schneidet sich die Adern auf, um schlimmerem Tod zu entgehen.

Rom wird neu aufgebaut, in riesigen Ausmaßen, mit enormen Mengen von Marmor. Für Nero baut man das achtstöckige «goldene Haus» mit elfenbeinernen Decken, denen Duftstoffe entströmen, mit Zimmerbrunnen mit Fluß- und Meerwasser; vor dem Palast steht sein eigenes Standbild, 31 m hoch; jeder Finger daran ist so groß wie ein Mann. Mit 5000 Begleitern reist der Kaiser durch Griechenland und läßt sich im Heimatlande Apolls als Sänger feiern, verspricht den Städten kommunale Freiheit und plündert gleichzeitig ihre Kassen und Tempel. Über dem Erdspalt von Delphi, dessen Dämpfe die Zukunft enthüllen, wird eine menschliche Massenschlächterei befohlen.

Endlich ist Nero wieder in Italien gelandet. In Neapel wird ihm ein Aufstand in Gallien gemeldet, man bittet um seine Rückkehr. Doch «die göttliche Stimme» ist heiser und heischt Schonung. Erst nach Wochen bricht er auf und weil sich für einen siegreichen Gott nur eine niebetretene Straße geziemt, muß ein Teil der Stadtmauer Roms eingerissen, eine neue Zufahrtsstraße erbaut werden. Im Gewand des Sonnengottes, das mit goldenen Sternen bestickt ist, zieht Nero in die Hauptstadt ein, rechts und links müssen Opferaltäre zu seinen Ehren rauchen bis zum Kapitol. «O göttliche Stimme!» heißt der befohlene Ruf, und nun begreift ganz Rom: der Cäsar ist wahnsinnig. Der Senat drängt auf Absetzung, ein Feldherr wird von den Soldaten bestürmt, sich als Kaiser ausrufen zu lassen, auf Rom zu marschieren. Der Gott auf dem Kapitol, 30 Jahre alt, ist am Ende seiner Kraft. Er will heute den ganzen Senat ermorden, morgen in Trauerkleidern um Verzeihung bitten; dann wieder die Löwen des Circus auf die Stadt hetzen und gegen die aufständischen Gallier ein Bataillon Dirnen aussenden. Galba ist zum Kaiser ausgerufen? Gut, er wird nach Ägypten fliehen und als Kitharöde sein Leben verdienen oder als Erfinder einer neuen Wasserorgel. Inzwischen müssen seine Ammen ihn trösten und Locuste, die für Claudius und den kleinen Britannicus das Gift gemischt, soll auch ihm einen Trank bereiten. Aber er hat nicht die Kraft, ihn zu trinken.

Er ruft die Leibwachen: nur die eigene Stimme schallt aus leeren Gängen wider; er schickt nach seinen Freunden, sie kommen nicht. Jetzt begreift Nero: alles ist zu Ende und keiner mehr steht zu ihm. Poppaea hat er längst durch einen Fußtritt getötet, damals als sie ein Kind erwartete. Es folgt ein gespenstiger Nachtritt in die Berge; ein einziger Edelmann wagt es, sein Landgut für einen Kaiser zu öffnen, der verdurstend vom Pferde steigt und aus Pfützen trinkt. Vor seinen Ammen und Acte, der Geliebten aus erster Jugendzeit, jammert er durch die letzten Stunden. Schon ist die Nachricht aus Rom gefolgt, zum Tode des gemeinen Verbrechers sei er verurteilt, schon hallt das Hufgeklapper der Häscher über das Pflaster. Es wurde später berichtet, sein letztes Wort sei gewesen: «Welch ein Künstler muß mit mir zugrunde gehen!» Jedenfalls setzte er den Dolch an die Brust, hatte aber allein nicht die Kraft, ihn durchs Herz zu stoßen; ein Freigelassener mußte ihm die letzte Hilfe leisten. Acte, die vielleicht trotz aller Teufelei etwas von seinem ewigen Wesenskern geahnt, verbrannte seine Leiche, um sie vor Schändung zu bewahren. Das war am 9. Juni des Jahres 68 nach Christus.

In den Jahren nach dem zweiten Weltkrieg wurde in Deutschland ein Buch über Nero und zugleich über Hitler geschrieben; es sollte das Bildnis des dämonischen Unholds zeichnen, der durch die Jahrhunderte immer wiederkehrt, um jedesmal aufs neue von Gott zermalmt zu werden. Es stimmt, daß da eine Anzahl Parallelen vorliegen, dennoch konnte es nicht anders sein, als daß der Blick, der im einmaligen Leben eines Menschen befangen ist und von der Tatsache der Evolution nichts weiß, in die Irre ging. Auch für den Träger von Dämonen, den Antichrist von Rom, hat sich der Opfertod auf Golgatha vollzogen und sinnlos bliebe die Geschichte ohne den Weg von der Schuld zur Sühne. Die Frage bleibt nur: wie und wann vollzog sich die Sühne eines Menschen wie Nero? Die Menschheit steht an der Schwelle einer neuen

Geist-Erkenntnis und hat ein Recht, die Frage zu stellen. Sie wurde erstmals ausgesprochen in den düstern Winternächten des Jahres 1889 in der Kapuzinergruft der Habsburger zu Wien. Elisabeth, Kaiserin von Österreich und Königin von Ungarn, kniete schwarzverkleidet an dem Sarge des einzigen Sohnes und rief, daß es durchs Gewölbe hallte und bis zu den Ohren der entsetzten Mönche drang: «Rudolf, warum hast du es getan?» Es war, als verkörpere sich in ihr eine ganze Zeit, die in tiefster Not die Frage stellte, rüttelnd an der verschlossenen Tür bitterer Schicksalsrätsel. «Warum, o warum? Gib Antwort!»

II

Das Leben des Kronprinzen Rudolf als Schicksalsantwort

Fünfhundert Jahre hatte das Geschlecht der Habsburger über das Deutsche Reich, über Österreich, Ungarn, über Menschen aus zwölf Sprachen geherrscht. Wohl hat man die Ansprüche auf die deutsche Krone aufgeben müssen, doch blieb in dieser Familie immer noch ein Reich zu vererben, das vom Bodensee bis an die siebenbürgischen Wälder, vom Riesengebirge bis nach Montenegro reichte; es bedeutete mehrere Königskronen und zahlreiche Fürstentitel. Dem achtundzwanzigjährigen Franz Joseph und seiner außergewöhnlich schönen Frau Elisabeth wurde zu diesem Besitz ein Sohn beschert, der mit nachdenklicher Stirn und forschenden Augen die Hofburg erheiterte. Sanfte Stimme, blumenzarte Haut, notierten die Gesandten, kann unvermittelt auch bösartig werden und gelegentlich lügen. Schon mit vier Jahren mußte Rudolf anfangen zu lernen, natürlich bei ausgesucht strenggläubigen, kaisertreuen Professoren, Geistlichen und Offizieren. Das Motto, von Franz Joseph eigenhändig aufgeschrieben, hieß: «Mein Sohn soll kein Freigeist werden!» Früh, mit zehn Jahren schon, wurde Rudolf zur ersten Beichte geschickt und als Gebet zur Erweckung der Reue wurde vorgeschrieben: «O mein Gott, ich habe Deine Rache gegen mich herausgefordert, ich bin nicht wert, Dein Kind zu heißen.» Aber siehe da, der fröhliche Prinz fing über den Worten so erbarmungswürdig zu weinen an, daß man es ändern mußte. Das Kind einer katholischen Fürstenfamilie, das in der Burg zu Wien und um die Mitte des neunzehnten Jahrhunderts heranwuchs, war begreiflicherweise tags und nachts behütet; wie kam der fünfzehnjährige Junge zu den Gedanken, die er am zweiten Weihnachtstag 1873 eintrug? «Durch meinen Kopf streichen Gedanken aller Art, es sieht wüst drinnen aus und es kocht und arbeitet den ganzen Tag in meinem Gehirn. Ich denke stets nach: was wird das Ende sein? ... Ich sehe ein, daß alles, was ich wissen will, ich nie wissen werde, doch eins ist sicher: streben muß man solange und immer trachten, mehr, immer mehr zu erreichen, nicht an Titeln, nicht an Würden, nicht an Reichtum, nein dieses Geschäft lasse man diesen feilen Geschlechtern, welche von Christi Geburt an ihre Ahnen kennen. Nein, ich will Wissen ... Das Königtum steht da, eine mächtige Ruine, die von heute auf morgen bleibt, doch endlich sinken wird. Jahrhunderte hat es gehalten, und solange das Volk sich blind leiten ließ, war es gut, doch jetzt ist seine Aufgabe zu Ende, frei sind alle Menschen und beim nächsten Sturm sinkt diese Ruine.» Was hat der gleiche fünfzehnjährige Sproß einer katholischen Großmacht im Sinn, wenn er aufzeichnet: «Die Geistlichen ... schadeten am meisten dadurch, daß sie recht gut verstanden das Volk ... so niederträchtig und untertänig zu machen, daß sowohl sie wie der Adel leichtes Spiel hatten und mit den armen Leuten machen konnten, was sie wollten.»

Mit neunzehn Jahren wird Rudolf mündig gesprochen; er errötet noch, wenn er seine schöne Mutter küßt oder ihr zärtlichgalant den Steigbügel hält, aber er ist durchaus nicht nur Kavalier, er interessiert sich für Fabriken und würde brennend gerne naturwissenschaftliche Kollegs hören, wenn der Vater nicht darauf beharrte, daß ein Habsburger nicht auf die Universität gehen darf. Rudolf hat als Knabe schon gern geschossen und zum Entsetzen seiner Schwestern selbsterlegte Singvögel zum Gabelfrühstück verzehren können. Nun jagt er auf Adler in Ungarn, auf Gemsen in den Alpen, er tanzt auch und besucht pflichtschuldig die Opern von Wagner und Offenbach – in bezug auf Kunst ist Rudolf ein Barbar, der fragt, warum man eigentlich staatliche Bildergalerien habe? Reisen waren für einen Habsburger erlaubt. Er nützt es aus und begleitet seine Mutter nach England. Doch Elisabeth wohnt nur in Schlössern, verkehrt mit dem hohen Adel und geht ihrer Leidenschaft des Reitens nach, in London so gut wie in Irland. Rudolf trennt sich schon in der ersten Woche von ihr; ihn interessieren die Spinnereien, Kohlenschächte, Hochöfen, Börsen, die Arbeiterwohnungen und Parlamentssitzungen. Damals schreibt er einen «Mahnruf» an die aristokratische Jugend Österreichs und läßt ihn ohne Namensnennung verbreiten: Der Adel sei allmählich durch Arroganz, Bequemlichkeit und Feigheit zu allen Ämtern untauglich geworden! Der Technik, der Industrie gehört die Zukunft und ist nicht die Naturwissenschaft eine neue Religion? «Durch ihre erhabene Moral und die Verehrung unwandelbarer Naturgesetze und der Weltordnung wird allmählich die Wissenschaft an die Stelle einzelner Kulte treten, die tief gesunken sind und sich bald überlebt haben werden.» Er sucht sich jetzt selbst die Begleiter aus und fährt mit dem überzeugten Darwinisten Brehm bis nach Afrika; das ist der Urlaub des einundzwanzigjährigen Oberst Rudolf von Österreich, der auf dem Hradschin wohnt, Tschechisch beherrscht und sich in Prag beliebt macht – allerdings umsoweniger im Herrenhaus zu Wien. Dort sind in das Kabinett des klerikalen Grafen Taaffe, der das Prinzip der «Fortwurstelns» erfunden hat und davon spricht, daß man «alle Nationen in gleichmäßiger, wohltemperierter Unzufriedenheit» halten müsse, die böhmischen Großgrundbesitzer Thun und Schwarzenberg eingetreten. Rudolf schreibt ergrimmt von «jenen vollkommen nationslosen feudalen Herren, die das slavische Volk zu sich in den Kot ziehen, um es auszunützen». Die Frauen Prags sind dem gutaussehenden Kronprinzen alle nicht gram, aber er liebt ein jüdisches Mädchen, besucht sie im Ghetto und macht zum ersten Mal ein Testament. Als der sorgende jüdische Vater das Mädchen entfernt, stirbt sie bald darauf. Rudolf geht des nachts auf ihr Grab, um «zur Sühne» Blumen zu bringen, denn: «Ich fühle immer ihren vorwurfsvollen Blick auf mir.» Später sollte gerade diese Episode von dem Neurologen Benedikt als erstes Symptom einer Nervenkrankheit gedeutet werden. Das Problem des Todes beschäftigt Rudolf schon in früher Jugend, bei der Jagd blickt er immer wieder in die brechenden Augen der Tiere, denn «man muß mit den letzten Konsequenzen des Lebens rechnen lernen».

Es wird Zeit, daß man den Kronprinzen verheiratet. Die Auswahl katholischer ebenbürtiger Prinzessinnen ist klein; Franz Joseph hat die Tochter des belgischen Königs erwählt und anbefohlen. Auf der Hinfahrt nach Brüssel besucht Rudolf in München seinen Onkel Ludwig II., der mit ihm ein Fest unter Palmen bei künstlichem Mondschein feiert und dem Neffen begeistert ganz Bayern vermachen will. Der kindhaften Braut Stefanie fällt auf, daß Rudolf es nicht verträgt, wenn man ihm gerade in die Augen schaut. Von ihrer älteren Schwester haben wir das deutlichste Porträt aus dieser Zeit: «Er war mehr als schön, er war verführerisch ... Das Auge ... es war ein beunruhigendes Auge, Enthüller einer zugreifenden, differenzierten und raffinierten Seele.» Die Ehe schien anfangs leidlich zu gehen, doch der eigentliche Freund und Vertraute war nicht Stefanie, sondern der ungarisch-jüdische Redaktor Szeps, dessen «Neues Wiener Tagblatt» bald derart gute Informationen empfing und mysteriös gezeichnete beißend-kritische Aufsätze brachte, daß Taaffe es eines Tages verbot. Rudolf, wieder nach Wien versetzt, vom Vater ängstlich ferngehalten von jeder Mitarbeit, sah wachen Auges die «schiefe Ebene, auf der wir abwärtsgleiten». In seinem Arbeitszimmer der Burg flog ein zahmer Rabe herum und einmal gestand er, daß ihm gelegentlich sein Ahnherr Rudolf erscheine. Daneben machte er sich einen Spaß daraus, hochadelige spiritistische Seancen als Schwindel zu entlarven und schoß im Mittelmeer auf Delphine, um den Aberglauben zu entkräften, wer diese Tiere töte, verurteile sich zu frühem Tod.

Das Ringtheater brannte ab, 230 verkohlte Leichen zog man aus den Trümmern, an Kaiser Franz Joseph erging die Meldung: «Alles gerettet.» Rudolf, 28 Jahre alt, versank nach diesem Brand in Melancholie, sprach und schrieb von dem «unvermeidlichen großen Kriege und dem Ruin des alten Europa». Immer wieder tauchte die Zukunft im Bilde des Brandes in Rudolfs Seele auf, einmal fürchtete er, betrunkene Patrioten könnten die Villa seiner Frau an der Adria anzünden, und an Szeps schrieb er: «Man spielt mit dem Feuer ... Elemente brachte man in Bewegung und Geister wurden heraufbeschworen, die zu bannen man nicht mehr imstande sein wird ... Fast sollte man meinen, das alte Europa hat sich überlebt ... Der Krieg, der dann ausbricht, wird kein vorübergehender Sturm sein, sondern eine Blut- und Sintflut, die jedes Land bedeckt ...» Doch prophezeit er auch, daß nach langer Krankheit ein neues Europa emporblühen werde, und hat sein Programm entworfen für den Tag, wenn er einmal Kaiser sein wird. Der Großgrundbesitz soll aufgelöst werden, die Technik muß eine soziale Mission erfüllen; «heute gehört, was der Mensch aus dem Boden der Tatsachen erschafft, sofort nicht mehr ihm allein.» Die Nationalitätengefühle sind überlebt, sie basieren auf den gemeinsten, tierischen Grundsätzen, es sind fleischliche Instinkte; nur die Idee der Gleichberechtigung aller Völker kann geistigen Vorteil bringen. Er ist «neugierig», wie lange Österreich braucht, um zusammenzukrachen, und prophezeit für Deutschland einen republikanischen Staatenbund nach dem Muster Nordamerikas. Als Rudolf seinen ersten offiziellen Besuch in Berlin abstattet, sagt Bismark, die Reife von Rudolfs Ansichten habe alle seine Erwartungen weit übertroffen.

Dennoch melden sich damals Zeichen unaufhaltsamen Verfalls. Er fühlt sich steigend unfähig zu ernsthaftem Studium, behauptet in Wien nicht mehr schlafen zu können, fährt mit seinem treuen Kutscher Bratfisch nächtlicherweise von Lokal zu Lokal. Anfangs nahm er seine Frau dabei mit, doch Stefanie weigerte sich bald; sie begriff nicht, was ihren Mann dazu verlockte. Man munkelt, sein Schiff sei in der Adria beinahe gesunken, weil die gesamte Besatzung betrunken gewesen. Man erfährt, daß er den Bankier Hirsch protegiere, weil er Schulden habe. Immer häufiger erzählt man von Streichen, die an die rohe Willkür römischer Cäsaren denken lassen: Er habe bei Tisch einen Eingeschlafenen auf einen Katafalk gelegt, um sein Gesicht beim Erwachen zu studieren; er sei im Galopp mit seinen Freunden über den Sarg bei einer Beerdigung gesprungen. Er geht erst um 3 Uhr zu Bett, trinkt viel, nimmt Morphium gegen den Husten, hat Kopfschmerzen und rotgeränderte Augen. Es kommt zu Szenen mit Stefanie, er droht, sich und sie zu erschießen oder den Papst um Scheidung anzugehen. «Ich fand ihn erschreckend gealtert», schrieb später Stefanie, «die Haut fahl und schlaff, den Blick flackernd. Es war, als lösten sich seine Züge von innen her auf, als hätten sie den inneren Halt, den ihnen der Wille geben muß, verloren.» Der Schwager Karl Theodor sagt, er sei ein unheimlicher Mensch geworden. Schließlich fragt Rudolf ein Mädchen aus der Halbwelt, dann die siebzehnjährige Baronesse Vetsera, ob sie mit ihm sterben wolle. Mary Vetsera, erst seit kurzen Wochen mit ihm bekannt, sagt backfisch-schwärmend Ja. Doch was immer in die Öffentlichkeit drang, Österreich und Ungarn setzen alle Hoffnungen auf den begabten Erben, ja es scheint, daß die Ungarn ein Komplott vorbereiteten, um ihn noch vor dem Tode des Vaters zum König auszurufen.

Johann Strauß hatte den Kaiserwalzer geschrieben und Wien tanzte nach ihm bis zu der Nacht auf den 30. Januar 1889, als die Nachricht aus dem Jagdschloß Mayerling eintraf, der Kronprinz sei tot; erschossen, im Rausch erschlagen, hieß es erst, dann kam es noch schlimmer: der Sohn der katholischen Habsburger hatte selbst Hand an sich gelegt und war vorher zum Mörder an seiner Geliebten geworden. Es funkten Telegramme durch Europa, es rasten Kuriere zwischen Wien und Rom, ein Kardinalskollegium wurde einberufen wegen der heiklen Frage kirchlicher Bestattung dieses fürstlichen Selbstmörders, Professoren sollten ein Gutachten über die geistige Unzurechnungsfähigkeit abgeben – sie taten es alle bis auf einen. Der ungarische Ministerpräsident verlangte in persönlicher Audienz beim Kaiser die volle Wahrheit, Diener wurden mit Gold zum Schweigen verpflichtet, Mary Vetsera begrub man in aller Eile und Stille; Broschüren erschienen, wurden verboten und im Ausland gedruckt; bis heute «enthüllen» Kinostücke die Tragödie von Mayerling.

Enthüllt hat es ein anderer, jener, der die Antwort gab auf die verzweifelte Frage Elisabeths am Sarg des Sohnes: Rudolf Steiner. Ein Schicksal lebte sich hier aus, das einst Göttern und Menschen Hohn gesprochen, das einem teuflischen Zerstörungstrieb verfallen war. In der Metamorphose des Heute mußte die Seele erkranken und das eigene Leben wertlos finden mit allem, was es an Glanz und Zukunftsaussicht bot. Die Pfeile, einst nach außen gewandt, kehrten sich gegen das eigene Leben. Auf einzigartige Weise wiederholten sich Zahlen: Dreißig Jahre, fünf Monate, 24 Tage währte das Leben Neros; dreißig Jahre, fünf Monate, 9 Tage hat Rudolf gelebt. Wie im verkleinerten Spiegelbild reflektiert der Brand von Rom sich im Brand des Burgtheaters, mutwillig entzündet damals, mit Entsetzen erlebt heute; der nächtliche, bösartige Umtrieb des Nero in den ruhelosen Fahrten des gehetzten Rudolf; die Mordlust des Nero in der Todessehnsucht des Habsburgers; Untergangsstimmung eines Weltreichs dort, Vorahnung des Zusammenbruchs hier. Schließlich der gewaltsame Tod im Jahre achtundsechzig; ein mörderischer Kaiser, verfolgt von der Rache seiner Untertanen, ein Sklave, der ihm helfen muß, den

Dolch zuzustoßen; 1889 ein Mensch, dem das Leben alles verheißt, auf den ein Reich, eine große Aufgabe wartet, der in halbem Wahnsinn flüstert: Ja, es muß sein!», den Revolver an die eigene Schläfe hält und sich in dieser letzten Stunde helfen läßt von einem Mädchen, das sich von ihm erschießen lassen will, damit es kein Zurück mehr gibt. Dennoch mag man sagen, was das Opfer eines einzigen Lebens bedeute gegenüber den ungezählten Bluttaten eines Nero? Selbst wenn man dazurechnet, was Rudolf Steiner aufgezeigt: es habe zwischen Nero und Rudolf bereits eine Sühne-Inkarnation gelegen, in der dieses Ich unfreiwillig und auf Befehl eines Vorgesetzten Werkzeug der Zerstörung sein mußte – kann die Sühne schon vollzogen sein?

Mary Vetsera hat in ihrem Abschiedsbrief an die Mutter den kindlich-frivolen Satz geschrieben: «Wir freuen uns schon darauf, wie es in der andern Welt aussieht.» Diese andere Welt ist in unsere Sichtbarkeit gerückt, denn Rudolf der Selbstmörder, wird mit dem Land, dem Posten, den er verlassen, durch Jahrzehnte aufs innigste verknüpft gewesen sein. Was da geschah, wissen wir. Im Jahr 1917 ließ Rudolf Steiner dem Kaiser von Österreich ein Memorandum über die Dreigliederung überreichen. Ohne den Selbstmord von Mayerling wäre Rudolf, sechsundfünfzigjährig, dieser Kaiser gewesen, ein Mann, der als vierundzwanzigjähriger schon gewußt hatte, daß ein neues Europa sich gebären müsse; nun stand an dem Platz ein unselbständiger, unfähiger Mensch, der die Stunde nicht erkannte, die sich Österreich und dadurch Mitteleuropa bot. Es folgte die Blut- und Sintflut, die Rudolf vorhergesehen – und er selbst mußte aus geistigen Bereichen miterleben, aber ohnmächtig zusehen, was alles geschah –, durch sein Versagen: Schuld und Elend und Chaos. Von diesem Aspekt aus ist zu begreifen, daß die Schuld eines Nero jetzt im Schmelzofen der Läuterung soweit getilgt sein kann, daß seine starken Kräfte, vom Karma durch die Jahrhunderte und im Laufe von zwei Leben und einer dreimaligen peinvollen Rückschau nicht vernichtet, sondern gewandelt, in Zukunft im gleichen Maße dem Aufbau dienen können, wie sie einst Werkzeug der Zerstörung gewesen. Vielleicht zählt das Schicksal dieser Entelechie zu den schwerstverständlichen, aber es leuchtet gerade aus ihm die Gnade des Karmas in christlichem Sinn.

Lebensdaten

Conrad Ferdinand Meyer
Geboren in Zürich am 11. Oktober 1825, gestorben in Kilchberg am 28. November 1898

Ralph Waldo Emerson
Geboren in Boston am 25. Mai 1803, gestorben in Concord (Mass.) am 27. April 1882

Herman Grimm
Geboren in Kassel am 6. Januar 1828, gestorben in Berlin am 16. Juni 1901

Henrik Ibsen
Geboren in Skien am 20. März 1828, gestorben in Oslo am 23. Mai 1906

Frank Wedekind
Geboren in Hannover am 24. Juli 1864, gestorben in München am 9. März 1918

Friedrich Hölderlin
Geboren in Lauffen am Neckar am 20. März 1770, gestorben in Tübingen am 7. Juni 1843

Robert Hamerling
Geboren in Kirchberg am Wald (Niederösterreich) am 24. März 1830, gestorben in Graz am 13. Juli 1889

Kronprinz Rudolf von Österreich
Geboren auf Schloß Laxenburg (bei Wien) am 21. August 1858, gestorben auf Schloß Mayerling (bei Wien) am 30. Januar 1889

Anmerkungen

Conrad Ferdinand Meyer

1 Rudolf Steiner: Esoterische Betrachtungen karmischer Zusammenhänge, Zweiter Band, Vortrag vom 12. und 23. April 1924, GA 236, 5. Aufl., Dornach 1977; und Vierter Band, Vortrag vom 16. April 1924. GA 238, 5. Aufl., Dornach 1981.

1a Heinrich O. Proskauer: Geist-Hintergründe in Leben und Werk des Dichters C.F. Meyer. Basel 1976.

2 Siehe Anm. 1, Vortrag vom 12. April 1924.

3 Betsy Meyer: Conrad Ferdinand Meyer in der Erinnerung seiner Schwester Betsy Meyer. Basel 1971.

4 Alfred Zäch und Gerlinde Wellmann: Conrad Ferdinand Meyers Jahre in Kilchberg. Kilchberg 1975.

5 Robert Faesi: Conrad Ferdinand Meyer. 2. Aufl., Frauenfeld 1948

6 Louise von François und Conrad Ferdinand Meyer. Ein Briefwechsel. Berlin 1905.

7 Siehe Anm. 1, Vortrag vom 23. April 1924.

8 Siehe Anm. 1, Vortrag vom 16. April 1924.

9 Rudolf Steiner: Kulturphänome. Drei Perspektiven der Anthroposophie. Vortrag vom 23. September 1923 in Dornach. GA 225, Dornach 1961.

10 Rudolf Steiner: Wege der geistigen Erkenntnis und der Erneuerung künstlerischer Weltanschauung. Vortrag vom 7. Februar 1915 in Dornach. GA 161, Dornach 1980.

11 Louis Wiesmann: Conrad Ferdinand Meyer. Bern 1958.

12 Rudolf Steiner: Entwicklungsgeschichtliche Unterlagen zur Bildung eines sozialen Urteils. Vortrag vom 23. November 1918 in Dornach. GA 185a, 2. Aufl., Dornach 1963.

13 Briefe Conrad Ferdinand Meyers 1. Band. Leipzig 1908.

14 Rudolf Steiner: Das Rätsel des Menschen. Die geistigen Hintergründe der menschlichen Geschichte. Vortrag vom 29. Juli 1916 in Dornach. GA 170, 2. Aufl. Dornach 1978.

Ralph Waldo Emerson

1 Friedrich Hiebel in: «Das Goetheanum». Jahrg. 48, Nrn. 34 und 38.

Konrad Sandkühler in «Erziehungskunst», Mai, Juni und Juli 1973.

Carl Stegmann, Das andere Amerika. Manuskript-Druck o.J.

Harald Kicka, Emerson, Essays. Zürich 1982. Vgl. Nachwort, Emerson-Chronik, Bibliographie und Register.

Harald Kiczka, Ralph Waldo Emerson, Natur. Schaffhausen 1981.

2 Zum Begriff des Doppelgängers vgl. den Vortrag von Rudolf Steiner vom 16.11.1917, St. Gallen in: Individuelle Geistwesen und ihr Wirken in der Seele des Menschen. GA 178, 3. Aufl., Dornach 1980.

3 Rudolf Steiner, Westliche und östliche Weltgegensätzlichkeit. Vortrag vom 10. Juni 1922 in Wien. GA 83, 2. Aufl., Dornach 1981.

4 Herman Grimm, Fünfzehn Essays. Erste Folge. 3. Aufl. Berlin 1884.

5 Rudolf Steiner, Esoterische Betrachtungen karmischer Zusammenhänge Band II, Vortrag vom 23.4.1924 in Dornach. GA 236, 5. Aufl., Dornach 1977.

6 Siehe Anm. 5.

7 Rudolf Steiner, Gegenwärtiges Geistesleben und Erziehung. GA 307, 4. Aufl., Dornach 1973.

8 Ralph Waldo Emerson, Die Tagebücher, ausgewählt von B. Perry. Stuttgart 1954.
Ferner: Ralph Waldo Emerson. Ein Weiser Amerikas spricht zu uns. Auszüge aus seinen Werken von Helene Siegfried. Hamburg 1954.

9 Siehe Anm. 8, s. 50.

10 Siehe Anm. 8, S. 181.

11 Egon Friedell, Kulturgeschichte der Neuzeit, zitiert nach Harald Kiczka, Emersons Essays, S. 320f.

12 Rudolf Steiner, Welche Bedeutung hat die okkulte Entwicklung des Menschen für seine Hüllen – physischer Leib, Ätherleib, Astralleib – und sein Selbst? Vortrag vom 22.3.1913. GA 145, 4. Aufl., Dornach 1976.

13 Vgl. zu Publius Cornelius Tacitus: Ernst Kornemann, Tacitus. Wiesbaden 1946. Ferner: Friedrich Klingner, Römische Geisteswelt. München 1961, S. 461–513.

14 Plinius der Jüngere. Briefe. Reclams Universalbibliothek Nr. 7787.

15 Zu Beatrix und Mathilde von Tuscien: vgl. Gebhardt, Handbuch der deutschen Geschichte Bd. 3 und Bd. 4. dtv-Taschenbuch-Verlag, Wissenschaftliche Reihe. München 1973.

16 Andreas Grote, Florenz. München 1972.

17 Rudolf Steiner, Vortrag vom 7.3.1914 in Stuttgart. Nach Hans Schmidt, «Das Vortragswerk Rudolf Steiners» nicht gedruckt.

18 Publius Cornelius Tacitus, Dialogus de Oratoribus. Das Gespräch über die Redner. Lateinisch und Deutsch. München, Tusculum-Bücherei o.J.

19 Frieda M. Reuschle, Ein Beitrag zum Thema Grimm-Emerson. In: «Das Goetheanum» v. 24. August 1969.

1 Rudolf Steiner: Esoterische Betrachtungen karmischer Zusammenhänge. Zweiter Band. Vortrag vom 23. April 1924 in Dornach. GA 236, 5. Aufl., Dornach 1977.

2 Plinius der Jüngere. Briefe. Reclams Universalbibliothek Nr. 7787. IX, 36.

3 Herman Grimm: Aufsätze zur Literatur. Gütersloh 1915. Darin unter anderen die beiden Essays «Goethe und Suleika» und «Heinrich und Heinrichs Geschlecht».

4 Siehe Anm. 2. VIII, 20.

5 Friedrich Hiebel: Goetheanum 1968, Nr. 38; 1969 Nr. 34, 36, 38.

6 Herman Grimm: Ralph Waldo Emerson. Fünfzehn Essays. Erste Folge. Berlin 1874.

7 Wilhelm Dilthey: In: Zeitschrift für Völkerpsychologie. Band X, 1878. Seite 42–108.

8 Literatur über das XI. Jahrhundert bei: Gebhardt: Handbuch der deutschen Geschichte. dtv. Band 3 und 4.

9 Siehe Anm. 3.

10 Herman Grimm: Das Leben Michelangelos. 10. Aufl. 2 Bände. Berlin 1901; enthält das letzte Vorwort von Grimm, datiert 4. Januar 1901 († 16. Juni 1901).

11 Andreas Heusler: Kleine Schriften, Seite 619–25: Zur Erinnerung an Herman Grimm.
Heinrich Wölfflin: Kleine Schriften: Nachruf auf Herman Grimm.

12 Rudolf Steiner: Mein Lebensgang. Kapitel XIV. GA 28. 8. Aufl., Dornach 1982.

13 Siehe Anm. 7.

14 Rudolf Steiner: Die Weltanschauung eines Kulturforschers der Gegenwart, Herman Grimm, und die Geistesforschung. In: Ergebnisse der Geistesforschung. Vortrag vom 16. Januar 1913 in Berlin. GA 62, Dornach 1962.

15 Herman Grimm: Raphael als Weltmacht. Fragmente. Zweiter und letzter Teil. Berlin 1902. (Aus dem Nachlaß von R. Steig herausgegeben.)

16 Siehe dazu: Wolfgang Schuchhardt: Bemerkungen zu Herman Grimms Stil. In: Mitteilungen aus der anthroposophischen Arbeit in Deutschland. Johanni 1967.
Theodor Fontane hat Grimms Roman «Unüberwindliche Mächte» rezensiert. Siehe: Theodor Fontane: Aufsätze zur Literatur. München 1963. Seite 275–80.

17 Rudolf Steiner: Die tragende Kraft des deutschen Geistes. In: Aus schicksaltragender Zeit. Vortrag vom 25. Februar 1915 in Berlin. GA 64, Dornach 1959.

18 Siehe zu diesem Thema Herman Grimms Aufsatz: Erinnerungen und Ausblicke. Vorwort zur 5. Auflage der Vorlesungen über Goethe. Deutsche Rundschau. März 1894.

19 Siehe dazu: Rudolf Steiner: Das Geheimnis des Todes – Wesen und Bedeutung Mitteleuropas und die europäischen Volksgeister. Vortrag vom 19. Februar 1915 in Hannover. GA 159/60. 2. Aufl., Dornach 1980. – Im gleichen Band über die Brüder Grimm: Vorträge vom 7. März 1915 in Leipzig und 9. Mai 1915 in Wien.

20 Zur Lebensgeschichte der Brüder Grimm:
Wilhelm Schoof: Wilhelm Grimm. Aus seinem Leben. Bonn 1960. Wilhelm Schoof: Jacob Grimm. Aus seinem Leben. Bonn 1961. Hermann Gerster: Die Brüder Grimm. Ihr Leben und Werk in Selbstzeugnissen, Briefen und Aufzeichnungen. München 1952. Wolfgang Schuchhardt: Die Brüder Grimm. In: Die Drei. Heft 5, 1963. Wolfgang Schuchhardt: Jacob Grimm. Zu seinem 100. Todestag. In: Erziehungskunst. Oktober 1963.

21 Siehe Anm. 19. Vortrag vom 9. Mai 1915.

22 Siehe Anm. 3. Das Essay: Die Brüder Grimm und die Kinder- und Hausmärchen.

23 Jacob Grimm: Rede auf Wilhelm. Rede über das Alter. Ausgabe Kassel 1963.

24 Über Bettina von Arnim und ihre Töchter siehe die Bibliographie in: Frieda M. Reuschle: Bettina von Arnims Botschaft vom freien Geist. Stuttgart 1970.

25 Briefe von und an Joseph Joachim. Herausgegeben von Lucas Moser. Stuttgart 1911–13.

26 Wolfgang Schuchhardt: Bettinas Lieblingstochter, Gisela von Arnim. In der Berliner Wochenschrift: Deutsche Zukunft. 4. September 1938. Rudolf Steiner: Briefe Band 1. Seite 117. Dornach 1948.

27 Siehe Anm. 22. Vergleiche: Rudolf Steiner: Eine vielleicht zeitgemäße persönliche Erinnerung. In: Der Goetheanum-Gedanke inmitten der Kulturkrisis der Gegenwart. Gesammelte Aufsätze aus «Das Goetheanum» 1921–1925. Seite 169ff.

28 Dieser erste Band hat den einfachen Titel «Essays». Hannover 1859. Der Essay: «Alfieri und die Ristori» ist darin enthalten.

29 Die Goethe-Vorlesungen Grimms erschienen zuerst 1877 unter dem Titel «Goethe». Unser Zitat aus der Ausgabe «Goethe», herausgegeben von Wilhelm Hansen. Detmold 1949.

30 Rudolf Steiner: Der Tod als Lebenswandlung. Vortrag vom 16. Oktober 1918 in Zürich. GA 182, 2. Aufl., Dornach 1976.

31 Kurt Breysig: Aus meinen Tagen und Träumen. Berlin 1962.

32 Herman Grimm: Fünfzehn Essays. Neue Folge. Berlin 1875.

33 Elisabeth Rudorff ist die Tochter von Ernst Rudorff, damals Direktor der Musikhochschule in Berlin und Freund von Herman Grimm. Persönliche Mitteilung an den Verfasser.

34 Rudolf Steiner: Christian Morgenstern, Der Sieg des Lebens über den Tod. Gedenkworte und Ansprachen. Dornach 1935. Wolfgang Schuchhardt: Christian Morgenstern als Schüler Rudolf Steiners. In: Die Drei. Heft 3, 1964.

35 Siehe Anm. 27. Rudolf Steiner: Seite 169–185.

36 Frieda M. Reuschle: Ein Beitrag zum Thema Grimm – Emerson. In: Das Goetheanum vom 24. August 1969.

Henrik Ibsen

1 Rudolf Steiner: Das Christentum als mystische Tatsache und die Mysterien des Altertums. GA 8, 8. Aufl., Dornach 1976.

2 Siehe Anm. 1, Seite 38.

3 Rudolf Steiner: Grundelemente der Esoterik. Vortrag vom 27. September 1905 in Berlin. GA 93a, 2. Aufl., Dornach 1976.

4 Rudolf Steiner: Bausteine zu einer Erkenntnis des Mysteriums von Golgatha. Vorträge vom 17. und 19. April 1917 in Berlin. GA 175, 2. Aufl., Dornach 1982.

5 Rudolf Steiner: Esoterische Betrachtungen karmischer Zusammenhänge. Vierter Band. Vortrag vom 14. September 1924 in Dornach. GA 238, 4. Aufl., Dornach 1974.

6 Siehe Anm. 1, Seite 169

7 Siehe Anm. 1, Seite 170

8 Rudolf Steiner: Die Impulsierung des weltgeschichtlichen Geschehens durch geistige Mächte. Vorträge vom 16., 17., 18. März 1923 in Dornach. GA 222, 3. Aufl., Dornach 1976.

9 Siehe Anm. 5. Zweiter Band. Vortrag vom 26. April 1924 in Dornach. GA 236, 5. Aufl., Dornach 1977.

10 Siehe Anm. 4. Vortrag vom 19. April 1917 in Berlin.

11 Henrik Ibsen: Sämtliche Werke. Herausgegeben von Julius Elias und Paul Schlenther, Berlin 1898–1904. Band 1, Seite XVII.

12 Roman Woerner: Henrik Ibsen. 2 Bände. Berlin 1900 und 1910.

13 Siehe Einzelheiten aus Henrik Ibsens Leben und Werk: Norbert Glas: Schicksalmotive im dramatischen Schaffen Ibsens. Dornach 1981. Dan Lindolm: Ein Prüfstein des Gewissens. Ibsens «Peer Gynt». In: Die Drei. Jg. 1975, Heft 9.

14 Roman Woerner berichtet: «Es sei eine Zeit lang in Kopenhagen nötig gefunden worden, Einladungskarten mit der Bemerkung zu versehen:

Man wird gebeten, sich nicht über ‹Ein Puppenheim› (Nora) zu unterhalten.»

15 Rudolf Steiner: Zu Ibsens siebzigstem Geburtstage – 20. März 1898: In: Gesammelte Aufsätze zur Literatur 1884–1902. Seite 26. GA 32, 2. Aufl., Dornach 1971

16 Rudolf Steiner: Über eine Aufführung von Ibsens «Brand»: In: Gesammelte Aufsätze zur Dramaturgie 1889–1900. Seite 266f. GA 29, 2. Aufl., Dornach 1960.

17 Henrik Ibsen: Dramen. 2 Bände. Darmstadt 1982. Diese Ausgabe entspricht textlich der Ausgabe der «Sämtlichen Werke in deutscher Sprache». Berlin 1898–1904. Die Übersetzung von «Brand» ist die von Christian Morgenstern, die Ibsen selbst außerordentlich geschätzt hat. (Siehe «Christian Morgenstern, ein Leben in Briefen», Brief vom 2. Januar 1900, Seite 113f. Wiesbaden 1952).

18 Rudolf Steiner: Ibsens Geistesart: In: Ursprung und Ziel des Menschen – Grundbegriffe der Geisteswissenschaft. Vortrag vom 23. März 1905 in Berlin. GA 53, 2. Aufl., Dornach 1981.

19 Rudolf Steiner: Menschenfragen und Weltenantworten. Vortrag vom 16. Juli 1922 in Dornach. GA 213, Dornach 1969.

20 Siehe Anm. 11. Band 1, Seite 107ff.

21 Georg Brandes: Henrik Ibsen: In Moderne Geister. Literarische Bildnisse aus dem XIX. Jahrhundert. Frankfurt a. M. 1901. Seite 475–566.

22 Siehe Anm. 11. Band 1, Seite 154ff.

23 Rudolf Steiner: Die Hauptströmungen der deutschen Literatur von der Revolutionszeit (1848) bis zur Gegenwart. Die Bedeutung Ibsens und Nietzsches für das moderne Geistesleben: In: Biographien und biographische Skizzen. GA 33, Dornach 1967.

24 Rudolf Steiner: Die Grundimpulse des weltgeschichtlichen Werdens der Menschheit. Vortrag vom 23. September 1922 in Dornach. GA 216, 2. Aufl., Dornach 1965.

25 Rudolf Steiner: Theosophie und Tolstoi. In: Siehe Anm. 18. Vortrag vom 3. November 1904.

26 Zitiert nach Rudolf Steiners Besprechung von «Wenn wir Toten erwachen». In: Siehe Anm. 16, Seite 358ff.

27 Rudolf Steiner: Mysteriendramen. Die Pforte der Einweihung – Ein Rosenkreuzermysterium. GA 14, 4. Aufl., Dornach 1981.

28 Siehe Anm. 28. Der Seelen Erwachen – Seelische und geistige Vorgänge in szenischen Bildern.

Das Standardwerk über Frank Wedekind ist nach wie vor die dreibändige Biographie des Münchner Theaterwissenschaftlers Professor Arthur Kutscher: Frank Wedekind. Sein Leben und Werk. München 1922– 1931.

Die Zitate aus den Werken von Frank Wedekind sind der neunbändigen Ausgabe: Gesammelte Werke, herausgegeben von Arthur Kutscher. München 1921, entnommen.

Die vorliegende Betrachtung hält sich ausschließlich an die von Karl Ude bearbeitete und herausgegebene einbändige Fassung der Biographie von Professor Kutscher. (München 1964).

Eine gute Einführung in Leben und Werk von Frank Wedekind bietet die Monographie von Günter Seehaus. Hamburg 1974.

1 Frank Wedekind: Gesammelte Briefe. Herausgegeben von Fritz Strich. Band 1, Seite 202. München 1924.

2 Frank Wedekind: Gesammelte Werke. Ausgewählt und eingeleitet von Manfred Hahn. Band 3, Seite 278. Berlin-Weimar 1969.

3 Rudolf Steiner: Esoterische Betrachtungen karmischer Zusammenhänge. Zweiter Band. Vorträge vom 26. April und 4. Mai 1924 in Dornach. GA 236, 5. Aufl., Dornach 1977.
   Rudolf Steiner: Mein Lebensgang. Kapitel XXIV. GA 28, 8. Aufl., Dornach 1982.

4 Persönliche Mitteilung an den Verfasser.

5 Emil Bock: Rudolf Steiner. Studien zu seinem Lebensgang und Lebenswerk. Seite 144ff. Stuttgart 1961.

6 Über Basilius Valentinus: Allgemeine Encyklopädie. Herausgegeben von J.S.Ersch und J.G.Gruber. Band 8, Seite 40f. Leipzig 1822. Allgemeine Deutsche Biographie. Band 2, Seite 125f. Leipzig 1875.

7 Walter Johannes Stein: Basilius Valentinus. In: Korrespondenz der Anthroposophischen Arbeitsgemeinschaft. IV. Jahrgang, Nr. 5, Februar 1935.

8 Goethes Werke. Hamburger Ausgabe Band 9, Seite 342 (Dichtung und Wahrheit); ferner Band 9 Seite 718ff: ausführliche Anmerkungen über Theosophie, Alchemie und Rosenkreuzer im 16., 17., 18. Jahrhundert.

9 Paul Fechter: Das europäische Theater. Band 2, Seite 193–96. Mannheim 1957.

10 Tilly Wedekind: Lulu – die Rolle meines Lebens. München-Bern-Wien 1969.

1 Christoph Friedrich Schwab: Friedrich Hölderlins sämtliche Werke. Stuttgart und Tübingen 1946.

2 A. Beck und P. Raabe: Hölderlin. Eine Chronik in Text und Bild. Frankfurt 1970. Vergleiche die Zitate aus diesem Werk unter den von mir angegebenen Jahreszahlen.

3 Rudolf Steiner: Geisteswissenschaft und Medizin. Vortrag vom 31. März 1920 in Dornach. GA 312, 5. Aufl., Dornach 1976.

4 Zu den Rhythmen und zur Entwicklung der Seelenglieder im Lebenslauf vergleiche: Rudolf Steiner: Der menschliche Charakter. Vortrag vom 14. März 1910 in München. In: Metamorphosen des Seelenlebens. GA 59, Dornach 1971.
Rudolf Treichler: Die Entwicklung der Seele im Lebenslauf. Stufen, Störungen und Erkrankungen des Seelenlebens. 2. Aufl., Stuttgart 1982. –
Zum Stillstand der seelischen Entwicklung vergleiche:
Rudolf Steiner: Menschliche und menschheitliche Entwicklung – Das Karma des Materialismus. Vortrag vom 29. Mai 1917 in Berlin. GA 176, 2. Aufl., Dornach 1982.
R. Treichler: Die Entwicklung der Seele im Lebenslauf (siehe oben). Seite 114.

5 W. Böhm: Hölderlin I., Seite 99/100. Halle-Saale 1928.

6 Wolfgang Greiner: Hölderlins Vermächtnis. Seite 31, Dornach 1969.

7 Karl Jaspers: Strindberg und van Gogh. Seite 135, München Neuaufl. 1977.

8 Karl Jaspers: siehe Anm. 7, Seite 122 ff.

9 So in der letzten psychiatrischen Schrift über Hölderlin:
W.H. Peters: Hölderlin. Wider die These vom edlen Simulanten. Seite 135/136. Reinbeck 1982.

10 Rudolf Steiner: Der Irrsinn vom Standpunkt der Geisteswissenschaft. Vortrag vom 31. Januar 1907 in Berlin. In: Die Erkenntnis des Übersinnlichen in unserer Zeit. GA 55, Dornach 1959.

11. Näheres zur seelischen Erkrankung Hölderlins und ihren körperlichen Grundlagen siehe: Rudolf Treichler: Der schizophrene Prozeß. Kapitel Hölderlin. 2. überarbeitete und ergänzte Aufl., Stuttgart 1981

12 Wilhelm Friedrich Waiblinger: Der kranke Hölderlin. Seite 43 ff. Leipzig Ausg. 1931.

13 Peters: Siehe Anm. 9, Seite 222.

14 W. Lange: Hölderlin. Eine Pathographie. Stuttgart 1909.

15 Rudolf Treichler: Die seelische Erkrankung Friedrich Hölderlins in ihren Beziehungen zu seinem dichterischen Schaffen. Seite 97 ff. Med. Dissert. veröffentlicht in der Zeitschrift für die gesamte Neurologie und Psychiatrie 1. Heft, Berlin 1936.

16 A. Beck und P. Raabe: Siehe Anm. 2 Seite XVIII.

17 Norbert v. Hellingrath: Hölderlin. Sämtliche Werke. Band 4. Seite XI ff. Berlin 1923.

18 Karl Jaspers: Siehe Anm. 7, Seite 134.

19 Rudolf Steiner: Rhythmen im Kosmos und im Menschenwesen – Wie kommt man zum Schauen der geistigen Welt? Vortrag vom 20. Juli 1923 in Dornach, Seite 226. GA 350, 2. Aufl., Dornach 1980. Vergl. Anm. 4.

20 Albert Steffen: Hölderlins Botschaft: In: Dramaturgische Beiträge zu den schönen Wissenschaften. Seite 109. Dornach 1936.

21 H. Müller-Wiedemann: Friedrich Hölderlin. Sprache und poetischer Geist. Die Drei 3/1978.

22 Friedrich Beissner: Hölderlins sämtliche Werke. Band II, Seite 504. Stuttgart 1965.

23 Norbert v. Hellingrath: Pindarübertragungen von Hölderlin, Seite 57. Jena 1911.

24 Weilhelm Michel: Hölderlins abendländische Wendung. Jena 1922.

25 Barbara Nordmeyer: Das Ich in der Verantwortung für die Welt, Seite 121 ff. Stuttgart 1980.

26 Emil Bock: Vorboten des Geistes. Seite 103 ff. Stuttgart 1921.

27 Rudolf Steiner: Das Ereignis der Christus-Erscheinung in der ätherischen Welt. GA 118, 2. Aufl., Dornach 1977.
    Rudolf Steiner, Das esoterische Christentum und die geistige Führung der Menschheit. Vortrag vom 1. Oktober 1910 in Basel. GA 130, 2. Aufl., Dornach 1977.

28 Norbert v. Hellingrath: Hölderlin. Sämtliche Werke Band 6, Seite XVII. Berlin 1923.

29 Ulrich Häussermann: Hölderlin. Rowohlts Monographien, Seite 157. Hamburg 1961.

30 Norbert v. Hellingrath: Hölderlin. Kapitel Hölderlins Wahnsinn, Seite 71. München 1922.

31 Paul Bertaux: Friedrich Hölderlin. Frankfurt a. M. 1979.

32 M. Bleuler u. a. in: Entwicklung der Schizophrenielehre seit 1941. Scite 18. Basel-Stuttgart 1960.

33 Rudolf Steiner: Geisteswissenschaftliche Gesichtspunkte zur Therapie. Vortrag vom 16. April 1921 in Dornach. GA 313, 3. Aufl., Dornach 1963.

34 Rudolf Steiner: Siehe Anm. 3 Vortrag vom 5. April 1920 in Dornach.

35 Eugen Bleuler: Lehrbuch der Psychiatrie, Seite 321. Berlin 1930.

36 Rudolf Steiner: Offenbarungen des Karma. Vortrag vom 20. Mai 1910 in Hamburg. GA 120, 7. Aufl., Dornach 1975.

37 W. Blankenburg: Persönlichkeitsstruktur, Dasein und Endogenität. In: Confin. psychiatr. 7, Seite 188, 1969.

189

38 Näheres in: Rudlolf Treichler: Friedrich Hölderlin. Krankheit und Dichtung. Zum Buch von Paul Bertaux: Friedrich Hölderlin. In: Die Drei 7/8
   1978. – Zur sogenannten Geisteskrankheit vergleiche Rudolf Steiner:
   Anm. 3. Vortrag vom 2. April 1920 in Dornach.
39 L. v. Pigenot: Hölderlin. Seite 103. München 1923. Vergleiche auch Norbert von Hellingrath Anm. 17.
40 Rudolf Steiner: Esoterische Betrachtungen karmischer Zusammenhänge,
   Zweiter Band. Vortrag vom 26. April 1924 in Dornach. GA 236, 5. Aufl.,
   Dornach 1977.
41 Rudolf Steiner: Siehe Anm. 40. Vortrag vom 30. Mai 1924 in Dornach.
42 Rudolf Steiner: Anthroposophische Leitsätze Nr. 162–64 vom 22. Februar
   1925. GA 26, 7. Aufl., Dornach 1976.
43 Rudolf Steiner: Siehe Anm. 42. Nr. 153–55 vom 1. Februar 1925.
44 Rudolf Steiner: Esoterische Betrachtungen karmischer Zusammenhänge.
   Fünfter Band. Vortrag vom 30. März 1924 in Prag. GA 239, 2. Aufl.,
   Dornach 1975.
   Rudolf Steiner: Mysteriengestaltungen. Vortrag vom 2. Dezember 1923 in
   Dornach. GA 232, 3. Aufl., Dornach 1974.
45 Rudolf Steiner: Siehe Anm. 36. Vortrag vom 19. Mai 1910 in Hamburg.
46 Rudolf Steiner: Pastoral-Medizinischer Kurs. Vortrag vom 12. September
   1924 in Dornach. GA 318, 2. Aufl., Dornach 1973.

Robert Hamerling

1 Rudolf Steiner: Esoterische Betrachtungen karmischer Zusammenhänge.
   Zweiter Band. Vortrag vom 26. April 1924 in Dornach. GA 236, 5. Aufl.,
   Dornach 1977.
2 Robert Hamerling: Stationen einer Lebenspilgerschaft. Hamburg 1889.
   Seite 4. – Weiter zitiert als «Stationen».
3 Stationen. Seite 14.
4 Stationen. Seite 15f.
5 Stationen. Seite 16.
6 Stationen. Seite 19.
7 Stationen. Seite 38f.
8 Stationen. Seite 113f.
9 Siehe Anm. 1.
10 Stationen. Seite 227.
11 Stationen. Seite 247.
12 Rudolf Steiner: Geschichtliche Symptomatologie. Vortrag vom 1. November 1918 in Dornach. GA 185, 3. Aufl., Dornach 1982.
13 Stationen. Seite 289.

14 Stationen. Seite 320.
15 Stationen. Seite 373.
16 Rudolf Steiner: Offenbarungen des Karma. Vortrag vom 19. Mai 1910 in Hamburg. GA 120, 5. Aufl., Dornach 1975.

Der Denker Robert Hamerling

1 Oskar O. Popp: Robert Hamerling. Zur 150. Wiederkehr seines Geburtstages am 24. März 1830. In: Mitteilungen aus der anthroposophischen Arbeit in Deutschland, Ostern 1980, Seite 34–42. Dieser Aufsatz enthält alle wichtigen Hinweise Rudolf Steiners auf Robert Hamerling in Büchern, Aufsätzen und Vorträgen. In einem Literaturverzeichnis; außerdem Angaben über die gedruckten Werke des Dichters.
2 Rudolf Steiner: Vom Menschenrätsel. Ausgesprochenes und Unausgeprochenes im Denken, Sinnen und Schauen einer Reihe deutscher und österreichischer Persönlichkeiten. Seite 131ff. GA 20, 4. Aufl., Dornach 1957.
3 Siehe Anm. 2, Seite 180f.
4 Rudolf Steiner: Briefe. Band 1. Seite 50. GA 38, 2. Aufl., Dornach 1955. In diesem Vortrag spricht Rudolf Steiner auch etwas näher über Hamerlings Heimatland, das «Bandlkramerlandl».
5 Rudolf Steiner: Mein Lebensgang. Kapitel VIII. GA 28, 8. Aufl., Dornach 1982
6 Rudolf Steiner: Die Rätsel der Philosophie. Seite 524f. GA 18, 8. Aufl., Dornach 1968.

Konprinz Rudolf von Österreich

Rudolf Steiner: Esoterische Betrachtungen karmischer Zusammenhänge. Zweiter Band. Vortrag vom 27. April 1924 in Dornach. GA 236, 5. Aufl., Dornach 1977.
Norbert Glas, Nero – Das Böse und seine Läuterung. Stuttgart 1978.
Der Kleine Pauly (dtv): Lexikon der Antike. Stichwort «Nero», Band 4, Spalte 71ff. München 1979.
Oskar von Mitis: Das Leben des Kronprinzen Rudolf. Leipzig 1928.
Werner Richter, Kronprinz Rudolf von Österreich. Zürich u. Leipzig 1941.
Brigitte Hamann: Rudolf – Kronprinz und Rebell. Wien und München 1978. Dieses Werk enthält erstmals einen Überblick über die von Kronprinz Rudolf verfaßten Schriften.
– dito –: Kronprinz Rudolf – Der Weg nach Mayerling. Goldmann Große Reihe 03961
– dito –: Kronprinz Rudolf – Schriften. Goldmann Große Reihe 06356.
Arthur Graf Polzer-Hoditz: Kaiser Karl. Ausgabe Wien 1929.

Verzeichnis der Abbildungen